国家自然科学基金青年项目（72002211）
中国科学技术大学研究生创新教育计划项目 资助出版

An Intelligent Career
Taking Ownership of Your Work and Your Life

智能型职业生涯
掌舵你的工作和生活

[美] Michael B. Arthur
[荷兰] Svetlana N. Khapova 著
[澳大利亚] Julia Richardson

蔡文静 译

中国科学技术大学出版社

安徽省版权局著作权合同登记号:12212026号

An Intelligent Career: Taking Ownership of Your Work and Your Life © 2018 by Michael B. Arthur, Svetlana N. Khapova, Julia Richardson.
All rights reserved.
The simplified Chinese edition for the People's Republic of China by arrangement with Oxford University Press, Oxford, UK.
© Oxford University Press & University of Science and Technology of China Press 2021.
This book is in copyright. No reproduction of any part may take place without the written permission of Oxford University Press & University of Science and Technology of China Press.
An Intelligent Career: Taking Ownership of Your Work and Your Life was originally published in English in 2018. This translation is published by arrangement with Oxford University Press. University of Science and Technology of China Press is solely responsible for this translation from the original work and Oxford University Press shall have no liability for any errors, omissions or inaccuracies or ambiguities in such translation or for any losses caused by reliance thereon.
The edition is for sale in the People's Republic of China (excluding Hong Kong SAR, Macao SAR and Taiwan Province) only.
简体中文版仅限在中华人民共和国境内（香港特别行政区、澳门特别行政区及台湾地区除外）销售。

图书在版编目(CIP)数据

智能型职业生涯:掌舵你的工作和生活/(美)迈克尔·亚瑟（Michael B. Arthur），(荷)斯维特拉娜·卡波娃（Svetlana N. Khapova），(澳)茱莉亚·理查森（Julia Richardson）著；蔡文静译. —合肥:中国科学技术大学出版社,2021.12
ISBN 978-7-312-05357-3

Ⅰ.智⋯　Ⅱ.①迈⋯　②斯⋯　③茱⋯　④蔡⋯　Ⅲ.职业选择　Ⅳ.C913.2

中国版本图书馆CIP数据核字(2021)第269797号

智能型职业生涯:掌舵你的工作和生活
ZHINENG XING ZHIYE SHENGYA: ZHANGDUO NI DE GONGZUO HE SHENGHUO

出版	中国科学技术大学出版社
	安徽省合肥市金寨路96号,230026
	http://press.ustc.edu.cn
	https://zgkxjsdxcbs.tmall.com
印刷	安徽国文彩印有限公司
发行	中国科学技术大学出版社
经销	全国新华书店
开本	710 mm×1000 mm　1/16
印张	13.5
字数	250千
版次	2021年12月第1版
印次	2021年12月第1次印刷
定价	50.00元

中文版序一

智能时代，一个空前的大时代，拉开了第四次工业革命的序幕。这一次它带来了比前辈蒸汽机、内燃机和发电机更强大的能量，挥舞着手中以物联网、大数据、智能机器等为材料铸就的利剑，迅捷且无情地改变了我们对旧有世界的一切认知，旋即又在废墟上托起一座辉煌巍峨的现代化大厦。抬头仰望，我们惊叹经济、商业和社会在其中飞速重构之余，也不免为之目眩。技术已经在时间之矢上跑得太远，以至于仅凭过去缓慢更新的组织理念，已经越来越不能驾驭它了。我们亟须一场观念的革命，来应对这前所未有的挑战。

《智能型职业生涯：掌舵你的工作和生活》一书被蔡文静博士于此刻引入国内，可谓恰逢其时。这本书给了我以较大的启发，与我主持的国家社会科学基金重点项目：核心胜任特征的成长评估研究（19FGLA002）有高度的契合性。职业生涯发展对我们而言，真是太重要了！目前，我们对社会和生活的认识早已融为一体，以至于作者在开篇时就迫不及待地向我们传达出这样一条信息：可以借助智能要素重拾职业生涯的掌控权！

自组织诞生以来，组织就带着要求员工绝对忠诚的天然渴望，不断在组织设计、薪酬规划、文化塑造等领域苦心经营，以引导员工"永不背叛"组织。因此，传统观念告诉我们，职业生涯是稳定的、上升的，让我们在一个公司里追寻着近乎垂直的职位升迁。但眼下，随着动态工作环境和扁平式组织结构的普及，职业生涯的模式变得愈发不可预测，已经慢慢朝着向多个组织目标进发，从而实现多方位发展转变。与这一趋势相适应的是，智能时代下技术发展产生的加速作用，特别是职业发展已经越来越"不稳定"。正如书中提到的，互联网的宽带化以及移动互联网、物联网等技术的产生和应用，正在源源不断地产生大数据。组织的招聘工作也毫不例外地适应了数据驱动的技术变革。最近，我在长江三角洲就实现了以大数据聚合为基础的人职智能匹配，应该说，这与本书介绍的摩尔定律所支撑的计算能力的急速提升、云计算集约化模式的高效能是一致的。它大大降低了信息沟通和传递的成本。那么，我们的工作安排又该如何利用高新技术，以进一步实现员工和公司双方需求的动态平衡呢？本书中提到的智能型职业生涯理论如暮鼓晨钟引起我们深省：组织永远只是你的伙伴之一，请不断扩展你的职业生涯边界！

同时，作者还谈到了一个非常有意思的现象——"社区"。在国外，"社区"的概念已经风靡多年，无论大家是否来自同一行业、同一地区或同一家公司，都可以利用网络这一虚拟平台实现信息互通。在社区里，众包和分包等模式随处可见，以职业培训为代表的网络学习比比皆是……尽管"社区"在国内尚未得到普及，但我们仍然能看到网络上很多大型社区活动正在深刻影响着我们的工作和生活。其中，2009年创建的"哔哩哔哩"现已成为中国年轻一代高度聚集的文化社区和视频平台，被粉丝们亲切地称为"B站"。成立初期，B站是一个"用爱发电"的小众聚集平台，运营模式非常简单，大部分动画内容的制作都依托于用户。随着用户数量的激增，B站社区呈现出多元化发展的趋势，以UP主为核心开展的内容重组、二次创作和互动等在内的种种仪式化行为，让每位社区成员都有贡献自己力量的机会，这也大大促进了社区内群体的团结，提升了B站的社区属性和社区氛围。中国心理学会也设有专门的社区心理专业委员会来从事心理方面的辅导工作。你是社区的一员吗？你是否也正在为社区做些什么？

总之，如果你也期待着对自己的职业生涯做出一些改变，那么，本书的三位作者将会用大量生动且易于理解的案例，以有温度和引共鸣的表达方式，带领你走进"智能型职业生涯"领域。让我们现在就开始吧！

中国心理学会首任监事长
中国科学院大学社会与组织行为研究中心主任
2021年12月13日

中文版序二

职业生涯研究一直以来都是一个极具理论价值和实践意义的话题,尤其在所有组织都倾力追求创新、劳动力弹性和效率优先的当代社会,职业环境变得不再那么稳定,以终身雇佣、职位线性发展为特征的传统职业发展路径早已被无边界、多元化的职业状态所取代,个体的职业发展历程充满了易变性(volatility)、不确定性(uncertainty)、不可预测性(complexity)和模糊性(ambiguity),职业生涯的"VUCA"状态已充分展现。种种变化都在向当代职场人士发出信号:要积极承担自我职业生涯管理的责任!

当文静把她最新的译著《智能型职业生涯:掌舵你的工作和生活》发给我时,单是书名就让我眼前一亮。"智能型职业生涯"作为本书的核心概念,最早由作者之一 Michael Arthur 教授于 1994 年提出。他观察到,社会价值创造的方式正由传统的"链式结构"向"网式结构"转轨,劳动者的价值创造活动处于一个网络节点交互更为复杂、网络结构异动更为频繁、网络外延更为开阔的竞争环境中。因此,在以智能化为驱动力的竞争环境下,信息化、自动化和数字化高度普及,个体职业生涯的边界逐渐被打破,职业生涯体系的构建越来越依赖个体展现出的三大核心要素,即:"知道为什么"(knowing-why)、"知道怎样做"(knowing-how)和"知道谁"(knowing-whom)。

随着时间的推移和社会的发展,Michael 教授和另外两位作者在本书中进一步丰富了这一理论,增添了"知道哪里"(knowing-where)和"知道何时"(knowing-when)这两个新维度,并辅之以大量案例,用引人入胜的写作手法,描绘出一幅当代职场职业发展生态的动态画卷,温馨提示职场人士和即将踏入职场的新人——请你拥抱机遇和挑战,对自己的职业生涯发展负责,做自我职业生涯的缔造者。同时,深刻的职场洞察、精彩的职场故事和流畅准确的翻译，增添了这本书的启迪性与可读性。

全书提出的观点都紧紧围绕"全球化"这一主题展开，无论你身处世界何处，你在职场的一举一动都会产生"蝴蝶效应"，对这个地球上的某一个职业社区、某一种产业甚至某一类行业产生巨大影响。这让我想起500多年前第一个完成环球航行的麦哲伦，他开启了人类对世界格局认识的全新纪元。而在万物互联的今天，面对经济、贸易活动全球化，我们又该如何利用高新科技并通过自我感知、投身社区活动、联合每一任雇主以及分享不同故事等手段，来管理自己的职业生涯呢？

当然，我们不应忽视的是，智能型职业生涯所依赖的全球化目前正面临着最严峻的挑战，尤其是贸易战、新冠疫情等使得逆全球化浪潮暗流涌动。英国著名经济学家、历史学家、教育家 R. H. 托尼（R. H. Tawney）就在其为马克思·韦伯（Max Weber）的巨著《新教伦理与资本主义精神》所撰写的前言中警示我们："凡是获得了成功的革命，都会被宣布为天然的、不可避免的……但是，它在早期却是一个觊觎者，只是经过了若干世纪的斗争，它的名分才得以确立。"我们一度对全球化如此笃定，以至于不断地去尝试证明其历史必然性与结构先进性，而忽视了这一切的取得和发展，依然需要更长时间的努力与奋斗，我们相信全球化终究是不可阻挡的，它也一定是个体职业发展的最宏大的背景。

最后，希望这本书能帮助你厘清自我职业生涯的现状，并以更加积极、开放的心态展望未来，从而实现自己职业生涯的华丽转身。

周文霞

中国人力资源开发教学与实践研究会秘书长
中国人民大学劳动人事学院教授
2021年12月7日

译 者 序

我和本书的缘分始于2018年底，那时我已经取得荷兰阿姆斯特丹自由大学的博士学位，并决定回国。临别前夕，我再次去拜访了我的博士导师Svetlana Khapova教授，与其话别。结束时，她将她的最新著作《智能型职业生涯：掌舵你的工作和生活》（*An Intelligent Career: Taking Ownership of Your Work and Your Life*）赠予我，并祝福道："文静，祝你在你的祖国开启智能型职业生涯的新篇章！"

在回国的飞机上，我一口气读完了全书，顿时思潮涌动，久久不能平静。一方面，我被三位作者（Michael Arthur教授、Svetlana Khapova教授和Julia Richardson教授）深厚的写作功底和专业素养所深深折服，他们用深入浅出、叙例结合的方式，把每个人对拥有智能型职业生涯的渴望描绘得深刻且直接；另一方面，读博和工作期间的往事慢慢浮上心头，那些在Svetlana教授和Michael教授的悉心指导下，我所学到的有关职业生涯的理论和研究过的相关案例都浮现于眼前，正是这些理论和案例让我更加深刻地理解了"智能型职业生涯"的含义。同时，我也意识到，将智能型职业生涯的最新研究成果带回国内，对正处于社会快速转型发展的中国来说，有着非常重要的意义。于是，我很快写了一封邮件给Michael教授和Svetlana教授，告诉他们我想要翻译这本书，从而让更多读到这本书的中国读者能够拥有智能型职业生涯，帮助他们更好地掌控自己的工作和生活。

2019年初，我开始着手翻译这本书。三年来，我奋力追随三位原作者的写作思路和论述逻辑，通过参考学术界最新的理论研究成果，并大量阅读书中案例的相关信息，力争做到"信、达、雅"，让每一位中译本的读者都能流畅阅读。但我深知，翻译中不同语言体系的转换结果总有缺憾。比如，"智能型职业生涯"就是英文的直译产物，尽管我和三位原作者都一致认为"智能型"这三个字无法全面表达"intelligent"所包含的"不断思考和智慧思维"的概念，但考虑到国内学术圈在早年引进该研究时已通用"智能型"这一术语，因此，为保持统一性，本书也沿用"智能型"的翻译。事实上本就不存在一部完美的作品，当我诚挚地将这本书奉至每一位读者面前时，它就成了我们共同的财富，希望读者朋友们能针对翻译的不妥之处慷慨指正，以臻完善。

就在我写此篇序言的 8 月 10 日，小米集团创始人、董事长兼 CEO 雷军在小米秋季新品发布会上宣布，小米手机销量超越苹果晋升全球第二，并提出三年拿下全球第一的目标。回顾雷军带领小米创业的十年历程不难发现，小米的成功离不开两件法宝：一是"全球化"，如果你是一位小米手机用户，你手中就极可能拿着这样一部手机：来自韩国三星的屏幕、内存，美国高通的处理器、5G 基带，日本索尼的相机传感器，而再往生产链上游追溯，就可以看散布于中国、东南亚及世界各处的硬件代工厂。多年来，小米打造了一条世界顶级的全球供应链，让各地的优势资源充分流动、汇聚，滋养着小米，使其日新月异。二是"社区化"，小米运用互联网的方式，创建了一个极客论坛，招募志愿者来帮助试用、改善 MIUI 系统，并慢慢引发全球各地的发烧友自发组建当地的"米粉社区"。而这些"米粉"很可能是当地非常有经验、有能力的专业工程师，怀着满腔的主动感、参与感、责任感，在忙碌一天后，不求物质回报地帮助小米制作当地语言包，发现并修复系统中的问题，因为他们深信 MIUI 系统是他们自己的"孩子"。

三位原书作者如果能与雷军相识，则必定能够轻松地与他在观念上达成一致，因为三人同著的《智能型职业生涯：掌舵你的工作和生活》就是在力图向我们展示与小米类似的职业道路。在这本书里，作者以全球化与知识经济为整体画布，以智能型职业生涯选择为画笔，向我们描绘了一幅彻底打破求稳牢笼，走出舒适区，精进自身，拥抱挑战，完成一个更宏大"叙事"的秀美图画。通过这本书，作者试图让读者明白：为什么要选择打破"铁饭碗"去当一个"合同工"？为什么要去那些风口浪尖上的行业奋战？为什么要尝试构建一个属于自己的世界？等等。这不是一部照本宣科的"教科书"，没有老先生式的陈词滥调，也没有晦涩理论的堆砌，而是通过对一个又一个故事的娓娓道来，剥洋葱式地向你展示智能型职业生涯的全貌，让你不知不觉便已在书中的世界里徜徉许久。无论你现在正处于或者即将踏上自己的职业道路，相信你在读完之后，肯定能够对自己的职业生涯产生一个全然不同的认识。

此外，在这本书翻译的过程中，我们都经历了全球性大危机——2020年初暴发的新冠疫情，这场全球性疫情"大流行"所带来的"后遗症"也不可避免地体现在每个人的职业生涯管理上。我们还能否拥有稳定的工作？我们应该以什么样的姿态更好地融入充满不确定性的职场？诸如此类的问题都是对于眼下这样一个风云变幻、错综复杂的局势的反思。因此，从个人智能型职业生涯的角度出发，去纵览全球化和知识经济给我们的工作和生活带来的深刻的、难以逆转的改变，亦让这本书多了一些特殊的意义。相信读者通过对本书的阅读，辅之以思考并实践，一定能收获更多。

最后，感谢在这本书翻译过程中给予我帮助的每一个人。感谢2019级硕士研究生黄燕、张序铭和郭蕊在前期翻译过程中所做出的基础性工作；感谢我研究团队的五位硕士研究生姜林、侯凌嫣、周毅、陶珣和杨璨璨在后期付出大量时间校对文稿；感谢2020级MPA硕士研究生关伟的润色工作，让这本书的语言文字焕然一新；感谢高筱培老师长期以来对我的鼓励，让枯燥的翻译工作充满动力；感谢中国科学技术大学研究生创新教育计划项目和国家自然科学基金青年项目（项目名称："如何打破职业锁定的枷锁？职业生涯中期员工的就业质量研究"，项目编号：72002211）的支持。正是大家的努力，才让这本书能够顺利跟读者朋友们见面。

接下来，请开启你的关于智能型职业生涯的阅读之旅吧！

2021年8月10日

目　　录

中文版序一　/　i

中文版序二　/　iii

译者序　/　v

引言　/　001

　　什么是智能型职业生涯？　/　001　　这本书里有什么内容？　/　005

　　你的职业生涯呢？　/　003　　这本书里不包括什么内容？　/　006

　　你现在状态如何？　/　004　　你准备好了吗？　/　006

第一部分　盘　　点

第一章　智能型职业生涯包括什么？　/　011

　　有条件的忠诚　/　013　　提升工作效率　/　021

　　抓住机会　/　015　　保持控制　/　022

　　不断适应　/　017　　忠于自我　/　023

　　做出贡献　/　018　　真实之旅　/　025

　　发展才能　/　019

第二章　智能型职业生涯在何处发生？　/　028

　　产业聚集在何处？　/　030　　居家办公　/　037

　　企业家影响在何处？　/　031　　移动办公　/　039

　　政府影响在何处？　/　033　　创新呼唤在何处？　/　040

　　产业集群互动在何处？　/　034　　从你选择的地方开始　/　042

　　城市吸引力在何处？　/　035

第三章　为什么工作？ / 043

找到属于你的职业 / 045
先把面包放到桌子上 / 046
再来吃块蛋糕吧 / 047
与个性相符 / 049
满足雇主的期望 / 050

发挥个人优势 / 051
去寻找快乐 / 053
走自己的路 / 054
借助外部力量 / 056
强化职业身份 / 057

第四章　如何工作？ / 059

通过应用和发展知识 / 061
通过接受教育 / 062
通过发展专业知识 / 063
通过向他人学习 / 064
通过运用"硬技能" / 066

通过运用"软技能" / 067
通过培养公司特有（或共有）的
　技能 / 068
通过行使权力 / 069
通过开发"工作组合" / 071

第五章　与谁一起工作？ / 074

强关系与弱关系 / 076
社交网络 / 078
师徒关系 / 079
发展性社交网络 / 080
跟随你的校友 / 082

做一名志愿者 / 083
参照人群 / 084
团队合作 / 086
你还不认识的人 / 087

第六章　什么时候做出改变？ / 090

当你的雇佣合同发生改变时
　/ 092
当你学习时 / 093
当你失业时 / 094
当你开始一个新项目时 / 096
当你完成一个项目时 / 098

什么时候该改变？ / 099
当你进行风险管理时 / 100
当你离开"洞穴"时 / 102
当为什么工作、如何工作以及与谁
　一起工作产生改变时 / 104

第二部分 采取行动

第七章 感知 / 109

确定你的主题 / 111
想象你的处境 / 112
解开生命链 / 114
用自己的方式看待事物 / 116
管理职业生涯中的挫折 / 117
让他人感受到存在的意义 / 118
合法化你的角色 / 119
直面反对者 / 120
发展你的主题 / 122
化繁为简 / 123

第八章 拥抱科技 / 126

回顾 / 128
听听反对者的声音 / 129
适应摩尔定律 / 130
顺应技术潮流 / 132
与机器人为友 / 133
重拾话语权 / 134
超越读写能力 / 136
生活在新的流动性中 / 137
提倡开放 / 139

第九章 投资社区 / 142

不再独自打保龄球 / 144
加速前进 / 145
表明你的身份 / 146
发展职业关系 / 148
利用你生活的地方 / 149
建立自己的社区 / 150
加入虚拟社区 / 152
加入群体 / 153
创造更多联系 / 155

第十章 和雇主一起工作 / 157

他们的剧本,你的故事 / 159
在组织文化中生存 / 160
精心设计你的工作 / 162
跨越边界 / 163
往人力资源部门的"上游"再走
　一步 / 165
解码人才管理 / 166
发展关系和声誉 / 168
成为(或扮演)一名合同工 / 169
保护你的财产(如知识产权)
　/ 171

第十一章　分享你的故事　/ 173

讲好你的故事 / 175
了解你的角色 / 176
推销你的产品 / 177
做足功课 / 179
做好一切准备 / 180

利用你的简历和"电梯时间"
　/ 182
应对失望 / 183
培养韧性 / 185
打造个人品牌 / 186

第十二章　建构你的世界　/ 188

建构你的生活 / 190
给予与索取 / 191
善于观察 / 192
保持谦卑 / 194
做正确的工作 / 195

为家庭而战 / 197
维护自己的世界 / 199
陷入沉思 / 199
从反思到行动 / 201

引　　言

> 我有六个忠实的仆人，
> 我的知识都是它们教会的；
> 他们的名字分别是"何事""何因""何时""何法""何地""何人"。
>
> ——鲁德亚德·吉卜林

在平时的工作里，你的上司经常对你的表现大加赞赏，却把你梦寐以求的升职机会留给了别人；你的同事劝你凡事要"随大流"，不要轻易表达自己的观点；你在书本上学到的激励理论，与你在工作中看到的实际情况截然相反；有时，甚至一个门外汉也会让你措手不及，因为他提出了一个与你专业相关的问题，你却不知如何回答。面对这一切，你不禁感慨：我究竟怎么了？为什么这些事情会发生在我身上？到底应该如何回应？怎样才能更好地"掌控"自己的处境？

如果你也曾被这些问题困扰过，那么这本书恰好就是为你准备的。无论你是自由职业者抑或处于无业状态，智能型职业生涯都将帮助你厘清自己的职业状态并做出积极的改变。通过对这本书的阅读，我们希望你能学会为自己工作，掌控自己的职业生涯，并理解这种改变对你今后人生的意义。

什么是智能型职业生涯？

智能型职业生涯就是运用你的智力去追求你的职业。《牛津英语词典》将"智力"（intelligence）定义为理解力、知识量或对某事的领悟力。从这个简单的意义上来说，智力也可以被应用于学习新事物，从而不断产生新的智力。比如在选择工具时，你会选择那些用得顺手的，而弃用那些蹩脚的。同样，通过去了解别人的工作方式，能够让你在和谁再度合作或怎么和他合作的问题上更具有选择性。

一般意义上，我们将"职业生涯"定义为个人工作经历随着时间的推移而不断变化的过程。之所以会不断变化，是因为没人能预知未来会发生什么；同时，这个定义强调工作经历和时间等因素，因为随着时间的推移，一个人的工作方式可能因自己或外界力量而改变[①]。在本书中，我们使用"智能型职业生涯"一词来强调你对自己职业生涯的掌控权。掌控自己的职业需要你去应对和解决这些问题：如何将智慧和能力应用于自己的职业生涯？自己的职业生涯应该往哪个方向走？是什么在阻止你前进？如何才能扫清前方的障碍？[②]

纵观人类历史不难发现，经济生产主要依靠体力劳动，人们需要在田间、煤矿、铁路工地和工厂里劳作。然而，随着技术的进步，个人体力和劳动熟练度在经济生产中的重要性不断下降，人们的工作开始越来越被新规则所支配。达特茅斯商学院已故教授詹姆斯·布莱恩·奎因（James Brian Quinn）将这一新规则定义为"对智力资源的开发和调度，而不是对有形资产的管理"[③]。在这种规则下，智力资源被应用于体力劳动中，例如卫生行业、计算机配件生产和操作行业以及各种技术和工艺领域。

今天，我们生活在一个信息极为丰富的时代，对金融、医疗、营销等领域的大数据管理本身甚至已经成为了一种职业。在此之前，我们从未拥有过如此大量丰富的信息。而今随着工作的专业化分工程度不断加深，我们需要专业人员来管理其他更多的专业人员，以保证人与人之间的有效沟通。信息容量的指数级增长催生了知识经济时代的到来，先进技术承担起越来越多的工作，人们将有更多时间去做自己擅长的事情，包括思考、学习、整合、分析、想象、发明，以及最重要的——合作。

[①] ARTHUR M B, HALL D T, LAWRENCE B S. Generating new directions in career theory: the case for a transdisciplinary approach[M]//ARTHUR M B. Handbook of career theory. New York: Cambridge University Press: 1989, 8.

[②] 这里关于"智能型职业生涯"的定义建立在一个早期定义的基础上，即"智能型职业生涯是员工和雇主公司的能力随时间演变的基本单位。"参见：ARTHUR M B, CLAMAN P H, DEFILLIPPI R J. Intelligent enterprise, intelligent careers[J]. Academy of Management Executive. 1995, 9(4): 9.

[③] QUINN J B. Intelligent enterprise[M]. New York: Free Press, 1992: 151.

你的职业生涯呢？

虽然智能型职业生涯并没有对学历或文凭有过高要求，但是接受高等教育的人口比例正在大幅攀升，甚至在某些国家已经超过40%，并且这一比例还在不断增长[1]，这反映出职业生涯发展的趋势——高学历化。另一个值得关注的现象是互联网的普及程度，尤其在那些被认为是"欠发达"的国家和地区。在这样一个物理空间与虚拟空间不断交织的环境中，人们使用的商品和服务都来自世界上某个遥远的地方，人们无论是在学校还是在工作场所，都正在接受各种训练，从而在知识驱动的世界中工作，并在工作过程中贡献出更多的知识[2]。从以上种种叙述中不难发现，智能型职业生涯就是知识驱动型世界的命脉。

智能型职业生涯有助于我们开展更广泛的合作，你可以用自己的理性、智慧和人际关系技巧来应对一系列潜在挑战。你必须独立完成一个亟须解决的问题，能与他人进行有效的交流和沟通，能在高效的团队中进行协作，同时还要有兼顾自身需求和他人需求的能力，并适应不断变化的环境。智能型职业生涯在整合这些能力的基础上，促进人们积极贡献与合作，以实现知识的生产和转移。

智能型职业生涯也不仅仅是为了提高教育水平或知识技能，它还要求我们了解工作和就业性质的变化，以及知识产生、转移和应用的过程。这意味着我们必须学会鉴别新的职业机会，进行更灵活的工作安排，并且适应全球范围内对知识工作日益增长的需求。因此，请你放弃传统意义上对某一个雇主的刻板忠诚。相反，请你时刻保持对自我忠诚，并用这种状态来引导你的工作和生活。此外，你还需要更好地了解你自己、你的合作伙伴、你的雇主和客户，以及你目前所生活的世界。

---

[1] OECD. Education at a glance 2014[EB/OL].[2015-11-18]. http://dx.doi.org/10.1787/eag-2014-en.
[2] 经济学人杂志曾经将此现象称为"脑力"（brainpower），即"人们解决复杂问题的能力集合"。参见2006年10月7日载于 *The Economist* 的文章 *The Battle for Brainpower*。

你现在状态如何？

※ 你对摆在你面前的机遇足够了解吗？
※ 有人帮助你发现和理解这些机遇吗？
※ 你拥有自己的"人才代理人"吗？无论是字面意义上还是引申意义上的代理人。
※ 在工作中，有没有一些劳务公司、猎头公司或职业生涯导师，能够帮助你解决职业生涯问题？
※ 你有前同事、职场伙伴、校友、朋友或家人，可以履行与上述情况类似的职能吗？
※ 哪些人会欣赏你的能力，并随时准备向你推荐新工作？
※ 你的客户、朋友或所爱之人在追求他们的智能型职业生涯时，你愿意更好地支持他们吗？
※ 你需要怎么做才能吸引雇主的注意，并成功进入他们的人才库？
※ 当潜在雇主联系你时，你应该如何回应？
※ 你应该如何组织你的回应，并收集更多信息，从而在职场中始终保持存在感？

如果你也好奇这些问题，那么这本书可以帮助你。任何寻求对自己生活拥有更大掌控权的人，都是这本书的受众：无论你是准备规划下一步行动的专业人士、被生活所困对现实不满的人、即将迈入职场的学生，还是失业人士、想要跳槽的中年人、双职工夫妇，等等，这本书都可以给你一些启发，帮助你解决目前的问题。如果你是一名经理、教师、顾问或教练，正在寻求如何更好地与他人合作，那么这本书的内容也是为你准备的。如果你恰好是一位职业咨询从业者，那么请直接翻开这本书，并先对自己进行测试，然后再运用书里的内容来帮助其他人。

如今，知识经济浪潮已经席卷全球，这本书正是面向全球读者而创作的。智能型职业生涯是一种全球性现象，需要不同国家和文化之间互相理解和包容。无论你身处世界上哪个地方，我们的目标都是帮助你和其他读者找到共同点，利用新技术相互学习和交流，共同建设全球化的知识经济体系，让全人类共同受益。

这本书里有什么内容?

在当今不断变化的工作环境中,智能型职业生涯规划将帮助你做出明智的选择。它不会直接给你答案,但会为你绘出地图,并指出重要地标;它将帮助你审视一系列问题,包括个人问题和环境问题,并让你对自己的职业生涯有一个动态的、多维的了解;它将帮助你找到并解决你目前面临的最重要的问题。在这一过程中,你会发现,最成功的智能型职业生涯拥有者的成功之路是自己铺就的,这条路可能会与你现在或未来雇主的预期大相径庭。

本书的内容分为两部分:第一部分帮助你更充分地了解你现在的境况,第二部分帮助你在未来采取行动。具体来说,第一部分鼓励你对章节标题中所提出的一系列问题进行思考。这些问题与引言开头吉卜林的诗句中提到的"六位忠实的仆人"相呼应,并邀你深入理解自己目前的生活和工作经历。第二部分是对你未来参与知识经济的展望。本书的章节标题将指引你转变未来生活和工作的开展方式。通过阅读这本书,希望你也能发现和抓住机遇,为我们共同的地球村的健康发展(而不仅仅是"财务健康")做出贡献。

为什么这本书有三个作者?书的创作需要探索和融合各种方法,而协同合作可以使相关知识和内容更清晰、更及时地展现在读者面前。作为一本面向全球读者的书,三位作者来自三个不同的大洲、三个不同的国家,在写作的过程中,我们能通过彼此的关系网络迅速地从自己以外的区域获得灵感和实例,完善我们的想法。因此,这本书中所列举的人和事包罗万象,其中,有些人受到不同社会背景的影响、经历过不同的教育制度,有些人正经历人生的不同阶段,比如,青年、中年、老年;有些单身,有些已婚;还有一些已经为人父母,他们的子女尚小或已成年。

这本书中所有的事例都是真实的,这些事例有的来自作者及其同事直接访谈过的人,有的来自权威期刊、报纸或网站。大部分事例中的人都能够抓住机会,丰富自己的职业生涯。不过,也有少部分的反例。总之,这些事例是关于人们如何运用自己的智慧去了解周围的世界,如何适应不断变化的工作环境,如何使自己保持再就业能力,以及最重要的一点——如何运用智慧去塑造令人满意的职业生涯。

这本书里不包括什么内容？

尽管我们会在书中谈一些关于智商（IQ）、情商（EQ）的背景信息，但这并不是一本告诉你如何提升智力的书籍。从更广泛的意义来看，这也不是一本学术专著。事实上，这是一本为关注自身职业生涯发展的非专业读者写的书。

在这本书里，我们不会对你的职业生涯发展灌输任何限制性的观点。例如，我们会在书中讨论人际网络的重要性，但仍然希望你能加深对内在自我的了解；当我们讨论科技给当前职业和工作带来的冲击时，我们希望用辩证的视角，帮助你既能看到科技的优点，也能正视其固有的缺陷；我们在最后的章节里写了与"世界"有关的内容，强调每个人的世界都是独立的，你自己的过往经历和人际关系等都会对它产生影响。所以，我们希望你能在属于你的世界中做好智能型职业生涯规划。

这本书里没有各种各样用来判断你更适合什么职业的测试题（比如，你到底更适合去训练大猩猩还是去设计机器人），也不会直接教你如何管理自己的情绪、评估转行的可能性或成功率。当然，我们也不会提供关于成功面试的着装技巧，更无法直接告诉你应该采用什么样的新技术来助力你的职业发展。但我们会在更宽泛的环境下讨论以上某些主题。总之，我们不保证这本书里的内容能为你创造财富，但是，我们相信这本书一定能帮助你打造"开挂"的职业生涯发展之路。

你准备好了吗？

正如本书的副标题所言，拥有一个智能型职业生涯需要掌控你的生活和你的世界。无论你住在哪里——自俄罗斯出发，横跨欧洲，至北美洲和南美洲，转入南半球，再到亚洲和非洲，我们都是同一经济体系的参与者。一方面，我们都在为工作而竞争；另一方面，我们希望这种竞争能起到积极作用。我们希望建立一个"一分耕耘一分收获"的工作体系，在这个体系里，责任和担当的重要性能够被认可，每个人也都能获得充足的学习机会。那么，我们该如何依靠自己而不是指望政府或雇主，来创造这个体系呢？

本书副标题的第二重含义在于掌控你的世界。这个世界是你在追求事业的过程中所建立起来的社交世界。在全球视野下,这个世界需要每个人、组织、地区、国家、盟友、专业团体内部之间(除个人以外)和相互之间展开协作,而你的社交世界和别人的社交世界则是维持这一切合作与协同的黏合剂。无论是面对面沟通还是网络交流,以自己的方式发展和加深与他人的关系,都是成功的智能型职业生涯的基础。

　　了解你自己、获得财富和改善你周围的社交环境之间并不矛盾。你只需要把它们有机结合在一起,你就能拥有并掌控属于你自己的智能型职业生涯!

第一部分　盘　　点

第一章　智能型职业生涯包括什么？

第二章　智能型职业生涯在何处发生？

第三章　为什么工作？

第四章　如何工作？

第五章　与谁一起工作？

第六章　什么时候做出改变？

在本书的第一部分，我们将帮助你盘点现状。也就是说，我们会帮助你思考你所接受的教育、建立的人际关系、积累的经验，以及它们将如何帮你开启智能型职业生涯。在接下来的六章里，我们会向你连续发问，这些问题都关乎智能型职业生涯对你个人的意义——"智能型职业生涯包括什么？""智能型职业生涯在何处发生？""为什么工作？""如何工作？""与谁一起工作？"以及"什么时候做出改变？"我们将分别在每一章里讨论这六个问题，希望这些内容能帮助你更好地理解什么是智能型职业生涯。

无论你目前状况如何，你都需要面对一系列有关工作前景的问题，比如财富的分配、全球贸易的未来、中产阶级的命运、资本与劳动的回报、工会主义的重要性以及技术的收益与成本之类的话题，这些问题所涉及的内容棘手且复杂。[1] 其实类似的问题在过去也出现过，例如，印刷文字的引入、工厂系统的建立、货物与服务的提供以及近十几年来风靡全球的万维网。对每一个人而言，了解这些问题很重要，但更重要的是，我们必须保持清醒的认识，用公正、客观的视角来正确地看待这些跟工作高度相关的事物。

在本书的第一部分，我们请你来做智能型职业生涯的主人公。当然，我们并不是强制你去追求更多的财富、更高的声望或更大的权力，而是以一种直接的方式告诉你，你完全可以用你自己的方式来获得对生活的所有权，并准备好掌舵未来的生活。我们的主张非常直截了当：当你准备得越"充足"，你在智能型职业生涯规划中就越容易取得成功；当你准备得越充分，你就越有可能利用自己的经验在我们刚才提到的话题中大展拳脚。

---

[1] ACEMOGLU D, ROBINSON J. Why nations fail: the origins of power, prosperity, and poverty[M]. New York: Crown Business, 2012.
PIKETTY T. Capital in the twenty-first century[M]. Cambridge: Belknap/ Harvard University Press, 2014.
STIGLITZ J E. The price of inequality[M]. New York: Norton, 2012.

第一章　智能型职业生涯包括什么?

> 包括我在内的所有人,都不能替你走完你的路,
> 你必须亲自去经历,
> 其实这条路并不漫长,
> 它就在你能到达的范围之内。
>
> ——沃尔特·惠特曼

多米尼克·布朗宁（Dominique Browning）的事业看起来一帆风顺,她从两所著名的大学毕业后,就直接进入出版行业工作。在成为《德克萨斯月刊》的执行主编之前,她曾在《悟性》《美国摄影师》和《时尚先生》等杂志任职,积累了丰富的工作经验。当《新闻周刊》任命她为首位女性助理总编辑时,她成功打破了新闻行业职场女性的"玻璃天花板"。在她的带领下,《新闻周刊》在业内大获成功。之后,她便退出了出版业,成为爱迪生学校的创始合伙人,并通过引入更有效的私人管理模式,帮助公立学校走出困境。与此同时,布朗宁结婚并生育了两个孩子。几年后,她再次重返出版界,担任《米拉贝拉》杂志主编。

后来,布朗宁凭借自己出色的写作、编辑、出版和商业经验,又被任命为重新发行的《家庭与花园》杂志的掌舵人,并且一干就是12年。在这期间,她成功地让这本杂志在5家出版商之间转手,并且最终和著名的康德纳斯出版集团展开合作。过往的种种业绩让布朗宁在纽约竞争激烈的出版界中名声大噪,成为受人尊敬和业界领先的知名主编。但在她的成功背后,是被安排得满满当当的生活和工作:她要给员工布置工作任务,要履行领导的职能,要抽时间去约会（她离婚了,但这个决定非常适合她）。不过,她很喜欢这种饱满的状态,也很喜欢这种忙碌而又充实的感觉,这正是她想要的。①

但意外总是不期而至。2007年末的一个周一,当布朗宁去公司总部参加例行会议时,她收到了一个噩耗——自己被炒鱿鱼了！原来,她主编的《家庭与花

---

① 参见:http://www.dominiquebrowning.com/about.html。

园》杂志突然宣布停刊，所有员工必须在周五前全部解散，总部甚至派保安去监视员工收拾东西离开。面对这突如其来的一切，布朗宁在公开场合仍然极力维护自己的领导角色，不仅大方称赞她的团队"表现出色"，还积极宣扬她们所取得的光辉业绩，比如，"我们在10年内让一本杂志的读者从0增加到95万""赢得了多个业内知名奖项""我们还出版了6本畅销书"。尽管布朗宁表面上仍然维持着过往业绩带来的骄傲和自豪感——"我们是行业内的标杆企业，推出了精美绝伦的设计方案，并且我们一直在为伟大的项目而奋斗着。"但私下里，她还是陷入了混乱：

> 没了工作，那我是谁？我认为只有工作才能定义我，失业给我带来了巨大的打击！我觉得自己是个失败者，不是杂志失败了，而是我失败了……很多新的问题也向我扑面而来：我感到有点内疚，因为我和同事在一起的时间比我和孩子们在一起的时间都多；孩子们即将离家让我感到悲伤；我对爱情彻底失望了；万一我得病了怎么办……我不想花时间去思考这些烦人的问题。随着《家庭与花园》杂志的停办，我和亲爱的同事们组成的家也消失了，我的生活也是如此。①

布朗宁在《家庭与花园》杂志的生涯结束了，她陷入了自我怀疑和沮丧之中。她想利用自己之前积累的行业人脉关系，积极开展社交活动，但始终找不到类似杂志主编这样的工作。最终，为了摆脱债务问题，布朗宁决定卖掉纽约的房子，回到她离婚后在罗德岛买的一所破旧的房子里，开始重读经典书籍，甚至重拾荒废多年的弹钢琴。布朗宁意识到，她现在要找到一份跟以前完全不一样的工作，才能让自己的生活彻底翻篇，进入"新的季节"。当布朗宁漫步于海滩时，她从潮起潮落中找到了灵感：

> 虽然我不再年轻，但也绝不是老态龙钟的样子；就算没有婚姻，我也不觉得孤独；我的工作和生活虽不再完整，但也没有到完全支离破碎的状态；我会回顾过去，但也更愿意展望未来。我更加深刻地意识到，我要活在当下，这就是我的"潮间岁月"（译者注：高潮与低谷时光）。②

①② BROWNING D. Losing it[J]. New York Times Magazine, 2010(3).

随着时间的推移，布朗宁逐渐从失业的打击中恢复过来，慢慢投身到写作和咨询的工作中去，这不仅让她保持了活力，还为她提供了收入来源。2010年，布朗宁出版了一本有关自己经历的书，并创办了一个网站。2011年，她又成立了"清洁空气妈妈团队"（Moms' Clean Air Forle），致力于帮助忙碌的父母游说政客，为孩子们提供清洁的空气。同过去瞄准一份工作努力前行的状态不同，现在的布朗宁将她的才华和能力同时施展在多份事业上。摆脱了之前在出版界工作时每天都要面对的截稿日期压力，现在的布朗宁是自由的，不再依赖于任何一个雇主[①]。

我们应该怎样解读布朗宁的故事呢？究竟是她对出版商失望了，还是她对自己失望了？当传统印刷版杂志面临来自网络阅读的挑战时，她仅仅是行业变化中一个偶然的牺牲品吗？她是否已预见到网络将给她所在的传统行业带来深刻变化，抑或她坚持认为传统出版业固若金汤？她工作是为了获取事业有成的标签，还是为了做自己真正想做的事情？所有这些问题都与我们本章的主题"智能型职业生涯包括什么？"有关。接下来，让我们通过一系列问答来认真思考这个问题。对于每一个回答，我们都请你思考如何将其运用到自己的职业生涯中，并通过和之前的回答进行比较，来找到属于你自己的答案。最后，你将对本章的基本问题及其与你处境的关联有一个更深入的了解。

有条件的忠诚

首先，我们可以从与员工忠诚度相关的传统观念角度，来回答"智能型职业生涯包括什么？"这个问题。在20世纪，人们大多希望永远待在某一家公司工作，直至退休拿着养老金，享受舒适的待遇。以麻省理工学院（MIT）的思想领袖埃德加·沙因（Edgar Schein）为代表的职业生涯发展支持者，提出了组织人力资源规划与个人职业发展之间"互利关系"的设想——招聘、甄选、轮岗、培训、继续教育、岗位重设甚至退休都是平衡组织和个人需要的"匹配过程"，而不再是只有组织才能行使的唯一特权。沙因在1978年提出的这个观点，很快就

---

① BROWNING D. Slow love: how I lost my job, put on my pajamas, and found happiness[M]. New York: Atlas, 2010. 参见：http://www.momscleanairforce.org，于2015年12月15日访问。

得到了大量组织和员工的追捧①。回到布朗宁的案例来看，尽管康德纳斯出版集团不是布朗宁的第一个雇主，但她似乎已经开始期待沙因所描述的那种"互利关系"。

然而，和布朗宁被突然解雇的案例一样，对我们大多数人来说，终身雇佣制已经被"抛弃"了，现在很难再看到采用终身雇佣制的公司。比如，宣扬"尊重个人"精神的IBM曾被许多人视为终身雇佣制的典范，这种情况最早可以追溯到20世纪初。1984年，一份IBM的内部文件声称，"40多年来，没有任何一位正式聘用的员工因为裁员失去哪怕1小时的工作"。然而，IBM公司在1994年推出了一系列提前退休计划，裁减了约10万名员工，占其全球员工总数的25%。从这个案例不难看出，至少在大型私营企业中，被IBM长期坚持的不裁员政策以失败告终，终身雇佣制已经走向终结②。

那么，我们还能对终身雇佣制有所期待吗？在公共部门内，也许我们还能看到它的身影，但实际上，公共部门所采取的"终身雇佣制"也是争议不断③。成为纽约大律师事务所的合伙人如何？听起来似乎是一个不错的选择，但事实上，为了应对21世纪的第一次大衰退（笔者注：2008年金融危机引发的经济大衰退），备受尊敬的华尔街伟凯律师事务所（White & Case）已经进行了两轮裁员，包括合伙人在内的200名律师面临失业危机。一位幸免于难的合伙人说道：

---

① SCHEIN E H, DYNAMICS C. Matching individual and organizational needs[M]. Reading: Addison-Wesley, 1978.
② 关于IBM公司裁员的信息来源于: KNEALE D. Tough choices[N]. Wall Street Journal, 1987-04-08(1).
Miller M W. IBM's gerstner, in public debut, vows to cut more and emphasize services[N]. Wall Street Journal, 1993-04-27(A3).
HAYS L. IBM's helmsman indicates that bulk of layoffs is over - an upbeat gerstner employs winddirection similes and hints at uses for cash[N]. Wall Street Journal, 1995-01-06(B3).
IBM. The IBM internal document of 1984[EB/OL]. http://www.03.ibm.com/ibm/history/exhibits/watsonjr/watsonjr_leaving.html, 于2012年12月1日访问,但后来被删除。
③ DANZER A M, DOLTON P J. Total reward and pensions in the UK in the public and private sectors[J]. Labour Economics, 2012, 19(4):584-594.
REILLY T. Comparing public-versus-private sector pay and benefits: examining lifetime compensation[J]. Public Personnel Management, 2013, 42(4):521-544.

企业对员工的忠诚,以及员工对企业的忠诚,都一去不复返了——这彻底颠覆了我们的传统认知。现在,企业和员工之间更像是一种交易关系,而不是真正的合作关系。我们以为企业和员工的发展是重叠在一起的,形成了一个命运共同体,但事实上,在某些时候,当你停下来思考时会发现:"唉,事实并非如此。"①

正如《纽约时报》所言,华尔街伟凯律师事务所的案例是专业服务提供商领域发展趋势的一个缩影,这种趋势是"一种潜在的范式转变,就像投行和汽车行业的范式在冲击下也在发生转变一样"。也就是说,规模庞大的商业模式注定已成"明日黄花"。在沙因发表了劳资"互利关系"观点近20年后,他看到了这种关系的演变,即个人需要对自己的职业生涯负责,因为"组织必须要面对的现实情况是,它们已经无法像过去那样预测或控制员工的职业生涯发展道路"②。因此,组织和员工之间产生了一种"新的忠诚",它是有条件的,既取决于你自身的条件,也取决于雇主的条件。眼下,你必须培养能帮助你塑造智能型职业生涯的素质,包括抓住机会、提高适应能力、学习网络技术、培养多种才能、多渠道获取知识等,并且进一步提升对工作的掌控力,只有这样才能在人才市场中始终保持竞争力。

抓 住 机 会

我们还可以从另一视角来回答开篇提出的"智能型职业生涯包括什么?"这一问题,得出的答案是要善于把握机会。以杰夫·普莱斯(Jeff Price)为例,他曾是一家硬摇滚咖啡馆的服务生、大学的唱片骑师(译者注:美国校园里负责打

---

① FEUER A. Bleak day at the bar[N]. New York Times,2009-06-07(1). 这位美国律师宣称2009年对于法律从业人员是非常凄惨的一年。详见:http://www.americanlawyer.com/id=1202425647706/THE-LAYOFF-LIST。在本书出版的过程中,伟凯律师事务所仍然在裁员,但其合伙人数量已经稳定下来。详见:RODRIGUEZ N. White & Case sees 10% atty drop as profits come to focus[EB/OL].(2015-03-16)[2015-12-15] .http://www.law360.com/articles/631164/white-case-sees-10-atty-drop-as-profits-come-to-focus.
② SCHEIN E H. Foreword:career research, some personal perspectives[M]//GUNZ H, PEIPERL M. Handbook of career studies. Thousand Oaks, CA:Sage, 2007: ix.

碟的职业，英文全称为college disk jockey，简称college DJ)、独立摇滚乐队制作人和在线商店eMusic的员工。在普莱斯努力完成这些工作的同时，他敏锐地嗅到音乐行业正在发生变化。他抱怨数字音乐发行商仍在以传统实体录音带的制作发行模式工作，而这种模式对艺人具有剥削性。于是，普莱斯创办了Tunecore——第一家让艺术家对作品拥有完全控制权的音乐发行机构。在唱片设备零售商吉他中心（Guitar Center）的资助下，Tunecore发展迅速，"一天内发行的歌曲数量比主流的大型唱片公司一年内发行的歌曲数量还要多"，而且这些作品只采用数字化发行模式，在iTunes和其他在线音乐商店上同步销售。在澳大利亚音乐商业会议上的一次演讲中，他解释了自己当时开展这项事业的初心：

> 我不喜欢欺压他人，也不是那种喜欢欺诈艺术家或是占别人便宜的人。我在日常生活中始终坚守道德准则：不乱扔垃圾，帮助迷路的人，抚慰哭泣的孩子，给人指路，为有疑惑的人提供建议，积极主动帮助他人。我决定做点什么来改变现状，于是便创办了一家改变音乐产业的公司。①

当时，普莱斯已经做好准备，在瞬息万变的音乐行业中抓住机遇，创造一种全新的商业模式，让艺术家掌控自己的作品。他运用网络进行直营，绕过了传统的"中间商"或"守门人"，将产品或服务提供者和客户直接链接在一起，使得他的优势得以显现。②如今，"非中介化"已经在一些行业引起巨变，例如拍卖行、图书销售和股票经纪业，同时也在改变广播业、娱乐业以及其他所有可以通过网络提供服务的行业。所以，求职之道也在发生改变，今天人们会主动通过社

---

① SMITH T. A sound visionary[N]. The Sun Herald，2009-08-16(8).
PRICE J. The democratization of the music industry[N]. Huffington Post，2008-03-24.
LAZAROWITZ E. Brooklyn-based web business helps sell music in the digital world [EB/OL]. (2007-11-26). http://www. nydailynews. com/money/2007/11/26/2007-11-26_brooklynbased_web_business_helps_sell_mu.html.
② 普莱斯于2012年8月突然被解雇，参见：http://www.digitalmusicnews.com/permalink/2012/120815price. 关于普莱斯最新的近况是，他正在帮助艺术家获取自己的音乐作品在Youtube上播放的版权费，参见：http://www.digitalmusicnews.com/permalink/2014/03/04/audiam2mil，于2015年5月15日访问。

交网络寻找工作，而不是等待招聘人员发布广告。①那么，请问你能抓住这样的机会吗？

不 断 适 应

虽然在普莱斯眼里，一些行业还是墨守成规，但事实上公司和组织一直都在努力适应时代的变化。在旧的商业模式下，一个企业需要建构完整的职能部门体系来完成全部的工作——生产制造、提供服务、会计、金融、信息技术、市场营销、公共关系、研发等。随后，跨国公司也以相同的方式，由负责不同产品和服务的分支机构、地区部门分别建立一套完整的职能部门体系。这种传统商业战略给员工提供了时间和空间去探索新的机会和制定长期职业生涯规划。然而，一旦企业放弃终身雇佣模式，之前所有的时间、空间和机会就开始慢慢减少。

在新时代，适应型组织更加专注于专业化，也称为"核心竞争力"。以前，大多企业把目光局限在当地进行组织管理和生产安排等活动，但现在，越来越多的企业会在外地寻找供应商、服务商甚至工人。比如，耐克（Nike）等知名企业会将制鞋业务外包给中国、印度尼西亚等国的工厂，英特尔（Intel）则只生产芯片和交换机，而不生产个人电脑，这种外包模式被其他行业乃至整个商界所效仿。对以研发和市场营销为核心竞争力的耐克公司来说，通过将制鞋环节外包来削减成本是很明智的选择。随着时间的推移，外包已经站稳脚跟成为主流，许多公司都认同这种商业观点，即工作应该流向最能服务于"价值链"的地方——也就是性价比最高或最具创造性的区位。在这种情形下，将所有工作和员工纳入组织内部的传统商业运作模式，已经被"重组"和"外包"打破。

已故管理大师彼得·德鲁克（Peter Drucker）曾把成功的组织比作一个空军基地，其中飞行员、气象学家、无线电操作员、医生、军械师、摄影师和其他专家都在各自锻炼自己的"决策技能和自我管理判断能力"。尽管他们的专业领域各不相同，但这些人都服务于相同的目的——组织的长远利益。②当下，成功

---

① 2006年，招聘网站"monster.com"是世界上访问量最多的20个网站之一，详见：http://en.wikipedia.org/wiki/Monster.com，于2015年12月15日访问。从那以后，求职招聘网站不再受到青睐，人们的求职活动更多地转向社交网络平台，详见：FERTIG A. 10 emerging job search tips and tactics[N]. US News and World Report, 2014-03-04.
② DRUCKER P F. Landmarks of tomorrow[M]. New York: Harper, 1957: 64.

的组织更像是一个独立电影制作公司，汇集了各种各样的专家——制片人、导演、编剧、演员、技术人员等，他们的共同目的是制作一部电影。一旦某个个体完成了自己的"角色"，那么他就要离开并寻找下一场"演出"。现在，请你思考，你自己的真实情况和我们刚才说的有什么不同？

随着德鲁克对"重组"与组织绩效关系的持续关注与观察，这位管理学大师改变了自己之前认为组织应该关心员工福祉的立场。他在书中写道，组织作为员工职业生涯守护者的角色已经开始黯然失色[1]，在可预见的未来，组织和个人对职业的规划将不再相同。因此，你需要思考自己的职业动机和未来的就业能力，同时理解你所在组织的动机，并结合自身条件来不断适应。

做 出 贡 献

德鲁克的观点切中要害。作为较早关注知识工作的管理学思想家，德鲁克认为"知识工作者"需要接受教育和培训，并且应具备获取和应用理论知识和分析知识的能力。与工业时代下重复乏味的办公室工作和工厂劳动完全不同，知识工作者的工作不再是那些人们已经知道怎么去做的、重复性的工作。当前，知识工作以各种方式融入到大多数技术工作中，比如，学习使用一个新的软件，运用最新的教学方法来教授一门课程，或者在海外做生意时接受一种新的文化范式，这些都是21世纪被人们所熟知的知识工作案例。

这些观点也得到了统计数据的支持。例如，高等教育的迅速发展表明，美国和加拿大从事知识工作的劳动力占全国劳动力的比例已经从20%左右增长到35%，如果再把美国劳工统计局统计的"管理、专业和技术工人"这一大类中的数据都包括在内的话，占比可能会更高。麦肯锡公司（Mckinsey & Company）发布报告显示，自1998年以来，美国40%的劳动力和70%的就业岗位都涉及知识工作。[2]目前，就业增速最快的工作都需要员工具有科学和工程方面的前沿知识和专业训练；在这些领域投入大量教育资源的国家将成为全球未来的领导

---

[1] DRUCKER P F. The age of social transformation[J]. Atlantic Monthly, 1994（5）：53-78. 在这篇文章里，德鲁克推翻了自己1942年的论点，即工作场所应该为员工提供终身就业和其他社会福利。

[2] The battle for brainpower[J]. The Economist, 2006（10）:3-5.

者。[1]人们还可以通过互联网用户数据来估算知识经济参与者的数量,当前,亚洲(39%)、南美(54%)和非洲(27%)的互联网用户数正迅速追赶北美、西欧、澳大利亚和新西兰——这些互联网用户数占总人口比重超过75%的地区及国家。[2]

《纽约时报》记者托马斯·弗里德曼(Thomas Friedman)在其里程碑著作《世界是平的》(The World Is Flat)一书中指出,印孚瑟斯(Infosys)前首席执行官南达·尼勒卡尼(Nanda Nilekani)告诉我们:技术和软件领域的大规模投资使全球市场变得更加公平。现在,智力劳动可以"分门别类、交付、分配、生产、再组装",为人们的工作方式提供了"全新的自由"。弗里德曼总结道:"相较于过去任何时代,当前,越来越多的人能够在不同职业领域、不同的空间区域和更加公平的环境下,与越来越多的人合作、竞争。"[3]如果你恰好在读这本书,那么你很可能就是这支"大军"中的一员——全球知识经济的贡献者。

发 展 才 能

沙因曾经提出的"匹配过程"观点,在当代已被慢慢抛弃,越来越多的公司正在把关注重点放在人才的"选、用、育、留"上[4],而这一切都是为了更好地实现组织当前和未来的目标。比如,使用"人才开发"这类术语和设置"人才发展经理"这类岗位,这一做法在高级经理和股东层大受追捧。同样,越来越多的公司现在也加入到了所谓的"人才大战"中,竞相招聘和留住最优秀的员工,而

---

[1] CARNEVALE A P, SMITH N, STROH J. Recovery: job growth and education requirements through 1920[Z]. Center on Education and the Workforce, Georgetown University, 2013. 参见:http://cew.georgetown.edu/recovery2020.
[2] 参见:http://www.internetworldstats.com/stats.htm,于2015年12月15日访问。网页指出其互联网用户数据来自尼尔森在线(Nielsen Online)、国际电信联盟(The International Telecommunications Union)、GfK、当地的ICT监管机构以及其他可靠来源。
[3] Friedman T L. The world is flat[M]. New York: Farrer Straus & Giroux, 2005: 6-7.
[4] NILSSON S, ELLSTRÖM P E. Employability and talent management: challenges for HRD practices[J]. European Journal of Training and Development 2012, 36(1): 26-45.

公司这么做的出发点，就在于这些员工能够为组织目标做出贡献。①如果公司的主要关注点变成这些人才能为公司做些什么，而不是公司能为这些人做些什么，那么公司要如何招募并留住他们呢？

结合在本章开篇讲述的布朗宁的故事，我们就能得到一些有意思的启示。在这个故事中，只要布朗宁掌舵的杂志能够服务于公司更宏大的出版战略，那么她就是雇主顶尖人才库中有价值的一员。在她被解雇的时候，有消息称她的顶头上司——一位康德纳斯集团为《家庭与花园》杂志选定的出版人也辞职了。与此同时，其他出版社的新杂志也陆续投入市场。②因此，康德纳斯集团只是做出了一个简单的选择，在一片竞争激烈的市场中，放弃没有前途的《家庭与花园》杂志，转而加大对旗下其他三本杂志的投资。这个选择让布朗宁和她的员工成了牺牲品，因为他们的才能对公司而言已经变得不再重要了。

尽管我们都承认"以人才为中心"是个不错的战略，但也必须要认识到其中潜在的问题。比如，"说服具有关键知识的人员一直留在组织内部"并不利于组织长远发展和适应不断变化的战略挑战。③从布朗宁被解雇时的反应可以看出，她曾经被说服一直留在康德纳斯公司工作。当前，雇主对员工的职业动机变得越来越敏感，比如，谷歌曾呼吁管理者"帮助员工发展职业生涯"④，一位英国管理咨询顾问大卫·克拉特巴克（David Clutterbuck）曾呼吁雇主"建立一个诚实、消息灵通、能就职业机会进行持续对话的环境"⑤。然而，需要注意的是，作为一个独立的员工，你必须要锻炼自己的判断力。在尊重组织利益的同时，还需要兼顾个人利益——为自己寻找机会。

---

① MICHAELS E, JONES H H. The war for talent[M]. Boston：Harvard Business School Publishing，2001.
② ELLIOTT S, PEÑA R P. Publication to cease for house & garden[EB/OL].（2007-11-06）[2015-12-15]. http://www.nytimes.com/2007/11/06/business/media/06mag.html?module=Search&mabReward=relbias%3Aw%2C%7B%221%22%3A%22RI%3A9%22%7D.
③ INKSON K E. Understanding careers：the metaphors of working lives[M]. Thousand Oaks：Sage，2007：202.
④ BRYANT A. Google's quest to build a better boss[EB/OL].（2011-03-13）. http://www.nytimes.com/2011/03/13/business/13hire.html?pagewanted=all&_r=1&.
⑤ CLUTTERBUCK D. The talent wave：why succession planning fails and what to do about it[M]. London：Kogan Page，2012：112.

提升工作效率

畅销书作家丹尼尔·平克（Daniel Pink）曾把个人电脑的普及称为"卡尔·马克思（Karl Marx）的复仇"[1]。马克思认为在工业时代，统治阶级之所以能够统治和支配工人阶级，是因为他们拥有工厂和机器，即"生产资料"。平克认为在信息时代，生产资料——即个人电脑已经从工厂或办公室转移到工人自己家里[2]。其实个人电脑的到来只是这一转变的开始。如今，搜索引擎速度越来越快，网络视频会议系统越来越多，人们可以随时在互联网上免费使用这些服务，而智能手机和平板电脑可以保证人们在随时随地工作的同时，还能维持彼此之间的密切联系。对那些愿意主动掌握自己工作和生活的人而言，所有这些技术都将为他们的智能型职业生涯助力。

当然，科技本身并不能自动为人们带来智能型职业生涯。我们作为科技的使用者，需要接受相应的教育和培训，来适应这种生产资料的转变。教育创新专家伯尼·特里林（Bernie Trilling）和查尔斯·法德尔（Charles Fadel）认为，世界已经发生了根本性的变化，"学习和教育在日常生活中的作用也彻底地改变了"。他们设想了传统教育和21世纪教育之间的"新的平衡"，如图1.1所示。[3]

在图1.1中，右侧一列是智能型职业生涯的组成元素。如今，学生们不用坐在课桌旁，从站在讲台上的老师那里接受固定的知识体系，而是可以通过在实践项目中与他人合作来学习，并为明天的世界做更好的准备。通过这种方式，学生们可以参与互联网虚拟社区，提出相关问题，获取解决方法。在以知识为基础的全球经济中，学生们需要用新的方式来学习，并同其他人开展富有成效的互动。

你接受过或正在接受特里林和法德尔提出的那种正规教育或类似的教育吗？你会以学习者为中心来安排自己的工作吗？你能与他人协作解决问题和困难，并在实现共同目标的基础上参与全球社区合作吗？你会在自己的生活中倡导终身学

---

[1] MIESZKOWSKI K. The revolt of the wage slave[EB/OL](2001-05-31)[2015-12-15]. http://www.Salon.Com/2001/05/31/Free_Agent/.
[2] PINK D H. Free agent nation: the future of working for yourself[M]. New York: Warner Books, 2001.
[3] TRILLING B, FADEL C. 21st century skills: learning for life in our times[M]. San Francisco: Jossey Bass, 2009.

习吗？这些都是值得你去思考的问题。如果你身为父母，那么这也值得你为你的孩子去思考。科技和教育的发展趋势表明，智能型职业生涯的拥有者将在未来竞争中占据更有利的位置。然而，新的机遇也不可避免地带来了新的责任，我们能做的就是勇于承担。

以教师为中心	以学习者为中心
单向灌输	互动交流
知识	技能
内容	过程
基本技能	应用技能
事实和原则	问题和困难
理论	练习
课程	项目
定时	按需
标准化	个性化
竞争	协同
在教室学习	通过国际化的社区学习
基于书本	基于网络
终结性测试	形成性评估
在校学习	终身学习

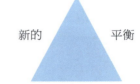

图1.1 传统教育与21世纪教育的"新的平衡"

保持控制

让我们再来看看发生在法国的一个令人不安的案例。几年前，在一个不寻常的周日，法国兴业银行（SocGen）在期货市场损失了500亿欧元。虽然它在接下来的三天里挽回了大部分损失，但最终损失仍高达64亿欧元，创下银行业历史上最大的单笔交易亏损。法国兴业银行将所有责任归咎于31岁的交易员杰罗姆·科维尔（Jérome Kerviel）。在日常工作中，科维尔只有进行盈亏相抵的对冲头寸交易的权限，但他很快意识到，他可以钻系统的空子，从而利用价格波动的机会盈利。就在案发前一年，科维尔用这种不正当手段为法国兴业银行赚取了4300万欧元，并获得了30万欧元个人奖金（但实际未支付）。在此过程中，法国兴业银行风险控制系统共向他发出了93条交易异常的警告，表明他的交易不正常。

到底是科维尔还是他的雇主法国兴业银行，应该为这场损失负责呢？法国兴业银行认为科维尔的行为只是个例，但科维尔却坚称自己的操作和其他交易员并无二致，都是银行业内的普遍做法。但很不幸，科维尔观点没有得到法庭支持。不过，在英国《金融时报》的报道中，法国兴业银行和许多其他投行就像一座座赌场，但"守规矩的赌场都不会犯（法国兴业银行的）错误"[1]。尽管屡次收到警告，但无论是雇员还是雇主始终都没有对交易所涉及的风险进行进一步的核查。你能从这个案例中学到什么？

其实，科维尔一案正好赶上了2008年全球金融危机爆发，这场经济衰退对经济格局产生了深远影响。正如某些报告所指出的，一些CEO、高管团队或其下属的冒险行为已经远远超出了公众的认知。在安然（Enron）、霍林格（Hollinger）、世界通信公司（Worldcom）以及许多其他公司，这些贪婪的、野心勃勃的企业家们给那些原本可以安稳生活和工作的人们带来了灾难性后果。[2]智能型职业生涯虽然倡导通过个人才能和团队协作实现创新，但我们每个人都必须管好自己的"理想抱负"，为自己的行为负责，避免像科维尔一样"自掘坟墓"。掌控自己的未来也是认真对待职业生涯的重要部分。

忠 于 自 我

莎士比亚的著作《哈姆雷特》中有一个角色叫波洛尼厄斯（Polonius），他经常重复这样一句话："最重要的是要忠于自我。"这句话能引导你审视自己的内

---

[1] STERN S. Which brings me to the subject of casinos[J]. The Financial Times Magazine，2010(2):10.
[2] STEWART J B. The omen：how an obscure breton trader gamed oversight weaknesses in the banking system[J]. New Yorker，2008(10)：54.
上一段文字中科维尔的观点来自于：DANESHKHU S. Rogue trader reflects on banking orgy[N]. Financial Times，2010-05-08(18).

心，而不会被科维尔或那些纵容自己行为的人所面临的种种诱惑所吸引。但到底什么是"自我"？《牛津英语词典》中给出的第一个定义是，自我反映了你的真实身份，是一种永久性的状态；而另一个定义则指出，自我是对过往经历做出的反应，并会随着时间推移而逐步适应。最近关于人类大脑适应性和学习能力的证据表明，我们应该遵循第二种定义，承认自我发展需要时间。你能做的最好的事情就是诚实地对待现在的自己，因为你最了解你自己。

波洛尼厄斯接着忠告道："正像有了白昼才有黑夜一样，你对自己忠实，才不会对别人欺诈。"①这个忠告不仅与我们之前所说的"尽你所能"的观点相一致，同时也体现在与他人相处方面②，这一点在人们失业时可能表现得更加明显。在加拿大近期的一项研究中，失业的经理人在与家人和朋友的交往中往往能更真实地展现自我。一些人还表示，需要找一份能让他们更充分表达自我的工作，以获得更多的成就感，并享受与周围人良好而积极的关系。其他研究也有类似的发现，即为了促进更有效的合作，我们必须要忠于内在自我。③

与自我相关的一个术语是"真实性"，它在《牛津英语词典》中被定义为"由自我意识、对目标和价值观的批判性反思以及对自我行为后果的责任承担而产生的一种存在方式"④。哲学家安德鲁·波特（Andrew Potter）认为，追求真实性已经成为"当代生活中最具影响力的社会运动之一"。有人认为，对真实性的追求源于我们对企业和政府的丑闻感到越来越失望，一个典型的例子就是轰动全球的国际足联（FIFA）腐败案。⑤还有人认为，这一社会运动反映出了一种普遍存在的现代生活困顿，即在推销葡萄酒、茶叶、度假方案、化妆品甚至有机

---

① 该引述详见：https://www.w3.org/People/maxf/XSLideMaker/hamlet.pdf, page 22, 于2016年6月25日访问。

② LENT R W. Career-life preparedness: revisiting career planning and adjustment in the new workplace[J]. Career Development Quarterly, 2013, 61(1): 2-14.
SAVICKAS M L. Life design: a paradigm for career intervention in the 21st century [J]. Journal of Counseling and Development, 2012, 90(1): 13-19.

③ RICHARDSON J, ZIKIC J. Unlocking the careers of business professionals following job loss: sensemaking and career exploration of older workers[J]. Canadian Journal of Administrative Sciences, 2007, 24(1): 58-73.

④ Oxford english dictionary[M]. 3rd ed. Oxford: Oxford University Press, 2011.

⑤ RUIZ R R, MATHER V. The FIFA scandal: what's happened and what's to come [N]. New York Times, 2015-09-25.

食品等产品时都需要提及"真实性"。波特认为,你可以在接受市场经济的同时仍然保持对真实的、有意义的及生态合理的生活的追求。对真实性的追求和智能型职业生涯彼此相得益彰。①

真 实 之 旅

真实性是衡量你是否拥有智能型职业生涯的一个重要标尺,因为如果你不能自知,不清楚自己想要什么,就很难掌控自己的工作。研究人员丽莎·梅内罗(Lisa Mainero)和雪莉·沙利文(Sherry Sullivan)进行了一项研究,受访者在这项研究中谈到了"真诚"和"找到自己真实声音"的必要性②,强调了遵从自己内心进行选择的重要性。另一些人,如范德比尔特大学的理查德·彼得森(Richard Peterson)则认为,对真实性的需求通常出现在你没有意识到它的时候。也就是说,在面对真实性时,如果你开始怀疑自己的本能感受,或者觉得自己的本能感受受到挑战时,你才会意识到自己对真实性的需求。③

哥本哈根学者西尔维娅·斯韦杰诺娃(Silvia Svejenova)在对西班牙电影导演佩德罗·阿尔莫多瓦(Pedro Almodovar)的研究中,将真实性描述为一场包含四阶段的旅程。在第一阶段,阿尔莫多瓦在业余时间自掏腰包制作电影短片,并在朋友家、酒吧、迪斯科舞厅或美术馆组织大家观看。在第二阶段,阿尔莫多瓦在老牌电影制片公司和其他机构的支持下制作电影长片,在这一过程中,他必须拍摄出令制片人满意的作品。在第三阶段,阿尔莫多瓦和他的兄弟奥古斯丁(Augustín)注册了自己的制片公司,共同制作了两部电影,同时学习影片制作和公司经营。其中,第二部电影《神经濒临崩溃的女人》(1987年)成为国际热门影片,这使阿尔莫多瓦有机会融入主流电影圈,但也使他和曾经的支持者渐行渐远。在第四阶段,阿尔莫多瓦找寻到了新的完美境界,他组建了一支更大的制作团队,选择了昂贵的"顺序拍摄法"(sequential filming),让故事按照

---

① POTTER A. The authenticity hoax[M]. New York: Harper, 2010:4.
② MAINERO L A, SULLIVAN S E. The opt-out revolt[M]. Mountain View: Davis-Black, 2006:165.
③ PETERSON R A. In search of authenticity[J]. Journal of Management Studies, 2005, 42(5): 1083-1098.

逻辑进行并允许角色和情节的自由发展。①

阿尔莫多瓦听从了波洛尼厄斯的建议，"经验告诉我，我的作品越真实、越个性化，就越容易获得成功"②。斯韦杰诺娃也同样认为，你可以用阿尔莫多瓦职业发展四阶段的案例来探究走向"真我"旅程的全过程，包括探索、专注、独立和专业，如表1.1所述，四阶段论也同样适用于多种职业。通向"真我"的旅程可以在相同或不同的雇主之间展开，甚至也可以在你的自由职业蓝图中展现。

表1.1 追寻真实性的四个阶段

阶段	阶段描述
探索	在第一阶段，你通过探索一系列角色来练习真实性。你要学会如何更好地表达自己、展示才能以及描绘你对未来的憧憬。探索的角色范围越广，你就会变得越熟练。然而，熟练的代价可能会比较高昂，因为你需要同时练习多个角色并吸引不同的受众
专注	在这一个阶段，你将专注于一个特定的工作身份，并更深入地开展追求和探索。你需要形成一种标志性的自我风格，使它成为你的名片或"标签"，它不仅能展现你的专业技能，还可以将你的工作与你所在领域其他人的工作明显地区分开来
独立	专业人员不仅重视集体身份，而且重视他们的自主权。一方面，你要寻求一些共性的方法，另一方面，你也要发展个性，扩大你在专业领域内的控制力和影响力
专业	在第四阶段，你将慢慢用真实性来掌控工作，以及主导你与受众互动的方式。在探索新的蓝海时，你要努力表现出强大的连续性和连贯性，比如，就算不是那么喜欢对方，你也会主动与有价值的同事保持良好的社交联系

你可以通过探寻以上四个阶段中的重叠部分，在工作中发展自己的真实性。这种真实性能够成为你在这个世界前进的指南针和动力源。无论是忠于自我，抑或是斯韦杰诺娃所提出的发展一条"有心之路"，都能使你在面对复杂而分散的工作环境时勇往直前，也能引导你同他人展开更深入的合作，但这就是后话了。③

总之，发展智能型职业生涯对每个人而言都意味颇丰：

---

① SVEJENOVA S. The path with the heart: creating the authentic career[J]. Journal of Management Studies, 2005, 42(5): 947-974.
② SVEJENOVA S. The path with the heart: creating the authentic career[J]. Journal of Management Studies, 2005, 42(5): 947.
③ SVEJENOVA S. The path with the heart: creating the authentic career[J]. Journal of Management Studies, 2005, 42(5): 966.

※ 你要对现在的雇主保持有条件的忠诚,因为他们的战略目标和对你的需求随时可能发生变化。

※ 你要时刻关注其他地方的机会,并把自己的职业看作你适应和贡献于知识驱动型社会的手段。

※ 你要与时俱进,不断增强你的个人才能,并利用信息技术来提高你的生产力。

※ 你要保持终身学习的态度,并学会与他人合作学习。

※ 你要在自己的职业生涯中保持定力,无论你从外界获得了什么资讯。

※ 更重要的是,你要在自己的职业生涯中忠于自己,保持真我,这样一来,一条"有心之路"就会在你的脚下。

第二章　智能型职业生涯在何处发生？

> 我在一个企业生活区长大，
> 工作一直勤勤恳恳，
> 但他们把企业关了，
> 只用一半的工资就把我的工作交给了其他国家的人来做。
>
> ——比利·布拉格

萨米尔·帕尼卡（Samir Palnitkar）在印度西海岸古吉拉特邦（Gujarat）的一个中产阶级家庭长大，他的父亲在一家国有炼油公司工作，这家公司专门为员工子女开设了子弟学校，帕尼卡就在这所学校上学。后来，帕尼卡获得了进入国立大学学习的机会，来到北部城市坎普尔的印度理工学院（IIT）读书。帕尼卡在校期间表现出色，毕业后他获得了去美国华盛顿大学西雅图分校攻读电子工程专业研究生的全额奖学金。这笔奖学金包含每月1000美元的助教津贴，但却不含来学校的路费。帕尼卡的父母不想看到儿子因为负担不起机票就被美国高校拒之门外，于是他们向银行贷了一笔钱来支付帕尼卡的机票。父母的支持让帕尼卡能够远离家乡继续求学。

在西雅图拿到了硕士学位后，帕尼卡南下来到加利福尼亚州，在高科技产业云集的硅谷，帕尼卡求得了在太阳计算机系统公司（Sun Microsystems）工作的机会。该公司现已被甲骨文公司（Oracle Corporation）收购。帕尼卡在太阳计算机系统公司勤恳工作，一边在公司里进行芯片设计和开发，一边利用业余时间撰写关于芯片设计的著作，这本书出版后在市场上广受欢迎。三年后，帕尼卡以业余时间编写的软件为基础，和朋友合伙创立了自己的第一家公司——I2P，这是一家半导体设计公司。值得一提的是，帕尼卡创办I2P时并没有获得任何外部资金支持，因为他相信只要有人购买公司提供的半导体服务，那么公司就可以源源不断获得收益。帕尼卡把I2P运营得相当不错，在他把I2P卖给俄勒冈州的莱迪思（Lattice）半导体公司之前，公司员工已经超过30人。

带着第一次创业成功的光环，帕尼卡又创办了另外两家公司，这两家公司都获得了硅谷风险投资公司的资金支持。其中一家为Obongo公司，由帕尼卡和他在印度理工学院的同学并且也在硅谷工作的Jai Rawat于1999年创办，主要从事电子商务软件的开发。这家公司在2001年被美国在线（AOL）高价收购。另一家公司Ingot Systems是一家专门研究高速存储控制器的半导体公司，帕尼卡在2007年把它卖给了硅谷另一家公司Virage Logic。截至那时，帕尼卡早已经还清了那笔父母17年前为了支付他去美国的机票而产生的贷款。

帕尼卡能够获得成功不仅仅取决于刻苦，将刻苦用对地方也是一个非常重要的因素。先是远离家乡北上攻读学士学位，然后又抓住机会获得奖学金，开启了赴美留学的征程。毕业后，帕尼卡勇闯硅谷，在那里开始写书，创办他的第一家公司，向高科技企业出售产品，结识合作伙伴共同创业，获得风险投资青睐。帕尼卡在总结自己的成功时说道：

> 硅谷永不眠，在这里，人们总是在谈论新想法。走在路上，你可能会听到人们在说如何提高CPU集群的效率；在咖啡店里，你可能会听到周围充斥着各种各样新的创业想法。这是你在世界上其他任何地方都无法体验到的。[1]

在初入职场时，帕尼卡选择在硅谷建立自己的事业。在这里，优秀的人才受到重视，他也能够有机会编写自己的程序并创办自己的公司。那么在你的职业生涯中，选择能够让你做想做的工作、结识志同道合的伙伴、尝试新的想法的工作地点有多重要？选择在特定的私营或公共部门工作有多重要？远离传统办公场所，在家自由工作或是通过网络开展线上工作，以更好地适应你的生活方式有多重要？为远在天边的老板工作，或是在虚拟社区开展合作，是否都越来越成为现实？让我们深度讨论这些能影响你在哪里工作的因素，为本章标题中所提出的问题提供一系列解答。

---

[1] 来自本书作者Michael Arthur对Samir Palnitkar的个人访谈，我们非常感谢他的合作。同样也很感谢C. Gopinath和Ashok Benegal的引荐。

产业聚集在何处？

我们的第一个回答可以参考经济学家阿尔弗雷德·马歇尔（Alfred Marshall）在125年前关于产业区位的著作。马歇尔的研究聚焦于那些经验丰富的商人，他发现这些商人往往住得很近，这种生活方式给他们带来了一些优势，而这也可以用来解释硅谷的兴起：

> 在同一个社区里，商业秘密不再是秘密，而是像空气一样透明，成了公开之事，甚至孩子们都可以在不知不觉中学习到。在这里，努力工作会获得赞赏，人们会讨论机器制造、工业流程和企业管理等领域的创造和改进。当一个人提出了一个新的想法，其他人会迅速采纳并给出自己的建议，进而激发出更多、更好的想法。此外，这也带动了周边地区外围产业的发展，包括生产工具和原材料的供给，交通的便利化，并最终促进当地的经济发展。[1]

在接下来的一个世纪里，马歇尔的著作对经济地理学家的研究产生了显著影响。然而，那些渴望吸引产业投资者的政府和城市规划者，却严重忽视了产业聚集带来的经济优势。大约在20世纪70年代末，产业聚集带来经济优势的观点再次重出江湖，各方报道都在不断强调产业聚集的重要意义，例如英国牛津周边的赛车产业、荷兰利瑟周边的郁金香产业以及中国长沙的烟花产业。[2]在智能型职业生涯蓬勃发展的行业中，例如生物技术、金融服务、医疗保健、机械工程、医疗设备等，这种现象也得到进一步的研究和证实。战略管理大师迈克尔·波特（Michael Porter）及其追随者对产业集群的发展进行了跟踪研究，发现几乎所

---

[1] MARSHALL A. Principles of economics[M]. 3rd ed. London: Macmillan, 1895: 352. 文中男性指向的代词被删除，最后一句话的原文是"and in many ways conducing to the economy of its material"。

[2] 详见：http://www.chinasourcingblog.org/Industrial%20Clusters.png，于2015年12月16日访问。

有创新活动都来源于同一地理区域内的公司集群。①

帕尼卡的故事也印证了高科技行业里产业聚集的重要性。除了硅谷集群，帕尼卡的故事里还包括华盛顿大学和微软公司所在的西雅图普吉特湾（Puget Sound）集群，收购他第一家公司的莱迪思（Lattice）半导体公司，也位于俄勒冈州的"硅林"（Silicon Forest）集群。还有很多借鉴马歇尔所提出的"空气中弥漫的新想法"而获得成功的高科技产业集群，包括伦敦的硅环岛（Silicon Roundabout）、北卡罗来纳州的三角园区、波士顿128公路走廊、加拿大安大略省滑铁卢市的高科技三角区、法国格勒诺布尔地区和印度的班加罗尔地区等。不仅如此，集聚效应在全世界其他产业中也有十分明显的体现。

产业集群还催生了相关服务行业，包括咨询顾问、教育培训、法律服务和风险投资等，这些行业的发展进一步强化了集群的区域优势。来自加利福尼亚大学的经济学家安娜·李·萨克森尼（Anna Lee Saxenian）用"区域优势"来解释相互依存的企业是如何通过彼此聚集而实现互利共赢的。②因此，你必须要高度重视"区域优势"对你的影响：你工作的地方是否位于产业集群？或者你的客户是否地处产业集群？如果是，那么产业集群将给你的职业生涯带来哪些好处？如果不是，那么你又将面临哪些挑战？

企业家影响在何处？

尽管我们普遍认同地理位置相邻能给产业聚集带来好处，但我们也必须要认识到，邻近的区位也可能成为一种负担。企业家加文·比瑞尔（Gavin Birer）和他的合伙人乔尔·赫夫特（Joel Heft）于2006年在多伦多成立了加拿大第一家法律业务外包公司——Legalwise OutSourcing Inc.，并将商业矛头指向了当地

---

① PORTER M E. The competitive advantage of nations[M]. New York: Free Press, 1990.
PORTER M E. Clusters and the new economics of competition[J]. Harvard Business Review, 1998, 76:77-90.
DELGADO M, PORTER M E, STERN S. Clusters and entrepreneurship[J]. Journal of Economic Geography, 2010, 10(4): 495-518.
② SAXENIAN A L. Regional advantage: culture and competition in silicon valley and route[M]. Cambridge: Harvard University Press, 1994.

律师事务所的收费标准。①他们的公司发展迅速，很快就将业务扩展到海外，在印度的班加罗尔设立了两个办事处，拥有25名全职带薪律师。在早期，公司业务以常规性法律服务为主，如文档审查、电子资料档案查询和标准化合同拟定等。后来，随着客户对公司服务和外包流程的认可，Legalwise开始提供范围更广、内容更复杂的服务以满足客户需求。显而易见，这种商业模式能带来良好的经济效益，因为印度律师的收费标准仅为加拿大律师的十分之一，而且与加拿大律师的工作时间互为补充。当加拿大律师结束了一天的工作要离开办公室时，印度律师才刚刚到达他们的办公室，准备开始工作。正如比瑞尔所说，我们实现了"每周5天每天24小时全天在线工作"。这也成为法律外包服务发展的一个趋势。②

另一个案例有点特殊，来自于连续创业者迈克尔·埃诺斯（Michael Enos）所创立的快包公司（Fast Wrap）。这是一家专业包裹公司，可以包裹建筑物、桥梁、船只、火车、汽车等一切可以被打包的东西，同时还为户外活动提供遮阳帐篷。埃诺斯已经在美国境内成立了64个中心，并打算进一步拓展国际业务，计划未来五年内在加拿大、墨西哥、土耳其和迪拜开设1000个连锁店。因为包裹装卸本质上是一项技术含量较低的业务，所以公司在成立初期的投入较为简单，仅需要配备塑料包装物、货车和装卸工具等物料。如今，埃诺斯放眼全球，将公司总部设在内华达州里诺市，依靠网络来定位新客户、丰富产品和服务的供给，从而实现对全球业务的整体掌控。③

随着终身雇佣制慢慢退出历史舞台，包括自己成立或加入一家初创公司，成为特许经营者或加盟商等形式在内的自主创业，变得越来越有吸引力。2016年的一项研究数据表明，全球有超过一半甚至三分之二的成年人认为创业是他们理想的职业选择。④根据2015年的一项数据估计，美国特许经营业大约有900万从业

---

① RYAN P. Bangalore calling[EB/OL]. [2016-12-16]. http://southsidecommunications. ca/wpcontent/uploads/2013/05/Bangalore-Calling-CBA-National-April-May-2011.pdf.
② 法律外包服务领域的国际参与者包括 Mincrest、Quislex、CPA Global、Evalueserve、Pangea 3等公司。
③ ADAMS S. The shrink wrap king[EB/OL]. (2010-03-15). http://www.forbes.com/forbes/2010/0315/second-acts-plastic-fast-wrap-franchiseshrink-wrap-king.html。
④ 详见:http://localvox.com/blog/franchise-facts/，于2016年6月27日访问。

人员，为国民经济做出了9000亿美元的贡献。[①]其他相关数据也表明，特许经营对欧洲和世界其他地区的发展有重要的影响。[②]当你在管理自己的智能型职业生涯时，你是否想过：你能在哪里成为一名企业家，或者加入一支创业团队呢？

政府影响在何处？

政府对发展职业生涯的"地点"也有着不可忽视的影响，一个最直观的例子就是，政府会颁布与就业相关的法律及贸易政策，这些举措会对人们参与新兴全球市场产生积极或消极的影响。从这个角度来看，正是政府部门推动了制造行业外包业务从高薪国家向低薪国家流动，以及前文提到的服务外包业务（包括法律服务）。除了对制造业和服务业产生影响外，政府在完善教育体系方面也起着很大作用。通过公共教育体系，工人和服务业者能够获得在知识经济时代所需具备的技能，在终端产品和服务（例如一双运动鞋、一台笔记本电脑、一个软件程序或一份法律文书）的生产制造的"价值链"中创造更多的价值。

以新加坡为例，我们来看看政府如何积极为人们寻求智能型职业机会。新加坡政府开展了很多政府资助项目，其中一项是资助优秀学生出国攻读博士学位，该项目不考虑学生的国籍，只要他们在拿到学位后留在新加坡工作一段时间，就可以得到这笔丰厚的奖学金。还有一个项目是鼓励国际顶尖科学家（例如顶尖的生物学家）移居新加坡，领导国内科研人员和技术骨干从事前沿工作，从而进一步促进国家经济发展。通过这些努力，新加坡在创造就业机会方面取得了令人瞩目的成绩。最近，新加坡政府又在居民的高等教育和培训等方面加大投资力度，

---

① KELLEY D, SINGER S, HERRINGTON M. Global entrepreneurship monitor 2015/16 gobal report[EB/OL].[2016-06-27]. http://gemconsortium.org/report/49480.
② 详见欧洲特许经营联盟数据：http://www.efffranchise.com/spip.php?rubrique9，于2016年2月18日访问。
NOTLEY A. Franchising: an engine of economic growth and transformation[EB/OL].[2015-12-16]. http://www.realsuccess.net/franchising-an-engine-of-economic-growth-andtransformation/.

以进一步促进高质量就业。[1]

政府出台的政策还会直接影响你所追求的智能型职业生涯的类型。当你作为公共部门雇员或武装部队成员时，或者在国防工业致力于军事硬件开发时，又或者为其他行业提供附加利益时，这些政策都可能直接影响到你的具体工作。其他与创新创业、企业福利、税收和知识产权有关的政府政策，也会对工作地点以及工作方式产生一定影响。所有这些政策制定及执行的背后，都是公民参与政府政策制定并发表意见的政治过程，你需要有政治意识并采取行动来有效应对政策可能对你产生的影响。

产业集群互动在何处？

让我们继续来看前文提到的帕尼卡的故事。在卖掉三家公司后，帕尼卡很快又和朋友创立了第四家公司——Airtight Networks，专门为客户提供无线网络安全服务。这一次他的创业伙伴同样是印度理工学院的一位校友——普拉文·巴格瓦（Pravin Bhagwat）。和帕尼卡一样，巴格瓦也在毕业后离开印度到美国学习和工作。然而，和帕尼卡以前创办的公司有所不同，这家网络公司把软件开发业务放在了印度地区。印度浦那市是一个快速发展的科技中心，也是印度第三大城市。浦那市离帕尼卡的父母家很近，单趟行程只要一个晚上，同时离他岳父岳母家也非常近，是个抚养子女的好地方，而且大家都讲同一种印度方言。帕尼卡和公司的第三位创始人都住在浦那市，而且巴格瓦也非常乐意落户此处。正如帕尼卡所说的那样："我能孵化一家公司，搞定融资，然后再回到印度生活。"后来，帕尼卡又成立了另一家公司——"社交购物"公司（Shop Socially）。

对于本章提出的"智能型职业生涯在何处发生？"这样的开放性问题，我们给出的另一个答案是——在产业集群之间。在帕尼卡最近成立的几家公司里，创始人和后来招聘的印度高级技术专家之间存在巨大的鸿沟。创始人们都有出国接

---

[1] WALDBY C. Singapore biopolis：bare life in the city-state[J]. East Asian Science，2009(3)：367-383.
G20 Report on Job Creation[EB/OL]. [2015-12-16]. www. g20russia. ru/load/781688793.
WONG C H. Singapore tightens hiring rules for foreign skilled labor[N]. Wall Street Journal Asia，2013-09-23.

受高等教育的经历，但后来招聘的大多数技术人员却没有这样的经历。一般来说，年轻的毕业生拥有海外经历的不多，也不太可能建立跨区域的关系网，但发达的通信技术和英语的普及大大促进了印度和美国产业集群之间的合作。创始人早期的留学背景为他们积累了丰富的知识、广泛的关系网络和跨文化技能，使他们能在不同国家之间建立沟通的桥梁。拥有智能型职业生涯的先驱者们不再被视为"流失的人才"，而是成为萨克森尼所强调的"人才流动"的推动者。[1]

类似的故事也在中国、以色列和爱尔兰等其他国家的生物技术、教育培训、电影制作、医疗保健等产业集群之间不断上演。这就是市场的逻辑，企业家可以打破国家内部或国家之间的传统界限，为他人创造机会。经典经济理论认为，印度、美国和其他贸易国都将从这种运作模式中受益。你需要对这种变化保持敏感，最好是能预见到这种变化的发展趋势。不仅如此，你还要关注新的就业机会可能在哪里出现，而不是想当然地认为你的雇主会给你一一安排好，这才是你朝着正确方向所迈出的坚实一步。

城市吸引力在何处？

当你搜索某个产业集群时，你会找到一个或多个临近的城市。同样，当你搜索某个城市时，你也会发现这个城市属于一个或多个产业集群。那么，他们之间是种怎样的关系呢？城市和产业集群的形成似乎都受到经济力量的驱动，但这些经济力量的来源却并不相同。城市通常是沿着传统的贸易路线发展而来的，欧洲的"蓝色香蕉"地带正位于跨欧洲的贸易路线上，而这些路线大部分起源于远东地区。贸易模式的转变也可以改变一座城市的命运。例如，在过去的50年里，英国的对外贸易开始慢慢转移到欧洲，而不再局限于美洲地区，这就导致了利物浦和曼彻斯特等英国西海岸城市的经济出现衰退，但却带来伦敦的经济复兴。而随着美国与中国贸易往来的增加，美国西海岸城市（洛杉矶和西雅图等）的重要性也与日俱增。[2]

---

[1] 本节大量引用了 Anne Lee Saxenian 的著作内容，详见：SAXENIAN A L. The new argonauts: regional advantage in the global economy[M]. Cambridge: Harvard University Press, 2006.

[2] POLÈSE M. The wealth and poverty of nations: why cities matter[M]. Chicago: University of Chicago Press, 2009.

城市发展也为创新提供了契机。一方面，创新活动可以发生在同一产业集群中，例如圣何塞市与硅谷的强强联合。另一方面，创新活动也可以在地理位置相邻的不同产业集群之间发生。英国社会历史学家彼得·霍尔（Peter Hall）曾将创意之城描述为"产生巨大社会和知识动荡的地方"①。加拿大学者理查德·佛罗里达（Richard Florida）则认为，城市可以催生一种"创意阶层"，这些创意满满的专业人士会被城市所展示的"人文氛围"所吸引，这包括城市的包容性、多样性以及对自行车绿道和跑步便道等生活便利设施的投资等。②

在纽约曼哈顿附近，有一个名为硅巷（Silicon Alley）的高科技企业聚集区，谷歌的第二大办事处就坐落在这里。除此之外，你还能看到许多来自欧洲、澳大利亚和以色列等国的初创企业的工作室。这些公司聚集在这里的共同原因是为了与纽约发达的广告、广播、出版和零售等行业保持最近的距离。与硅谷不同，人们在硅巷所讨论的话题大多跟信息技术本身无关，而是更加关注于如何将技术应用到纽约成熟的产业中。③阿尔弗雷德·马歇尔（Alfred Marshall）曾写道，人们在硅巷开辟了许多"附属行业"（subsidiary trades），这些附属行业之所以能够发展得这么好，主要因为与传统产业的地理邻近性所带来的优势。那么，在你周围正在发生什么样的跨产业交叉互动呢？你应当如何加入其中呢？

通过对智能型职业生涯的进一步思考可以发现，对员工和雇主来说，产业聚集的大城市有时成本过高。因此，那些与大城市之间能够实现人员和物资便捷流动的周边城市（比如卫星城），反而能借助这一优势刺激自身经济发展。与此同时，城市和产业集聚区也在遭受经济衰退的影响，比如，曾经处于行业发展巅峰的美国东北部五大湖工业区现已衰落成"铁锈地带"（rust belt），失去了原本的行业优势和广阔市场。④经济全球化可能会给一些地区带来进一步的经济困境，因为成熟产业往往会以更加开放和包容的姿态，迎接来自其他地方的更有竞争力

---

① HALL P. Creative cities and economic development[J]. Urban Studies, 2009, 37(4):639.
② FLORIDA R. The rise of the creative class[M]. New York：Basic Books, 2002.
③ WORTHAM J. Coming together in New York：proximity and variety contribute to a revival of city as a digital hotbed[N]. International Herald Tribune, 2010-03-8(2).
④ POLÈSE. The wealth and poverty of regions[M]. Chicago：The University of Chicago Press, 2009.

的商品和服务。①那么，你所在的城市及其周边地区正在发生哪些变化？你目前所在的区域具有怎样的经济吸引力？你想留在这里吗？如果不想，你还有哪些其他选择？

居 家 办 公

当今时代，利用互联网进行交流可以极大地提高工作灵活性，45岁的单亲妈妈桑德拉（Sandra）就是一个很典型的例子。她是英国一个地区议会的高级人力资源经理，有一个13岁的女儿。桑德拉每周在家工作一两天，这种工作安排让她能"工作家庭两不误"，在追求事业的同时，还能把时间和精力放到"生活中的私人安排上——包括家庭、朋友、爱好等"。再举个例子，现年40岁的已婚男子迈克尔（Michael）是加拿大一家跨国公司的中层销售经理，有两个年幼的孩子。迈克尔非常希望做一个兼顾教子与职业发展的"好父亲"和"好经理"，所以他选择每周在家工作两三天，因为他相信在家工作可以"鱼和熊掌兼得"②。

随着人们对生活平衡和灵活工作安排的要求越来越高，已经有越来越多的雇主开始为桑德拉和迈克尔这样的员工提供在家工作的机会。多样欧洲研究与咨询公司（European Diversity）的调查发现，全职或兼职在家进行远程办公已经成为欧洲职场实现工作与生活平衡最常用的方法之一。③尽管在家工作可能会存在一些小问题，但总体上，对员工的好处也是我们能实实在在看见的。比如，通勤路程和时间可以大大缩短，特别是对单亲员工或双职工夫妇而言，不仅能够让他们更好地履行家庭责任，同时也能够让他们更好地安排个人工作日程。对雇主而言，员工远程办公的好处也是不言而喻的。比如，可以降低办公场所的成本，提

---

① Clusters flustered: global competition seems to be weakening the benefits of being in a cluster[EB/OL].[2016-12-16]. http://www.economist.com/node/18560669.
② TIETZE S, MUSSON G. Identity, identity work and the experience of working from home[J]. Journal of Management Development, 2010, 29(2): 148-156.
RICHARDSON J. The manager and the flexworker: an interpretive interactionist perspective[J]. Management Revue, 2009, 20(1): 34-52.
③ PALFRAMAN D. Europe's progress in promoting work-life and diversity in the workplace[C]. The Conference Board of Canada, 2007.

高员工的留用率和工作满意度。①那么，在家办公可以为你的公司和你个人带来好处吗？

在家办公还能让你有机会展开更广泛的合作，我们可以通过一个被媒体广为报道的案例来说明这一点。因为Linux操作系统公开了其源代码（open source），所以所有人都可以遵循开源协议（GNU）来使用、编译和再发布，就像一个汇集了全球专家的虚拟社区，大家可以在这个社区里共同进行开发和维护。②开源理念也被广泛应用到了其他不同领域，例如网上参考资料（如维基百科）、生物技术、医疗保健、农业生产甚至啤酒酿造③，这些开源社区可以为参与者提供技能培训、商誉提升甚至是经济报酬。那么，在你的工作中，存在什么样的虚拟社区？你又是怎样加入其中的呢？

但从另一个角度来说，在家工作也可能产生一些问题。美国记者布里吉德·舒尔特（Brigid Schulte）就这个问题发表了一篇很有说服力的文章，讲述了她试图在时间不充足的情况下依然全身心投入到职业生涯和家庭生活中，从而掉进"忙碌的兔子洞"（the rabbit hole of busyness）中的经历。④在家办公产生的问题也会因国家和文化而异，一些国家在法律中就明确了员工有享受家庭生活的权利，而另一些国家则更倾向于让雇主来决定。但依靠雇主的自由裁量可能会适得其反，例如雅虎的新任CEO反而要求每个在家工作的员工都必须重回办公室。⑤此外，在某些文化传统和宗教派别中，员工的伴侣需要分担工作和家庭责任。所以，你需要厘清自己的现状，包括去了解伴侣的境况，从而让你的家庭生活更高效。

---

① LERO D S, RICHARDSON J, KORABIK K. A cost-benefit analysis of work-life balance practices[Z]. Canadian Association of Labour Legislation, 2009.
② DEFILLIPPI R J, ARTHUR M B, LINDSAY V J. Knowledge at work[M]. Oxford: Blackwell, 2006:60-61.
③ PROBST G, BORZILLO S. Why communities of practice succeed and why they fail [J]. European Management Journal, 2008, 26(5): 335-347.
④ SCHULTE B. Overwhelmed: how to work, love, and play when no one has the time [M]. New York: Picador, 2015.
⑤ GOUDREAU J. Back to the stone age? new Yahoo CEO marissa mayer bans working from home[N]. Forbes, 2014-02-25.

移动办公

欧盟开展的第五次欧洲雇员工作条件调查显示,超过20%的雇员不在公司提供的办公场所里工作,他们要么在拜访客户,要么在车上工作,要么在建筑工地、农田或城市街道等地方工作。并且随着工作年限的增长,主要工作场所在公司之外的员工所占的比例也在同步增长,其中35-49岁的男性员工"在公司之外的地方工作"的比例更是高达38%。进一步的研究显示,在美国约50%的员工的部分工作时间发生在工作场所之外,约20%-25%的员工大部分工作时间在工作场所之外。对一些被《财富》杂志评选出的全球1000强公司来说,为员工提供固定的办公场所的占比不高,这些公司正在基于员工工作的实际情况来动态调整他们的工作空间。[1]

英国学者唐纳德·希斯洛普(Donald Hislop)和卡罗琳·阿克塞尔(Carolyn Axtell)在一项针对英国顾问的研究中解释了"移动办公"(mobile working)的含义。他们发现,70%的开车上班族会在停车后选择继续留在车上工作。一位顾问开玩笑说:"有时候你对你车子的了解甚至超过对你妻子或朋友的了解!"同时,40%的开车上班族说他们经常在加油站或咖啡馆内办公。其他经常出差的员工则表示,他们会经常在飞机、火车上,甚至在机场休息室、火车站候车室办公。对这些人而言,给他们一个固定办公场所并没有太大的意义。[2]用葡萄牙米尼奥大学(University of Minho)地理学教授弗拉维奥·努内斯(Flavio Nunes)的话来说,"如今只要是有网络的地方,就是人们办公的场所"[3]。

作为一个经常出差的人,当你独自在酒店房间里或安静地在咖啡厅角落里工

---

[1] 这项研究来自于Global Workforce Analytics公司,详见:http://globalworkplaceanalytics.com/telecommuting-statistics,于2015年12月16日访问。

[2] HISLOP D, AXTELL C. To infinity and beyond? workspace and the multi-location worker[J]. New Technology, Work and Employment, 2009, 24(1): 60-75.
HISLOP D, AXTELL C. Mobile phones during work and non-work time: a case study of mobile, non-managerial workers[J]. Information and Organization, 2011, 21(1): 41-56.

[3] NUNES F. Most relevant enablers and constraints influencing the spread of telework in portugal[J]. New Technology, Work and Employment, 2005, 20(2): 133-149.

作时，你会想些什么呢？一方面，你可以在远离公司本部的地方，使用临时办公场所，开展工作上的交流和协作；但另一方面，移动办公也带来了很多问题。芬兰研究员马蒂·瓦尔蒂亚宁（Matti Vartiainen）和乌拉·海尔卡宁（Ursula Hyrkkänen）观察到，由于空间狭小、光线过暗或网络连接不稳定等原因，远程办公的员工工作压力可能会增加。与此同时，当员工出差回公司后，可能会发现办公室里的事务堆积如山，自己需要加班加点才能完成，这就使自己平常的社交生活受到影响。不同步的时区还会同时影响一个或多个相关人员的工作时间和节奏。①那么，你的出差频率是多少？出差对你的生活又会产生什么影响？

创新呼唤在何处？

无论你身在何处，当你结束一天的工作回到家后，你往往会先踢掉鞋子，然后把自己从忙碌的世界挣脱出来，开始慢慢放松自己。但是，有些人却不一样，比如乔治·斯加吉塔（Giorgia Sgargetta）。她是一家农药公司的质量管理经理，这个公司就在她的家乡意大利阿布鲁佐（Abruzzo）附近。当白天的工作结束后，斯加吉塔会亲吻她的小女儿，并和丈夫互道晚安，然后独自到阁楼继续工作。在那里，她会拿出自己家里的化学试剂盒，用她在洗涤剂配方、农用化学品和分析化学等领域的知识（斯加吉塔获得了化学博士学位），为宝洁、杜邦和倍思等公司解决有关化学试剂和配方等方面的问题。对斯加吉塔和她的家庭来说，目前这种工作和家庭安排其实还不错，而且她还能同时获得提升专业知识的机会。②

这究竟是怎么回事呢？把难题交给公司以外的人去解决，意味着相关工作正在从内部研发部门向"开放式创新"转变。学者亨利·切斯布洛（Henry Chesbrough）将开放式创新描述为：将理念从"所有聪明人都在为我们工作"

---

① VARTIAINEN M, HYRKKÄNEN U. Changing requirements and mental workload factors in mobile multi-locational work[J]. New Technology, Work and Employment, 2010,25(2): 117-135.
HYRKKÄNEN H, VARTIAINEN M. Looking for people, places and connections: hindrances when working in multiple locations: a review[J]. New Technology, Work and Employment, 2014 ,29(2):139-159.
② HOWE J. Crowdsourcing[M]. New York: Three Rivers Press, 2009.后文中关于斯加吉塔和创新中心的故事同样来源于此。

转变到"并非所有聪明人都在为我们工作"上来。越来越多的组织开始意识到，与专业人士、专家学者和特定领域或产品的资深者合作，将产生巨大的价值，企业不能认为仅仅依靠自己的员工就能解决所有问题。在这种开放合作的模式下，企业可以更好地获取和利用组织边界之外的各种知识。[①]

对像斯加吉塔这样的人来说，参与开放式创新的渠道多种多样，比如技术经纪人就是链接技术需求方与供给方的一座桥梁。总部位于美国马萨诸塞州沃尔瑟姆市的创新中心（Innocentive）就是一个典型案例，它建立起了一个全球性的网络，把面临技术难题的公司与14万名来自170多个国家和地区的科学家们联系起来。除此之外，玩具制造商乐高（Lego）也鼓励用户社群在设计和开发其产品时贡献想法与创意。[②]眼下，越来越多的私营和公共部门在网络社区里发帖子，详细描述他们正在寻求的创新助力。创新者可以在网络社区里单独答复这些问题，也可以联合其他网友，提供更专业化或更多样化的解答。

开放式创新不仅能显著提升组织效益，还能为个人带来一定收益。对斯加吉塔来说，在创新中心网站上解决最复杂或最耗时的问题帖，可以获得最低1万美元、最高10万美元的经济回报。尽管斯加吉塔在结束一天的常规工作后还要在阁楼继续工作，但这种在家工作的方式能够保证她和家人在一起。那么，到目前为止，她到底做得怎么样呢？仅从收入上来看，她研发了一种加入特定数量的洗涤剂后使洗碗水变成蓝色的染料，获得了3万美元奖励。此外，她还研发出一种生物标记物，用于测量治疗葛雷克氏症病（Lou Gehrig's disease）的效果，并获得了1.5万美元奖励。虽然斯加吉塔住在意大利，但她可以利用这种开放式创新为遍布全球的任何人工作。[③]那么你呢？

---

① CHESBOROUGH H W. The era of open innovation[J]. MIT Sloan Management Review, 2003, 44(3): 38.
② PILLER F T. Lego bridges mass customization and open innovation with lego-factory website[EB/OL]. http://mass-customization.blogs.com/mass_customization_open_i/2005/08/lego_factory_ch.html.
③ 这项安排在多大程度上适合斯加吉塔和她的家人，是一个值得探讨的问题。一些人认为这种工作方式会导致家庭时间的缺失，另一些人则认为在这类家庭里妇女的工作得到了认可和肯定。

从你选择的地方开始

在追求智能型职业生涯的过程中,你需要对工作和学习有更强的掌控力,明确自己的目标,并选择心仪的老板为之工作。然而网络的出现从根本上改变了关于我们对"办公场所"的定义。在过去,人们要走很长的路,甚至需要搬迁或移民才能寻找到工作,当然,目前仍然有许多人在这么做。而现在,远程办公已成趋势,无论你选择住在哪里,都可以为全球经济做出你的贡献。

Automattic是一家总部位于旧金山的公司,运营着一款非常流行的个人博客系统——WordPress,还建立了一套虚拟的招聘流程。公司的招聘主页邀请求职者"选择属于自己的冒险旅程",每个申请者都可以自行选择工作地点,所以这家公司的员工遍布世界各地。如果你通过了公司的面试——通常是一次虚拟面试,你就会收到"一起做个项目"的邀请,然后"看看我们是如何合作的"。如果你成为一名全职员工,你将每年来公司一趟,用以"建立联络",并参加项目团队的会议。①

然而并不是每个人都拥有Automattic要求的技术能力,但我们仍能从该公司推出的人力资源政策中窥见一些职业生涯发展的趋势。具体而言,越来越多的智能型职业生涯发生在远离办公室的地方,比如在你的住所里,或者在任何一个允许你开展线上工作的地方。人们在虚拟空间社交的情况会越来越普遍,而在真实世界碰面将成为少数特例。工作地点日趋灵活也催生了新业务模式,重新定义工作方式的Automattic公司就很好地验证了这一点。

总之,产业集群提供大量就业机会的观点至今仍被广为认可,此外企业家、政府以及跨国集群互动也对我们的职业发展产生影响。从传统意义上来看,城市能够支持人口密集型和依存型产业的发展,并提供相应的创新机会。而网络则能进一步影响个体职业发展的方向和方式:如在家进行远程办公,或者在出差地的某个临时住所开展工作。同时,网络还可以帮你参与遍布全球的开放式创新,让你成为远程雇员在线上为公司效力。你的工作机会将不再受限于所在地的就业计划和政策,来自全球各地的工作机会正向你敞开怀抱。

---

① 详见:https://automattic.com/work-with-us/,于2016年6月25日访问。

第三章 为什么工作?

> 我们必须相信我们拥有某种天分,
> 而这个特质,
> 我们必须不计一切代价去获得。
>
> ——居里夫人

莎拉·罗宾逊(Sarah Robinson)从小就梦想能成为一名教师。她出生于澳大利亚一个中产阶级家庭,童年在学校里度过了很长时间。上学的时候,她会一边看着老师,一边幻想着未来拥有一间属于自己的教室。在罗宾逊的记忆中,自己在学校的时光是"一段安全、平和、充满爱与支持的奇妙经历"。所以自然而然地,她在职业规划时选择成为一名幼儿教师,并希望孩子们能拥有像她一样的"快乐回忆"。

为了得到这份幼师工作,罗宾逊努力了整整6年。其间,她获得了幼儿教育学士学位,之后又参加了配套的职前培训。有位教授这样评价罗宾逊:在所有的参训者中,她最有可能"将幼师作为一份充满意义且长期从事的职业"。罗宾逊将自己成功入职教育领域视为生命中最激动人心的时刻,她的梦想终于实现了![1]

"职前培训"是意大利人瑞吉欧·艾米莉亚(Reggio Emilia)开发的教育方法,提倡由孩子自主决定课程的方向并在小组学习中互动合作。[2]这种和自己以往经验有所不同的教学方法,一时间让罗宾逊不知所措。随后,在一次艰难的实践中,罗宾逊精心策划的几项课堂活动都没收到成效。她有些担忧自己未来的教

---

[1] SUMSION J. Becoming, being and unbecoming an early childhood educator: a phenomenological case study of teacher attrition[J]. Teaching and Teacher Education, 2002, 18(7): 869-885. 其中莎拉·罗宾逊为化名。

[2] 关于瑞吉欧·艾米莉亚开发的教育方法,详情可见:ARDZEJEWSKA K, COUTTS P M. Teachers who support reggio: exploring their understandings of the philosophy[J]. Australian Journal of Early Childhood, 2004, 29(4): 869-885.

学生涯，并在职前培训日志中写道："当事情无法按照自己的预期发展时，还是尝试着从中学到一些东西吧。"在培训课程结束时，罗宾逊确信自己学到的艾米莉亚教学方法应该是行之有效的。

罗宾逊的第一份工作是在悉尼郊区的一所小学担任儿童老师，辅导六七岁的孩子学习。罗宾逊非常希望能够按照艾米莉亚的教育方法开设一个非正式的、项目化和个性化的课堂，但她周围的同事却坚持采用常规的结构化教学方法，这让罗宾逊感到十分困扰。她在日记中写道："我正走在一条黑暗的隧道中，我会靠我自己的力量寻找光明。"并以此来鼓励自己。尽管得不到同事们的支持，但罗宾逊依然坚持自己的想法，开设灵活且个性化的课程，并与学生和家长建立良性互动关系。从罗宾逊入职的第二年开始，走进她的教室听课就像"在美丽且设施完善的花园中漫步"。然而，她仍然对同事心怀怨念："他们正在摧残漂亮的花朵，毁掉美丽的花园，但他们自己甚至都没有意识到这一点。"

在工作的第三年，罗宾逊对工作环境的描述不再是花园，而是"主题公园"，教学就像坐"起伏不定的过山车"。她进一步描述道，自己好像身处一个"镜厅"，在其中"你把自己看成一个老师……但是你的形象却总因周围发生的事情而扭曲"。在随后的一年里，罗宾逊与同事之间的隔阂越来越深，已经到了无法忍受的地步。于是，她跳槽到另一所学校工作，但历史再次重演，她依然无法得到同事们的支持。罗宾逊感到非常绝望，并辞去工作，彻底离开了教育行业。

我们应如何看待罗宾逊这段早期职业经历？有一种观点认为，罗宾逊在追寻自己理想中的"职业"，而另一种观点则认为，工作的目的是为了生存，所以要学会妥协。当然，也有其他观点强调追求智能型职业生涯可以获得更丰富的知识，拥有更多发挥个人优势或施展抱负的机会。还有人认为缺乏同事支持的工作环境对她影响很大。更有人把关注点放到罗宾逊对自己内在身份的认知上，即她如何看待自己。她是否坚信自己在培训中所学到的教育知识？这份坚信又是否阻碍了她去适应现实的课堂？

与前面的章节一样，这些观点将帮助我们解答本章标题中的问题"为什么工作？"让我们依次研究这些观点，并加深对罗宾逊为什么工作、其他人为什么工作以及你为什么工作（或寻求工作）的理解。每个回答都会提供一个不同的视角，你可以基于此来对照和审视自己的智能型职业生涯。

找到属于你的职业

当下，很多人的愿望都是拥有一个既有吸引力又有意义的智能型职业生涯，但现实往往事与愿违。在过去很长的一段时间里，年轻人往往会子承父业——农民的孩子继续种地，地主的孩子继承家产，贵族的孩子承袭爵位。然而到了20世纪初，工业时代来临，随着大批年轻人进入城市，农业社会的秩序开始土崩瓦解。社会活动家弗兰克·帕森斯（Frank Parsons）是普及职业指导概念的代表人物之一，他在100多年前写道：

> 我们在一定程度上通过学校教育对孩子们进行职业生涯指导，然后将他们扔到这个复杂的社会中任其浮沉。然而，跨出校门走进社会的这段过渡时期是最需要职业生涯指导的，这些指导包括职业选择、职前准备以及如何提高效率并获得成功。开始一段职业生涯和盖房子一样困难，但是很少有人会拿出在盖房子上攻坚克难的态度来解决职业生涯中的问题。你需要坐下来认真做笔记，听取相关专家的意见建议，科学地规划你的职业生涯并解决实际问题。[1]

帕森斯的研究为各类学校和职业介绍所普及职业指导奠定了基础，并沿用至今。在这项工作之后，职业指导被简单地定义为"协助个人处理职业选择、职业准备、职业起点和职业进程的指导"。[2]随着公共教育强制化和社会流动性的增加，世界各地的教育工作者和政府都开始大力发展中专院校和职业学校，设计职业培训课程并制定援助弱势群体的特别教育方案。随着"为什么工作？"这个问题受到越来越多人的重视，人们现在普遍认为工作是一项重要的个人选择而绝非祖上传下来的某种义务。

罗宾逊就是职业指导中的一个典型案例。她一直渴望成为一名教师，而且也有能力完成职业培训并胜任这份工作。此外，罗宾逊在职前培训以及早期的教育

---

[1] PARSONS F. Choosing a vocation[M]. Boston：Houghton Mifflin，1909：3-4.
[2] HERR E L. Career development and vocational guidance[M]//Silberman H F. Education and work. Chicago：The University of Chicago Press，1982.

经历中所获得的认可，都在充分肯定她所选择的这条职业道路。但可惜的是，当她全身心地投入到教师这份职业后，最终结果却不尽如人意。那么，请问你的职业选择是否真的适合你自己呢？

先把面包放到桌子上

对有些人来说，获得工作似乎是一种奢求。绝望中的丹尼·哈兹尔（Danny Hartzell）和他的家人把全部家当从简陋的公寓楼搬到一辆租来的卡车上，然后驱车10小时，从佛罗里达州的坦帕市开到佐治亚州的乡村。在此之前，哈兹尔先是被一家包装厂解雇，然后又费尽周折在一家连锁店找到了兼职的夜班工作，但是没过多久就又被炒了鱿鱼。他的女儿罹患骨癌，儿子需要转学，但哈兹尔却没有办法获得更多的失业援助。他们一家人即将搬到一个陌生的州，去向一位有同情心的朋友求助，哪怕这位朋友并没有向他承诺一定会有新的工作。正如哈兹尔在《纽约客》中向记者乔治·帕克（George Packer）解释的那样："如果你和家人无法摆脱现有生活的泥潭，那么为什么不离开这里呢？"为什么不去一个新的地方"尝试新的机会"呢？[1]

哈兹尔一家的遭遇并非个例，在他们搬家的这段时期，美国失业率高达9.2%，失业总人数超过2400万人，这还不包括那些主动放弃找工作的人、由于找不到全职工作而干着兼职工作的人，以及因生理或心理缺陷无法工作的人。相关报告显示，在2010年，世界上人口最多的10个国家中总计失业人口超过11亿。尤其是饱受战争摧残或备受旱灾侵袭的国家，就业机会更是寥寥无几。[2]对失业者而言，他们最迫切的需求是先找到一份工作维持生计。哈兹尔面对的生存困难与罗宾逊面临的教学困境截然不同，哈兹尔竭尽全力只是为了谋生。

双职工家庭也面临着特殊的问题，每对夫妇都需要远距离通勤来兼顾各自的工作，并且为了照顾孩子经常要错开两人的工作时间。而单亲家庭的家长要经常向亲戚或邻居寻求帮助，这一点又大大限制了他们的流动性。有证据表明，类似支持在家工作的家庭友好型政策，有利于留住技术娴熟的工人或延长他们的服务

---

[1] PACKER G. The talk of the town[J]. New Yorker, 2011(6): 23-24.
[2] MCINTYRE D A. et al., The 15 highest unemployment rates in the world[EB/OL]. (2010-06-29) [2015-12-15]. http://www.theatlantic.com/business/archive/2010/06/the-15-highest-unemployment-rates-in-the-world/58706/.

时间，从而帮助雇主提高整体生产效率。①

"先把面包放到桌子上"（满足基本生活）已逐渐成为政治生活的重点。例如在南非，人们强调基本的生活保障，保障儿童正常上学，追求更平稳的政治环境，以及在极端气候下保持水源的充足供应。②保障人们的基本生活对于世界的繁荣稳定至关重要。展望未来，我们迫切需要应用智能型职业生涯来解决全球当下和未来可能发生的问题，但当务之急是要保障你和他人能够获得正当稳定的工作，因为"衣食足而知荣辱，仓廪实而知礼节"。

再来吃块蛋糕吧

桌上有了面包以后，我们不如接着尝试把蛋糕（自尊或个人发展）也放在桌子上。也就是说从职业生涯的角度，你是否能够找到对你而言更有意义的工作。这个问题引起了20世纪心理学家们的广泛关注，学者们试图将"人类心理学研究"与工作成果联系在一起。③例如，在美国，"职业指导"被赋予了新的内涵——即帮助人们意识到"他们自己的心理构成，以及它对自我和社会的影响"。④关于这一术语的常用定义，可以在《柯林斯英语词典》中找到，即职业指导是"基于心理测试和访谈，找出最适合某个人的职业"的过程。因此，70多年来，关于职业指导的研究很大程度上都依赖于心理学方法，探寻人们为什么工作，并给出相应的对策和建议。

目前，最为广泛使用的职业测试是通过考察一个人的兴趣，并将其与理想的从业者的兴趣进行比较。其中，有一种比较流行的方法，这便是由美国心理学家约翰·霍兰德（John Holland）提出的"职业六边形"（图3.1）。这种方法认为，人们的兴趣可以按照六种人格类型来描述，即实际型（实践的、动手的），调研

---

① BAILYN L. Breaking the mold: redesigning work for productive and satisfying lives [M]. 2nd ed. Ithaca: Cornell University Press: 2006.
② MAGOMBEYI M T, ODHIAMBO N M. Poverty dynamics in south africa: trends, policies and challenges[J]. Socioeconomica-The Scientific Journal for Theory and Practice of Socio-economic Development 2015, 4(8): 333-348.
③ BLOCHER D H. The evolution of counseling psychology[M]. New York: Springer, 2000: 15.
④ HERR E L. Career development and vocational guidance[M]. 1982: 129.

型（分析的、探索的）、艺术型（创造性的、独立的）、社会型（合作的、帮助的）、企业型（竞争性的、有说服力的），以及常规型（细节导向的、文书工作的）。在六边形中，相邻人格类型之间的相似性更强，同时两种人格类型离得越远，差异越大。如果你对实际型的职业追求感兴趣，那么你可能也会对调研型的东西感兴趣，但对社会型的东西就不一定那么热衷了，诸如此类。还有其他很多类似的职业测试方法，也在全球范围内得到了广泛应用。①

图3.1　职业六边形

举例来说，教师的主导人格类型属于社会型，与之相邻的人格类型是艺术型和企业型。回顾开篇关于罗宾逊的案例不难发现，用社会型和艺术型特征来描述她都非常贴切，但企业型的人需要有竞争性和有说服力的特征，这一点可能是罗宾逊比较缺乏的。通过分析自己的兴趣，罗宾逊能预料到自己在职业中可能遇到的问题吗？或许你也需要类似的预警。但无论已经发生了什么，你需要明确的一点是，这种方法的运用是建立在一个假设之上的，即你的兴趣在一段时间内会保持稳定。②因此，兴趣测试可以为你指出一些潜在且有趣的职业方向，但当你积累了相当多的工作经验后，它们往往就没那么灵验了。

---

① HOLLAND J L. Making vocational choices: a theory of vocational personalities and work environments[M]. 2nd ed. Englewood Cliffs: Prentice Hall, 1985.
关于霍兰德的模型及其他相似方法在国际上的应用，详见：LEUNG S A. The big five career theories[M]//ATHANASOU J A, ESBROECK R V. International Handbook of Career Guidance. New York: Springer, 2008: 115-132.
② MCADAMS D P, OLSON B D. Personality development: continuity and change over the life course[J]. Annual Review of Psychology, 2010(61): 517-542.

与个性相符

凯瑟琳·库克·布里格斯（Katharine Cook Briggs）和伊莎贝尔·布里格斯·迈尔斯（Isabel Briggs Myers）组成了一个母女团队，在二战期间开发了现在流行的 Myers–Briggs 类型指标（MBTI）。这个指标源于心理分析学家卡尔·古斯塔夫·荣格（Carl Gustav Jung）早期的研究，初衷是帮助那些加入工业工人大军的女性找到"最舒适、最有效"的工作。MBTI测试包括四组截然不同的心理类型[1]：

（1）外向与内向（向外看人和物/向内看概念和想法）；

（2）感觉与直觉（寻找具体的细节和事实/寻找更广泛的模式和可能性）；

（3）思考与情感（以一种超然的、合乎逻辑的方式来决定事情/权衡人们的需求、寻求和谐）；

（4）知觉与判断（对"保持决策公开"的偏好/对"解决问题"的偏好）。

MBTI是职业咨询和人际交流研讨会中的一个常用工具。那么，MBTI测试是否能对罗宾逊有所裨益？关于她自身性格类型的讨论可能会引发关于她与同事关系的相关问题。[2]然而你要知道，荣格最初的想法只是为了突出人们的偏好。所以，问题的关键是，既不要把测试结果中你的性格类型归为天生便如此，也不要用于论证自己适合从事哪些工作。测试结果只是提出一些有用的问题，比如，你的偏好可能在你工作的哪些方面得到或得不到反映。

麻省理工学院学者沙因也采用心理学的方法，让人们从8种"职业锚"（例如技术能力、对事业的奉献、安全/稳定或创造力）中选出对自己职业生涯最重要的一种。一旦你通过问卷调查确定了自己的定位，你就可以找一个合作伙伴来讨论你的职业经历，同时这个伙伴最好是工作中处于指挥链以外的人。这种方法可

---

[1] MYERS I B, MYERS P B. Gifts differing: understanding personality type[M]. Mountain View: Davies-Black, 1980: 1995.

[2] 在2011年4月，CCP(咨询心理学家出版社的前身,同时也是MBTI方法的出版方)宣称MBTI方法是"世界上最值得信赖的人格评估方法"。详见：https://www.cpp.com/products/mbti/index.aspx. 与此不同的观点可见：PITTENGER, D J. Cautionary comments regarding the myers briggs type indicator[J]. Consulting Psychology Journal, 2005, 57(3): 210-221.

以帮助你认识到职业锚的相关性,解读你自己的选择模式。[1]推崇同事之间"教学相长"的专家学者也提出了类似的观点,他们认为,同事之间"教学相长"是指你和另一个同事一起工作,彼此都有互相帮助的意愿。[2]如果你和一位同事愉快地交谈,并且他还是一个乐于助人的听众,那么你将收获更多,也会适应得更好。总而言之,探索你的心理类型或职业锚的关键在于你自己,因为只有你自己才能对结果进行解释和应用。

满足雇主的期望

然而,事情往往非你一人能够决定,你的雇主也会利用心理测试来预测你工作的动机。其中最受欢迎的问卷是由心理学家雷蒙德·卡特尔(Raymond Cattell)设计的16种人格因素(16PF)问卷,业界普遍认为该问卷"有能力预测各种各样的职业特征",并能识别出"成功的主管、经理、高管和其他领导人的性格特征"。[3]这些成功者往往在大胆社交、乐于改变、情绪稳定、热情温暖、集体取向等特征方面的得分相对较高,而在焦虑等特征方面得分相对较低。因此,16PF问卷被广泛应用于员工招聘、晋升、发展、培训、再就业和退休咨询等决策活动中。在现实生活中,你很可能填写过16PF问卷或者类似的问卷测试,甚至可能因问卷测试结果被雇主拒之门外。

第二种职业心理测试也是由卡特尔提出的,并由后来的学者进一步发展。这种测试方法将人格特质缩减为五大类:开放性、责任心、外向性、宜人性和情绪稳定性,我们称之为"大五类人格"测试。大多学者认为,大五类人格测试为成功的就业测试提供了很有用的平台和基础。责任心的外在特征为按时完成工作、关注期望等,这一点通常与各类职业中员工的工作表现高度相关。外向性和情绪

---

[1] SCHEIN E H. Career anchors participant workbook[M]. 3rd ed. San Francisco: Pfeiffer, 2006: 27.
[2] PARKER P, WASSERMAN I, KRAM K E. et al., A relational communication approach to peer coaching[J]. Journal of Applied Behavioral Science, 2015, 51(2): 231-252.
[3] CATTELL H E P, MEAD A D. The sixteen personality factor questionnaire (16PF) [M]//BOYLE G, MATTHEWSG, SAKLOFSKED. The sage handbook of personality theory and assessment. London: Sage, 2010: 135-159.

稳定性与经理和销售人员的工作绩效相关，而宜人性和情绪稳定性则与客户服务代表的工作绩效相关。一项综合的"员工可靠性"测试可以将这五个人格特质与工作表现以及生产行为联系起来。[①]

据报道，超过60%的英国雇主会使用某种形式的人格测试来挑选员工，而在美国，更是有多达70%的求职者接受过这种测试。[②]因此，雇主根据这种测试的结果选择或拒绝你的可能性也相对较高。所以，当你遇到这种测试时，应该怎么办呢？一方面，你可以选择相信雇主知道什么对你是最好的；另一方面，你可以给予雇主他们想要的正确答案——前提是你能搞清楚正确答案是什么。[③]从长远来看，你还有第三种选择，这要求你对所寻找的工作和招聘方式有更大的控制权，我们稍后会再讨论这个问题。

发挥个人优势

关注你的个人优势也可以帮助你理解自己为什么要工作。举个例子，曾经有一位餐厅经理，因建立并带领团队不断取得成功而名声大噪，在对他进行访谈和调研的过程中，前盖洛普组织（Gallup Organization）顾问马库斯·白金汉（Marcus Buckingham）和他的同事是这样描述这位餐厅经理的：他成功的背后有什么秘密吗？"不，我认为经理人能做的最好的事情就是让每个员工都能找到

---

① BARRICK M R, MOUNT M K. The big five personality dimensions and job performance: a meta-analysis[J]. Personnel Psychology, 1991(41): 1-26.
HURTZ G M, DONOVAN J J. Personality and job performance: the big five revisited[J]. Journal of Applied Psychology, 2000, 85(6): 869-879.
KUNCEL N R, HEZLETT S A. Fact and fiction in cognitive ability: testing for admissions and hiring decisions[J]. Current Directions in Psychological Science, 2010, 19(6): 339-345.
② TAYLOR I. The assessment and selection handbook: tools, techniques and exercises for effective recruitment and development[M]. London: Kogan Page, 2008: 4.
③ BEGLEY S A, TRANKIEM J U, HANSEL S T. Employers using personality tests to vet applicants need cautious 'personalities' of their own[EB/OL]. (2014-10-30) [2015-12-15]. http://www.forbes.com/sites/theemploymentbeat/2014/10/30/employers-using-personality-tests-to-vet-applicants-need-cautiouspersonalities-of-their-own/.
KLEIN E. Employment tests: get an edge, ask the headhunter[EB/OL]. [2015-2-15]. http://www.asktheheadhunter.com/gv000802.htm.

适合自己的位置，我不在乎自己的员工各有特点、与众不同。"难道他不应该对所有员工一视同仁、公平对待吗？"当然不，我认为人们希望自己被重视，区别对待能让他们感到自己是特别的。"对这位经理来说，在追求智能型职业生涯的过程中，他需要去努力了解他的每一位员工，他可能并没有对员工进行心理测试，但他却对每一个员工的差异很感兴趣。①

针对与这家餐厅员工类似的群体，白金汉和他的另一位同事很快就推出了一本续作，以希望他们能"发现自己的优势"。调研发现，在全球范围内，只有20%的大型组织中的所有员工均报告说自己的优势能够有效发挥。而对那些心怀怨念的员工来说，最好的补救措施就是找到方法发现并发挥他们的长处。在这本书里，白金汉描述了个体所拥有的34种具体优势——成就感、连通性、未来主义、最大化者、自信、恢复力等，并邀请读者通过完成配套的"优势发现者"测试来找到属于自己的个人优势。后来，白金汉又出版了第三本书，书中提供了一个"六步训练"法，帮助读者在工作中发挥自己的优势，并利用这种优势向自己喜欢的工作领域"倾斜"。②

白金汉的研究展示了智能型职业生涯拥有者的一个共识：我们的工作是为了充分发挥我们独特的个人优势，而这些优势来源于我们的个性和拥有的生活经历。有些人认为，你不需要填写任何繁琐的问卷测试就可以发现自己的优势，你只需要坐下来，就可以列出自己的优势清单；另外，你也可以通过回顾生活中的关键事件，或者让认识你的人列出跟你有关的优势项目，就可以形成一份属于你自己的优势清单。但不管你用什么样的方法，基本要点都是一样的——了解你的优势，找到并挖掘你的潜能，然后在工作中有效发挥这些闪光点。这些方法听起来很简单，但前提是你需要长期保持这些优势。

---

① BUCKINGHAM M, COFFMAN C. First break all the rules[M]. New York：Simon & Schuster，1999.
② BUCKINGHAM M, CLIFTON D O. Now, discover your strengths[M]. New York：Free Press，2001.
BUCKINGHAM M. Go put your strengths to work[M]. New York：Free Press，2007.

去寻找快乐

  无论你有什么优势，最重要的是你如何向别人展示这些优势。早在1999年，时任美国心理学会主席的马丁·塞利格曼（Martin Seligman）就提出，除了应对精神疾病外，心理学家还需要了解个体的积极特质，例如"乐观、勇气、职业道德、未来规划、人际交往能力、快乐、洞察力和社会责任感"[1]。塞利格曼随后出版了《活出最乐观的自己》和《真实的幸福》两本书，推动"积极心理学"成为一门重要的学科。塞利格曼的基本思想是，幸福在某种程度上是个人的选择，你可以采取积极的行动来增加自己的幸福感，比如，乐观思考、心怀感恩、全神贯注（积极心理学家称之为"心流"）等，这些都是通往幸福的途径。

  近年来，积极心理学的应用如雨后春笋般涌现。密歇根大学"积极组织奖学金"研究中心提供了两份自助指南，一份是"帮助人们识别机会让其工作更具吸引力和成就感"，另一份是"帮助人们发现自己独特的优势和才能"。[2]此外，其他相关类型的指南和自助书籍也随处可见。[3]在英国和澳大利亚两国学者的牵头下，人们普遍对在国家教育体系中采用"积极教育"概念产生了浓厚的兴趣。在这种理念下，快乐成为教育过程的重中之重，而成绩的提升也会自然水到渠成。国际间的教育比较研究发现，积极教育理念在塑造和培养学生一系列"核心美德"（core moral virtues）（例如智慧、勇气和人性等）方面卓有成效。当然，也有批评者认为这种方法仅仅适用于"开朗、外向、目标驱动和寻求地位的性格

---

[1] SELIGMAN M E. The president's address[J]. American Psychologist, 1999(54): 559-562.
[2] 关于该研究中心的最新信息、活动和资料详见：http://www.centerforpos.org/，于2015年12月15日访问。
[3] 哈佛大学所开设的第一门积极心理学的课程由Tal Ben-Shahar开设，Sean Acher担任助教。详见：BEN-SHAHAR T. Happier[M]. New York: McGraw-Hill, 2007. ACHER S. The happiness advantage[M]. New York: Crown, 2010.

外向者"，而这些支持者更多的是被机会主义而非科学标准所影响。①对于积极心理学，我们的最佳建议是：请你对它始终保持开放的态度。

因此，你可以对机会主义保持警惕，但仍要看到积极心理学与智能型职业生涯两者之间的联系。它们的共同点在于，都在强调你的工作和个人生活之间的动态关系，以积极的态度看待他人，以及有意义的工作和工作满意度之间的关系。②当然，追求智能型职业生涯还需要你更全面地了解你的职业发展所处的社会环境，以及工作中涉及的人际关系——不论是积极的还是消极的。

走自己的路

如果你不想一辈子都只是在"吃老本"，拒绝沉溺于贪图享乐、不求上进的状态，那么你应该怎么办？职业运动员可能会因生活方式过于艰辛而提前退役，从业经验丰富的会计师可能会尝试不同于以往的生活，富有的对冲基金经理可能会决定开一家冰淇淋公司。波士顿大学管理学者道格拉斯·蒂姆·霍尔（Douglas Tim Hall）在早年提出了"易变性职业生涯"的概念，即人们可以从不断变化的环境中获得多元化的发展。③如果你寻求更深入地投入工作或实现更多的个人目标，又会发生什么样的事情呢？

耶鲁大学的艾米·沃泽涅夫斯基（Amy Wrzesniewski）和她的同事认为，你为什么要工作，取决于你把它看成一份"职业"（job）、"事业"（career）还是"使命"（calling）。如果你将工作看成一种职业，那么你就可以把注意力放在经济报酬上，明确这些报酬在工作以外对你而言意味着什么——餐桌上的食物、房屋、汽车、社交生活等。相反，如果你把工作看成一份事业，那么你会关注更长

---

① KRISTJÁNSSON K. Positive psychology and positive education: old wine in new bottles?[J]. Educational Psychologist, 2011, 47(2): 86-105.
KRISTJÁNSSON K. Virtues and vices in positive psychology: a philosophical critique [M]. Cambridge: Cambridge University Press, 2013.
对于该主题的批评来自于一位生物学家，该学者认为研究中所引用的文献不符合学术标准，详见：EHRENREICH B. Bright-sided: how the relentless promotion of positive thinking has undermined america[M]. New York: Metropolitan Books, 2009.
② DUFFY R D, DIK B J. Research on calling: what have we learned and where are we going?[J] Journal of Vocational Behavior, 2013, 83(3): 428-436.
③ HALL D T. Careers in and out of organizations[M]. Thousand Oaks: Sage, 2002.

时间里自己所取得的成功。最后，如果将工作看作是一种使命，那么你的关注点将是获得更多的成就感，或者用孔子的话来说："知之者不如好之者，好之者不如乐之者。"①你可能希望将这三种取向结合起来，但也一定会有所权衡。比如，如果你在毕业后着急地找工作，可能会对你的职业长期发展产生不利影响；或者，如果你对工作过于挑剔，那么就可能失去获得丰厚报酬的工作机会。还有一些人，他们的工作类似于动物园管理员：薪水低、工作环境差、晋升通道狭窄，但他们依然安贫乐道。②

在智能型职业生涯中，事业的成功可以分为客观的职业成功（社会所认可的成功）和主观的职业成功（做自己喜欢的事）。例如，客观的职业成功在于获得更多的财富或社会声望，而主观的职业成功则在于实现自我设立的人生挑战，或者做自己所热爱的事情（如动物园管理员或艺术家）。两者之间会相互影响，并且这种关系可能会随着时间的推移而发生改变。为了维持生计，动物园管理员也可能需要获得一定程度的"客观"成功（即收入）。即使是雄心勃勃的销售人员也可能会放弃获得超额收入的机会，以便拥有更多的时间与朋友和家人在一起。像前微软老板比尔·盖茨（Bill Gates）这样的少数人，在获得了非凡的客观成功（财富）后，便承诺将自己的财富捐献给慈善机构，去寻求自己在主观上的成功。那么，成功对你来说到底意味着什么呢？③

---

① WRZESNIEWSKI A, MCCAULEY C, ROZIN P, et al., Jobs, careers, and callings: people's relations to their work[J]. Journal of Research in Personality, 1997, 31(1): 21-33. HESLIN P A. Experiencing career success[J]. Organizational Dynamics, 2005, 34(4): 376-390.
② BUNDERSON J S, THOMPSON J A. The call of the wild: zookeepers, callings, and the double-edged sword of deeply meaningful work[J]. Administrative Science Quarterly, 2009, 54(1): 32-57.
③ HESLIN P A. Experiencing career success[J]. Organizational Dynamics, 2005, 34(4): 385.

借助外部力量

让我们再回到吃蛋糕的例子上，去进一步思考"蛋糕是从哪儿来的？"对此，罗宾逊故事的作者写了两篇文章。在第一篇文章里，作者将罗宾逊与另一位接受过类似培训，并面临类似挑战的幼师娜塔莉·琼斯（Natalie Jones）进行了比较，文章描述了琼斯在面对挑战性或威胁性的环境时，会表现出更强的适应能力。作者又接着描述琼斯是如何利用个人的洞察力、领导力、开拓力和毅力，来更有效地应对自己的困境的。也就是说，琼斯是在为"蛋糕"而战。因此，我们可以推论出，琼斯可能拥有"正确的东西"，而罗宾逊却没有。但是，这种推论是否合理呢？

我们再来看看另一种解释：问题的根源可能并不在于罗宾逊和琼斯之间的个体差异。在第一篇文章中，作者认为与罗宾逊不同，琼斯背靠一个强有力的支撑网络，有一个支持她的导师，并且能获得个人发展的机会。同时，在琼斯早期的教学经历中还有其他人帮助她一起"做蛋糕"。[1]作者在第二篇文章中探讨得更为深入，罗宾逊在第二所学校任教时，遇到了一个关键的人物——她的助教。这位助教反对新的教学方法，坚持不合作，并拒绝调到另一个班级。这位助教在巩固了自己的力量后，继续发动攻势，在家长中抹黑罗宾逊。[2]新的教学模式也引发了一系列问题，校长认为既然一开始就大张旗鼓地引入了新的教学模式，那就有义务接着推广下去。但不可否认的是，这种模式确实占用了教师们大量的时间。[3]

心理学无法通过对这两位幼师遇到的困难进行比较，从而得出令人信服的结论，也无法解释这些困难是如何影响她们的最终个人成就的。但如果两人的境况相互调换，琼斯也会选择离开教师行业吗？我们需要结合经济学（关于学校的资

[1] SUMSION J. Bad days don't kill you; they just make you stronger[J]. International Journal of Early Years Education, 2003, 11(2): 141-154. 其中 Natalie Jones 是化名。
[2] SUMSION J. Workplace violence in early childhood settings: a counter narrative[J]. Contemporary Issues in Early Childhood, 2001, 2(2): 195-208.
[3] ARDZEJEWSKA K, COUTTS P M. Teachers who support reggio: exploring their understandings of the philosophy[J]. Australian Journal of Early Childhood, 2004, 29(4): 869-885.

金和教师的工资）、管理学（关于学校的组织结构和权力体系）、社会学（关于校长、教师和助教之间的紧张关系以及系统性变革的前景）以及社会心理学（关于教师及其助手之间的人际关系和群体间问题）等领域的研究，才能对这两位幼师进行更进一步的比较。在智能型职业生涯中，你的个性只能在一定程度上决定你是否成功。因此，你需要清楚地认识到，在你目前所处的环境中，是否存在一些外部力量会对你的智能型职业生涯产生影响。

强化职业身份

发现外部力量是一回事，而利用外部力量则是另一回事。总部位于法国枫丹白露的欧洲工商管理学院（INSEAD）的教授埃米尼亚·伊贝拉（Herminia Ibarra）曾开展过一项专门研究，探究我们应该如何利用外部力量。"身份认同"是她研究的基本理念，她强调"身份认同是我们在职业角色中的自我意识，是我们向他人传达的关于自己的信息，以及我们管理自己职业生涯的方式"[1]。传统的心理学观念认为身份在很大程度上是被赋予的，但伊贝拉却颠覆了这一观念。她在被动赋予之外，又提出了发展职业身份的第二重含义——行动起来，她认为我们必须要通过采取一系列行动才能进一步强化我们的职业身份。这种方法是行之有效的，因为它清楚地表明，个体想要获得进一步发展的内在能力与外部就业环境之间存在紧密的联系。

伊贝拉教授认为，我们可以通过三组相关行动来强化职业身份：第一组行动是设计实验计划，这意味着你需要去尝试新的工作角色和活动，看看你是否喜欢它们。等你做完这项实验，并且实验结果也鼓励你去从事这些活动后，你就可以开始做第二组行动了——转换关系。在转换关系的行动中，你需要通过扩展人脉进入心仪的工作领域，并衡量自己在其中能否有所建树。最后到了第三组行动，在这里，你需要充分认清你目前已经积累的经验，并且不断调整和布局你的生活，重点把你是谁（或者为什么工作）和你想成为谁（或者为什么要工作）联系起来。

我们可以在前投资银行家拉里·皮尔森（Larry Pearson）的案例中，窥探出这三组行动之间的联系。皮尔森在35岁时被投资银行裁员，之后他开始向非营

---

[1] IBARRA H. How to stay stuck in the wrong career[J]. Harvard Business Review, 2002, 80(12): 40-48.

利性行业进军,以寻求更有意义的工作。但就在这时,两家商业银行向他伸出了"橄榄枝",如果他想获得这份"好工作",就必须终止自己在非营利性行业的实验。与之相比,在皮尔森想要去的非营利性部门,面试官对他的态度也相对冷淡,他们对皮尔森想要在非营利性行业大展拳脚的豪言壮语并不"感冒",也不相信他的财务能力能为非营利性行业现状带来什么巨变。但是,皮尔森却选择投身非营利性行业,并在一家地区性非营利组织找到一份临时工作——参与和组织一系列会议。这项工作使皮尔森对非营利部门有了更深入的了解(进行更多的实验),并且有机会结识更多新朋友(拥有更多的人脉),也对如何实现更高价值(更有意义)有了更清晰的见解。

在非营利性部门工作半年后,皮尔森收到了一家小额信贷公司发来的工作邀请函,这也正是他想要从事的行业,于是他欣然应邀,开启了新的职业生涯。这同时意味着,皮尔森强化他"工作身份"的任务基本可以告一段落了。不过,只要他探索新领域的热情不减,那么将来还会有新的尝试、新的人脉和更进一步的职业身份发展在等待着他。①同样的道理也适用于你,强化你的职业身份和扩展你的智能型职业生涯,是贯穿你一生的活动。在这个过程中,关键点是你得经常问自己"我为什么要工作?"并且以开放的心态去面对可能出现的新答案。②

最后,让我们来回顾一下本章的要点。一个多世纪以来,对工作动机的探求始终是职业指导的重点之一,人们通过将个人兴趣爱好与一系列工作职位相匹配来实现职业优化,但某些超出兴趣和职业的原因导致这种匹配有时并不管用。如果说工作根本的原因在于维持一家人"衣食足",那么实现人生价值,即"吃蛋糕",就是我们在此基础上的更高追求。然而,所有关于发现和运用优势,以及追求幸福的心理测试,都无法准确定义你的独特性,也不能确定哪些经历会强化你的独特性。你可以走自己的路,追求自己(主观上)的抱负,而没有必要去遵从社会对成功事业(客观上)的定义。同时,你也需要意识到外部力量对职业生涯的影响,以及如何掌握和运用这些力量,从而提升和强化你的职业身份。希望你能勇敢地走出自己的舒适圈,在历练中成长,真正找到你"为什么工作?"的答案。

---

① 这种新尝试也包括进一步向领导岗位发展,正如伊贝拉在其著作中所强调的那样。参见:IBARRA H. Act like a leader, think like a leader[M]. Boston: Harvard Business School Press, 2015.

② SCHWARTZ S B. Why we work[M]. New York: TED Books, Simon & Schuster, 2015.

第四章　如何工作？

一项重大而艰难的任务摆在你面前，
看似不可能完成，
但只要你坚持日积月累，
不知不觉就会水滴石穿。

——卡伦·布里克森

布鲁斯·奈特（Bruce Knight）是个学习能力非常强的人，就读于纽约州北部的一所艺术学校，主修电影专业。但他不喜欢大学环境，所以又搬回了新英格兰，在一所规模较小的电影学校上学，可一年之后他就辍学了。在校期间他做过几份零售工作，干了6个月的平面设计，直到这家平面设计公司倒闭。1986年，他在《波士顿环球报》（Boston Globe）的"一般救助"（General Help）栏目上看到一则广告："制造隐形眼镜；无需任何经验——即刻培训。"这项工作是在一个小实验室里进行的，三到四个人在专用车床上磨硬塑料镜片。正如奈特所说："作为一个'废柴'，这是我唯一能找到的工作了！"

制造隐形眼镜的工作，奈特一干就是5年。在此期间，他还组建了自己的家庭。奈特天生好奇心强，这使他对镜头打磨工艺背后的科学产生了浓厚的兴趣。而他当时所在的实验室负责人——一名著名的光学研究员也非常鼓励他学习和钻研这项技术。20世纪90年代初，当传统制造方法开始向计算机数控机床发展时，奈特学会了运用机器编程来设计新镜片。通过与医生和病人开展合作，奈特还学习了临床配镜的知识。此外，奈特还会跑到其他镜片制造商那里去推销他的程序。当时，尽管产业主流正朝着柔性软镜片的方向发展，但他的项目所生产的"硬性透气"镜片仍然在市场中占有一席之地，并有较高的利润率。

奈特还和实验室主任一起创办了一家新公司，专门销售他开发的软件。但没过多久，在许可协议和前景预期上，他们和一家大型眼科保健公司产生了分歧，最终这家大型眼科保健公司终止了与奈特公司的合作，投向了另一家与奈特公司存在竞争关系的软件供应商。但这家大型眼科保健公司很欣赏奈特的编程能力，于是在2003年聘请他为该公司的全职顾问，为该公司授权的其他项目提供技术支持。随着时间的推移，奈特的工作逐渐走向运营业务终端，涉及定价、监管、技术方案、展销会的筹备与展示等工作内容。2008年底，奈特所在部门的领导突然辞职，公司发现奈特的工作经验和技能恰好能满足公司的发展需求，于是任命他为全球业务营销经理。

作为公司的代表，奈特常常出差，参加世界各地举办的展销会，并走访客户。公司领导层的变化也巩固了他作为商业发展领导者的地位，他不再仅仅是参加展销会，还要拜访医院和诊所，在医学院举办信息发布会，鼓励年轻医生通过计算机辅助配镜技术来"让更多人重见光明"。奈特的工作和个性为他在行业内积累了丰富的人脉资源，"每一个大人物"都是他的好朋友。同时，奈特也始终在努力推动创新，如开发治疗角膜病变的大直径特种镜片。

虽然奈特的人脉关系主要集中在他所从事的行业内部，但他还拥有其他商业能力（比如与专业制造商、用户之间的沟通能力），这些通用的技能在其他行业也都适用。如果在未来的某一天，奈特因为某种原因导致自己的工作陷入困境，那也不用担心，因为他一定能很快在咨询行业中找到一份值得干的工作。奈特回顾自己早年在艺术学校接受教育的经历发现，那时候的他学到的不仅仅是平面设计的知识，同时还接受了各种各样的训练，锻炼了宏观洞察能力和概念抽象能力。不仅如此，他还非常善于触类旁通，把在令人生畏的艺术"批判课程"答辩中学到的技能运用到产品展销上来，比如，在展销会上面对行业领军人物时，奈特总能自信且成功地向他们展示自己开发的软件所具备的种种优势。[1]

那么，奈特到底是怎么工作的呢？从早年大学辍学到如今在国际市场上拥有举足轻重的地位，这样一个没有完整受过正规教育的人是如何一步步走向成功的？其他受过正规教育的人又是如何获得成功的？奈特是怎样运用智能型职业生涯来提升自己的技能，从而赢得业内领袖的尊重，同时还能激励跟他共事的年轻人的？话题回到当下，那么你又该如何开发和展示自己的技能呢？接下来讨论的内容，可以为本章标题——"如何工作？"提供解答。需要注意的是，关于知识、教育和经验的观点会有重叠，而我们想要让你知道它们是如何重叠的，并帮助你建构属于自己的工作方式。

---

[1] 以上内容取材自Michael Arthur所做的访谈，访谈对象被匿名。

通过应用和发展知识

要想更好地理解奈特的成长与进步,我们可以参考60多年前英国经济学家伊迪丝·彭罗斯(Edith Penrose)的研究。[1]她认为知识有两种:一种被称为"客观知识",它可以通过阅读文字来获得,还能再传授给其他人;而另一种知识则是能够反映学习能力的"个人经验"。

客观知识是独立于个人和群体而存在的,用彭罗斯的话来说,客观知识可以"平等地传授给所有人"。例如,代数是被明确定义的数学规则和术语,属于客观知识,我们可以通过课堂学习或阅读书本来获得,而且不管代数老师们的教学经验是否丰富,他们传授给你的客观知识与其他老师的并无二致。个人经验也能为你提供客观知识,例如建筑师在计算建筑设计的各个角度之间的关系时就能获得知识并积累经验,但这种经验本身不能传递给其他人。建筑师不能完整描述他们在绘图桌上的点点滴滴,但是这些绘图经历将使建筑师的知识体系产生微妙的改变。

奈特的故事很好地体现了彭罗斯所描述的两种知识形式。尽管奈特没有接受非常完整的正规高等教育,但他通过学习掌握了相关的计算机程序设计代码,并且自主学习了一些市场营销的基本知识。当然,奈特的成功在很大程度上源自于个人经历:比如不断编写复杂的程序,与展销会代表建立联系以及在正式活动中积极发言。不久前,奈特辞去了全球业务营销经理一职,转而跳槽去了另一家位于日本的竞争对手的公司担任新职务,这家公司正在加大对新医疗设备的投资。该公司已经聘请了许多行业领袖,他们都与奈特相识。虽然新工作的薪水会高一点,但奈特却坦言,他跳槽的主要动机是"能够与我尊敬的人一起开发新产品"。

在不断变化的环境中,你必须要寻找新知识、获取新经验。从奈特的方法中你能学到什么?与令人尊敬的人一起开发新产品,这种理念对你来说有吸引力吗?

---

[1] PENROSE E T. The theory of the growth of the firm[M]. Oxford:Basil Blackwell,1959.

通过接受教育

正规教育是影响人们工作方式的一个关键因素。几乎每个国家都会通过公布高中和大学毕业生的占比,来表明其对迎接知识经济已经做好了充分的准备。不过,接受正规教育只是知识时代下就业和工作的一部分。那么,你应该如何运用你在教育中习得的知识?接受更多教育是否意味着能够拥有更敏锐的思维和更成功的事业?坦白地说,答案可能没有看起来那么简单。

加里·贝克尔(Gary Becker)是一位诺贝尔经济学奖得主,他最早提出正规教育是"人力资本"的关键组成部分,认为能力、知识和人格特征的储备会直接影响人们的工作能力,进而影响经济价值的产生。[①]他的文章强调了正规教育的优点,并鼓励父母让孩子继续上学,而不是早早地让他们去社会打拼、养家糊口。

贝克尔的理论在发展过程中逐渐延伸到了高等教育领域。其中,作家理查德·塞特斯滕(Richard Settersten)和芭芭拉·雷(Barbara Ray)以"游泳运动员"和"划水者"为例来做区分研究,并指出前者是有计划地接受正规教育、有明确职业和生活计划的一群人,而后者则是对教育不感兴趣并且"早早地接触成年人的世界"的一群人。[②]两位作家一致认为,急于工作会限制个人未来的职业发展,并进一步影响其社会地位和经济利益。

现在,请你思考一下,奈特到底是游泳运动员还是划水者?从他辍学的决定可以看出,他可能是个划水者,但如果反观他的职业发展轨迹,我们能看出他在本质上是一名游泳运动员,因为他不断积累的经验为后来的成功打下了基础。奈特的职业生涯与很多没有完成大学学业却获得巨大成功的人士相似,例如维珍集团(Virgin Group)首席执行官理查德·布兰森(Richard Branson)、化妆品先驱玫琳·凯·阿什(Mary Kay Ash)、唱片业巨头西蒙·考威尔(Simon Cowell)、曲奇制造商黛比·菲尔兹(Debbi Fields)、已故的苹果之父史蒂夫·

---

① BECKER G S. "Bribe" third world parents to keep their kids in school[J]. Business Week, 1999(11): 15.
② SETTERSTEN R A, RAY B E. Not quite adults: why 20-somethings are choosing a slower path to adulthood, and why it's good for everyone[M]. New York: Bantam, 2010.

乔布斯（Steve Jobs）等。[①] 然而，大部分辍学者最终都没能成为百万富翁，因为大多数人的职业生涯还是应遵循先接受高等教育再寻求一份专业工作的路径。但是，无论在过去或未来，你所接受的正规教育对于你的现实生活经历都只会产生补充而非决定性的作用。

通过发展专业知识

瑞典社会科学家安德斯·埃里克森（Anders Ericsson）和他的同事们的研究扩展了"一万小时定律"，他们认为10000小时的额外练习是普通表演者通往卓越艺术家的修炼之路。而这种额外练习需要表演者在将近10年的时间里，每周坚持进行大约20个小时"奋斗的、牺牲的、诚实的、痛苦的自我评估"[②]。此外，这样的练习需要精心策划，并且"专注于超出你现有能力或舒适程度的任务"。幸运的是，在许多领域（比如钢琴演奏），已经有了成熟的练习方案，这样一来，你可以直接去找教练，让他们带领你按照既定的、但越来越具有挑战性的专业练习顺序来进行练习。

畅销书作家马尔科姆·格拉德威尔（Malcolm Gladwell）是埃里克森"一万小时定律"的推崇者，他在《离群者》（*Outliers*）一书中，引用知名人士的经历来解读这个定律，比如，计算机软件天才比尔·乔伊（Bill Joy）（Sun Microsystems的联合创始人，该公司后来被甲骨文收购）、作曲家沃尔夫冈·阿马德斯·莫扎特（Wolfgang Amadeus Mozart）、国际象棋大师鲍比·费舍尔（Bobby Fischer）、微软联合创始人比尔·盖茨（Bill Gates）和披头士乐队（The Beatles）等。一位利物浦企业家和一位德国俱乐部老板之间的一次偶然会面，给了披头士乐队在1960年至1962年期间在德国汉堡进行一系列巡演的机会。他们几乎一周7天都在城市俱乐部轮班演奏8小时，听众络绎不绝。在德国的精彩表演让披头士乐队逐渐声名鹊起，创作质量节节攀升，回归家乡之时，"他们的音乐已经与众不同"。在1964年迎来事业大爆发之际，披头士乐队已经进行了近1200次的演出。回看在汉堡的马拉松式表演和在利物浦的紧张训练，披头士

---

① 参见：http://www.mytopbusinessideas.com/school-drop-out-billionaires-successfulentrepreneurs/，于2015年12月16日访问。
② ERICSSON K A, PRIETULA M J, COKELY E T. The making of an expert[J]. Harvard Business Review, 2007(8): 115-121.

乐队通过累积达 10000 小时的练习从而走向卓越的故事，就是"一万小时定律"的一个经典案例。①

如果你也想按照"一万小时定律"来积累你的专业知识，但并没有现成的成熟路径可供遵循，你又该怎么办呢？在这种情况下，需要什么样的智能型职业生涯来帮助你呢？埃里克森和他的同事们建议你，不要过分依赖任何一位教练。一个有经验的钢琴老师会习惯性地以特定方式教学，但如果想走不一样的发展道路，就一定要保持开放的心态，来迎接其他新的可能性。这时，你要唤起你的"内心教练"，自己决定自己的训练和发展计划。此外，你可以关注计划外的事情，看它们是如何发生和解决的。你还可以问问自己，在某些情况下（例如主持会议时）你将怎样表现，并将自己的表现与其他专业人士进行比较。综上，无论你的受教育程度如何，正因为创新需要打破常规的工作方式，所以在你的职业生涯中，没有任何成规可以让你遵守，你只能依靠"内心教练"来进行自我引导。②

通过向他人学习

也许找一个教练或利用你的内心教练来进行训练，这两个方法都不适合你。在如今复杂的知识经济时代下，团队合作和在职培训已经变得稀松平常，这意味着你的智能型职业生涯要求你具备向他人学习的能力。那么如何做到这一点呢？斯坦福大学心理学教授阿尔伯特·班杜拉（Albert Bandura）是最早提出"社会学习理论"的专家，该理论对人们通过观察、模仿他人的行为来学习这一常识进行了扩展。例如，孩子就是通过观察父母、祖父母、兄弟姐妹和其他家庭成员来学习的。作为成年人，我们同样可以通过观察并模仿同事的工作来达到学习的目的。③

---

① GLADWELL G. Outliers: the story of success[M]. New York: Little Brown, 2008: 35-56.
更多关于披头士乐队的信息参见：NORMAN P. Shout![M]. New York: Fireside, 2003.
② ERICSSON K A, PRIETULA M J, COKELY E T. The making of an expert[J]. Harvard Business Review, 2007, 85(7/8): 114.
③ BANDURA A. Social learning theory[M]. New York: General Learning Press, 1977.

社会学习理论的内容同样支持智能型职业生涯的基本原理，它告诉我们，学习是一个持续的过程，其不仅仅局限在课堂上，你还可以通过在工作和生活中与其他人展开互动来进行学习。从这一点来看，你的工作方式会受到身边同事行为的影响。班杜拉认为，这种学习包括四个连续的过程——注意、保持、再现和强化；之后，成功的强化也可以为将来的学习提供动力。现以外科医生培训为例进行说明，各阶段如表4.1所示。

表4.1　班杜拉的行为模仿四阶段模型

过　程	活动（以见习外科医生为例）
注意他人行为	受训者观察外科医生做手术
记住观察到的他人行为	受训者试图将他们观察到的手术技巧保持在长时记忆中
再现观察到的他人行为	受训者有机会在外科医生的监督下做手术
强化观察到的他人行为	受训者做手术的能力在外科医生、同行或受训者自己操刀做手术的过程中得到强化

班杜拉认为，我们在实践中积累的经验能帮我们培养自我效能感，这是我们"对（自己）工作能力的判断"。约翰·克鲁博尔茨（John Krumboltz）等人将班杜拉的观点应用到了职业选择的过程中，认为个人的职业选择在很大程度上取决于对他人的观察。[①]在你的成长过程中，观察父母的职业生涯会对你的职业选择产生影响，而这种影响的重要性可能不亚于参与各种职业兴趣测试。举一个典型的例子，与长期失业的父母一起生活甚至会让你患上起床困难症。[②]社区成员、老师、体坛传奇人物或流行歌手（你可能认识或不认识的人）都可能对你的学习方式产生影响，这些影响将长期与你的职业生涯相伴。那么请问，你准备向谁学习呢？

---

① KRUMBOLTZ J D. Improving career development theory from a social learning perspective[M]//SAVICKAS M L, LENT R W. Convergence in career development theories. Palo Alto：CPP Books，1994：9-31.
LENT R W，BROWN S D，HACKETT G. Towards a unifying social cognitive theory of career and academic interest, choice and performance[J]. Journal of Vocational Behavior，1994，45(1)：79-122.
② WILSON W J. The truly disadvantaged：the inner city, the underclass, and public policy second edition[M]. Chicago：University of Chicago Press，2012：60-61.

通过运用"硬技能"

"硬技能"和"软技能"截然不同,这种区别能帮助我们换个视角来看待智能型职业生涯。心理学家兼科学记者丹尼尔·戈尔曼(Daniel Goleman)将个人能力或技能分为三类:纯粹的技术技能(如会计)、认知能力(如分析推理)和情商(EQ,既能理解自己,又能与他人产生共鸣的能力)。通常来讲,工程技术、财务分析和数字评估等技能属于硬技能,而情商(包括我们的行文风格)则体现为软技能,我们会在下一个话题里谈谈软技能。[①]

会计学原理、运营管理这种强调批判思维和问题处理能力的课程通常更加注重"硬技能"。然而人们也很清楚,有些技能只有通过日积月累的实践才能掌握,比如,快餐店厨师通过长年累月的工作,才会熟能生巧,掌握如何在烤架上完美地翻汉堡;美国医生在海地行医后,才可能会开发新的硬技能,掌握如何在医疗资源稀缺的条件下治疗热带病患者。回到奈特做镜片的案例,尽管生产软性镜片已经成为主流趋势,但是奈特仍然能凭借着他在高利润率的透气隐形眼镜制作上的技术,不断丰富研制经验,为自己搭建了一个广阔的市场舞台。

麻省理工学院资深学者沙因说过,我们必须不断更新自己的硬技能,因为"在动态变化的技术世界中,现有的知识和技能很快就会过时"。他指出,在当代,"随着技术变得越来越复杂,对技术专家的要求也变得越来越高"。沙因进一步提醒说:"随着各技术领域迭代速度越来越快,专家们被淘汰的速度也会越来越快。"因此,你所面临的挑战是如何在企业和组织不愿意承担员工知识更新的时间成本和资金成本的情况下,去提升你自己的能力。[②]为了保证你能在任何一个组织或企业中成功就业,你必须要对自己负责,主动承担起培养和运用自己硬技能的重任。

---

① GOLEMAN D. What makes a leader?[J]. Harvard Business Review, 2004(1): 82-91.
② SCHEIN E A. Career anchors revisited[J]. Academy of Management Executive, 1996, 10(4): 81-89.

通过运用"软技能"

戈尔曼同时强调,软技能是硬技能的必要补充。[①]比如,虽然老师帮学生在课堂上掌握课程内容的能力很重要,但引导内向的学生参与到课堂讨论中的能力也很重要;虽然长途卡车司机的驾驶技术很重要,但具备调节睡眠并忍受长时间孤独的能力也很重要;虽然发型师的理发水平很重要,但能够倾听客户需求的能力也很重要。无论是商学院还是专业的管理顾问都在强调软技能的重要性,因为软技能既决定着我们自我成就的高度,也决定着我们成就他人的能力。

如何理解软技能及其对智能型职业生涯所产生的潜在影响?戈尔曼对于情商的研究为我们提供了一个有效的解释框架。在他的理论中,情商有五个组成部分,如表4.2所示。

表4.2 戈尔曼的情商五要素

	定 义	特 征
自我认知	识别和理解你的情绪、情感、驱动力及其对他人的影响的能力	自信 客观地自我评估 自嘲式的幽默感
自我调节	控制和疏导破坏性冲动和情绪的能力。 不要妄下判断	诚信和正直 适应不确定性的能力 以开放的态度面对改变
动机	对工作的热情超越了金钱和地位。 倾向于用精力和毅力追求目标	实现成就的强大动力 面对失败也能保持乐观 提高组织承诺水平
共情	理解他人情感构成的能力。 根据他人的情绪反应来合理对待他人的技巧	在培养和留住人才方面的专长 跨文化的敏感性 为客户和顾客服务
社交技能	熟练地管理人际关系并建立社交网络。 找到共同点并建立融洽关系的能力	领导变革的效力 说服力 具备组建和领导团队的专业知识

如上所述,这五个组成部分可以分为两组,其中前三个组成部分的重点是自我管理,而后两个组成部分的重点是如何与他人互动。戈尔曼和其他学者一致认

---

① GOLEMAN D. What makes a leader?[J]. Havard Business Review,2004(1):88.

为，这五种技能都非常有效，并且与硬技能互为补充。

通过培养公司特有（或共有）的技能

一直以来，很多公司喜欢招聘大学应届毕业生，并安排他们参加精心设计的入职培训。与大学生在学校里学习的书本知识不同，公司的入职培训课程主要关注于对实践经验（例如会计、护理、社会工作和教学等方面）的补充，这些实践经验甚至可能是取得某些职业证书的必要条件。雇主可以通过对他们在实践中的表现进行评估，来决定是否为他们提供新的工作机会。对智能型职业生涯拥有者来说，这也提供了一个契机让他们考虑是否将自己的经验运用到其他地方更为合适。类似的机会也能通过开展管理培训来获得。同样，员工们也会参加短期的集中培训，因为员工和雇主双方都希望能重新评估他们彼此之间的关系。

如何让这些培训发挥作用呢？首先，不同公司所提供的培训有着不同用处。举个例子，你如果参加过有关公司如何降低成本或重组的培训，在其中获得的经验也许可以直接用到正在重组或降低成本的其他公司中去。从更广泛意义上来说，如果新的工作环境与以前的工作环境相似，那么，你可以很容易地把在以前工作中所获得的技能运用到新工作中。[1]哈佛商学院的鲍里斯·格罗伊斯格（Boris Groysberg）和同事们对在通用电气工作的20名校友展开了调研，他们发现工作技能的可迁移性可以分为多个维度（如下文所述），并按照最容易转移到最不容易转移的顺序进行了排列。[2]在其他条件相同的情况下，智能型职业生涯拥有者显然更应该关注那些最容易转移的技能。

1. 综合管理： 这是最易转移的技能，包括对财务知识、技术和人才的搜集和使用；还包括你的决策力、领导力和岗位技能。因为你需要承担更多更大的工作责任，并且不断发展的新技术也对你提出越来越多的新要求，所以你需要不断提升这些能力。

2. 战略性人力资本： 这些技能是通过制定和实施特定的战略而获得的，比如成本削减措施或组织成长计划等。这些技能可以很好地转移到面临类似战略挑战

---

[1] HAMORI M. Job hopping to the top and other fallacies[J]. Harvard Business Review，2010(7-8)：156.

[2] GROYSBERG B，MCCLEAN A N，NOHRIA N. Are leaders portable[J]. Harvard Business Review，2006(5)：92-100.

的其他公司。

3. 行业性人力资本：包括适用于特定行业的特有的技能和知识，比如医药、采矿或信息技术。由于不同行业是在不同知识体系下运作的，并且有着不同的管理规则，因此它们的可转移性较低。

4. 关系性人力资本：这些技能来自你与同事或同龄人建立的关系，它们的可转移性更为有限。但如果你跟着固定团队一起跳槽的话，那么你和团队以往积累的工作经验还是可以拿来借鉴的。

5. 公司特定的人力资本：包括在特定的组织环境中获得的知识、技能和经验，这些可能是最不容易转移的人力资本形式。

我们还必须要考虑到，大多数人都没有机会参加长期的培训项目。《哈佛商业评论》的一项研究报告称，在企业中，只有3%–5%的员工被视为黑马。[1]但是，《经济学人》指出，"如果急于给员工定性，那么公司可能会忽视潜在的黑马"。此外，如果公司将关注点局限在那些拥有特定技能的员工身上，可能反而会对员工的创造力形成阻碍。[2]你需要做的是掌握技能，找到一份工作，把工作做好，赢得尊重，同时学习不止。当你觉得这一切对你有意义的时候，那么请你继续保持前进的势头。机会始终就在你眼前，请从一开始就努力培养你的专长，练习自我指导，只有这样你才能牢牢把握住它！

通过行使权力

尽管大众普遍认可情商的价值，但斯坦福商学院教授杰弗里·菲弗（Jeffrey Pfeffer）却对此持怀疑态度。他认为，在组织中取得成功是为了获取和保持个人权力。他担心你可能会因为自我调节和对他人产生同情心而被"软化"，从而弱化掌握权力的目的。[3]他强调，你不应该抱怨别人玩弄权术的方式。如果你"理解并愿意运用权力"，你"就能够在各种类型的组织中竞争，甚至取得胜利，无

---

[1] READY D A, CONGER J A, HILL L A. Are you a high potential?[J] Harvard Business Review, 2010(6): 78-84.
[2] SCHUMPETER. The tussle for talent[J]. The Economist, 2011(1): 68.
[3] PFEFFER J. Power play[J]. Harvard Business Review, 2010,88(7/8): 84.
PFEFFER J. Leadership BS[M]. New York: Harper Collins, 2015.

论这种组织是大是小、是公是私"。[①]他给出了11种方法来实现这一目标：

1. 给予资源：利用金钱、设备、空间和信息来建立你的权力基础。

2. 通过奖励和惩罚来塑造行为：简单地说，奖励那些帮助你的人，惩罚那些阻碍你的人。

3. 多方面推进：当你预期将要或正在受挫时，尝试通过其他渠道来绕开这些阻碍。

4. 第一个出击：一个出其不意的举动可以让对手措手不及，甚至在他们搞清到底发生了什么之前，你就已经稳稳地锁定了胜局。

5. 拉拢对手：让潜在的对手成为你团队的一部分，或者让他们在你控制的领域里占有一席之地。

6. 请对手离开——如果可能的话，用得体的方式"请走"他们：给别人（对手）指明方向，最好是在其他地方为他们找到一份有吸引力的工作。

7. 避免招致不必要的攻击：小心选择战场，尽可能地建立最广泛的支持系统。

8. 用个人化的风格：花时间礼貌地和有影响力的人建立关系——不要只依赖电子邮件。

9. 坚持：在挫折面前不放弃，树立成功人士的形象。

10. 无论发生什么，维护那些重要的人际关系：有些人际关系对你的成功是绝对必要的，所以无论付出什么代价都要让这些人际关系起作用。

11. 让愿景更引人注目：把你想做的事情与一个引人注目的、有社会价值的、他人也认同的目标联系起来。

菲弗以拉利特·莫迪（Lalit Modi）为例，详细阐明了他的理念。莫迪来自一个富有的印度家庭，他想建立一个以顶尖外援为核心的印度职业板球联赛。在向印度板球管理委员会（BCCI）及其主席贾格莫汉·达尔米亚（Jagmohan Dalmiya）提出他的建议时，莫迪表示自己能够获得资源支持，因为他已经与迪士尼和ESPN（迪士尼的附属公司）达成了商品销售和转播协议。但很可惜，莫迪的提议最终还是被拒绝了。于是，莫迪决定通过奖励和惩罚来达到目的，并从那些可能反对现任印度板球管理委员会的人们那里寻求支持。为了能全方位打击现任印度板球管理委员会，莫迪制订了多线作战计划。首先，他与一位颇有影响

---

① PFEFFER J. Power：why some people have it, and others don't[M]. New York：Harper Business, 2010：5.

力且热爱板球运动的政治家沙拉德·帕瓦尔（Sharad Pawar）取得了联系。然后，他聘请了一支专业律师团队对BCCI主席达尔米亚提起腐败指控，同时帮助自己的政治家朋友当选新一届委员会主席，而他自己则亲任副主席一职。此外，为了拉拢人心，莫迪很快就搞定了电视转播权和商品赞助，让人们知道支持他符合自己的经济利益。没过多久，莫迪的职业板球联赛计划就获得了批准。

菲弗在斯坦福大学讲课时，会把教学的重点放在权力和获取权力的政治权术上。他希望学生们能够获得"洞察力和工具，使他们能够做出改变，完成任务，取得职业发展"①。在智能型职业生涯中，最重要的是当其他人玩"权力的游戏"时，你能够有所意识并且更好地去应对。谁都不想被别人踩在脚下！但当权力掌握在你手上时，是否要行使权力则很难抉择。莫迪的权力攫取对印度板球或国际板球的发展是否有利？对现任主席的腐败指控是否公正？他是否只是在利用家族财富和关系来满足自己的自尊心？尽管菲弗的阐述并没有提及这些问题，但我们还是认为这会产生一定的影响。②因此，你需要掌控运用政治技巧的方式和目的。

通过开发"工作组合"

然而，承担责任的挑战更多地体现在你的学习过程中。你应该寻找哪些定位标记来确保自己在朝着正确的方向前进呢？一位颇具影响力的管理学作家查尔斯·汉迪（Charles Handy）提出的关于"工作组合"的观点，也许可以用来解决这个问题。对汉迪来说，"组合型工作"意味着放弃在传统机构工作的"铁饭碗"，从而获得具有独立性的自由职业。换言之，我们可以自我建构一个工作组合，这个组合是"一个包括不同项目的集合，并且这个集合有特定的主题"③。组合中的工作并非全部是有偿的，除了带薪工作、收费工作和家庭工作外，工作组合里还可以包括志愿工作（自愿无偿）和研究工作（学习）。比如抚养子女或者长期照顾年长的亲属也可以是一个人的工作组合的组成部分，我们会觉得这个人具有可靠、忠诚和富有同情心的性格。在组合型工作中，"人们将不同层面的

---

① PFEFFER J. Power play[J]. Harvard Business Review, 2010, 88(7/8): 86.
② 菲弗在其之后的著作中提到,在2013年的选举中,那位因莫迪反对而下台的贾格莫汉·达尔米亚被重新选举为执行主席,并于2015年再次当选,但不久之后去世了。详见:https://en.wikipedia.org/wiki/List_of_Board_of_Control_for_Cricket_in_India_presidents。
③ HANDY C. The age of unreason[M]. London: Hutchinson, 1989: 183.

工作放入同一个文件夹"①。建筑师、记者和摄影师等，都是通过展示自己以往的工作案例来竞得未来的工作的。同样，根据雇主的不同，我们也可以在竞争中展示自己在工作组合中的多面性。②

职业生涯领域的专家巴里·霍普森（Barrie Hopson）和凯蒂·莱杰（Katie Ledger）进一步丰富了汉迪的观点。他们强调，当今几乎每份工作都是暂时的，就像一枚硬币，一面是"工作保障"，另一面是"依附"，除非我们能给自己提供足够的经济保障，否则所谓的保障也就只是空中楼阁。③我们以瑞秋·纳尔肯（Rachel Nelken）为例，她是一位伦敦地区的艺术管理者。每天，纳尔肯会花一半时间来履行她作为英国艺术委员会公关经理的职能，另外一半时间则被花在当地的一个音乐项目上，主要为一些音乐项目资助者工作，还为当地艺术机构提供临时的"行动学习"项目服务。纳尔肯说她可以高负荷地开展工作，比如，既能与他人开展高强度的对话交流，又能观看孩子上游泳课，还能在本地戏剧中心18英寸（约0.46米）高的桌子上完成一份报告。但她发现如果再增加其他工作项目，自己就很难按时完成。不过，她对自己的组合型职业生涯持乐观态度：

> 我相信，我工作的每个领域之间都能相互启发。比如，当我与资助者共事时，我能对工作全局、国家和地区背景以及最佳的实践范例等有更广泛的理解和认识；当我和客户交谈或评论政策问题时，实际工作中积累的可靠经验也能给我提供更多的谈资；当我还没有能力承担管理团队的责任时，组织行动学习课程能够帮助我塑造自己的领导技能。④

---

① HANDY C. Beyond certainty[M]. London: Hutchinson, 1995: 27.
② 汉迪在最新著作中预测了"第二条曲线"的出现。在这条曲线中，世界需要纠正在2008年金融危机和其他全球性灾害中的所做出的过分行为。汉迪认为"大型的、老龄化、臃肿和自私的组织"未来价值很小。与"工作组合"方法一致，汉迪看到了"新的工作曲线——许多人提前结束正式职业，更多的人转向自由职业。"详见：HANDY C. The second curve[M]. London: Penguin Random House, 2015.
③ HOPSON B, LEDGER E. And what do you do? 10 steps to creating a portfolio career [M]. London: A & C Black, 2009: 5.
④ NELKEN R. Portfolio careers in the arts[EB/OL].[2010-12-16]. http://www.theguardian.com/culture-professionals-network/culture-professionalsblog/2013/mar/05/arts-portfolio-careers-top-tips.

智能型职业生涯要求你在平衡整体生活、保持灵活和开放的新工作方式的同时，还要主动规划你的组合型职业。了解不同类型的工作可以让你变得更有创造力，例如，你可以探寻如何在从事有偿工作的同时学到新的知识，思考那些无偿志愿工作是如何帮助你学习新的技能或建立新的联系的。组合型工作本质上可以佐证你不断增长的技能和知识，同时这些技能和知识将被运用到你未来的工作中去。

最后，建立组合型工作的动力来自于你的内在动机、价值观，以及你看待自己职业身份的方式。用霍普森和莱杰的话来说，那些"对你所做的事情印象深刻，并愿意大加赞扬"的人也是你组合型工作的重要动力之一，这些人也同样因为结识到有才华的你而得到其他人的认可。[1]所以说，组合型工作的作用绝不仅仅只是开发你自己的技能。

综上，客观知识和个人经验是相辅相成的，都能在回答如何工作以及如何学习等相关问题上给予我们启发。尽管正规教育通常被视为是衡量人力资本的一种便捷方式，但我们仍然可以从更广阔的视角出发，把正规教育看成是"游泳运动员"通过实践来进一步学习的一个参考。对许多职业而言，在"一万小时定律"的指导下，人们通过加大额外练习就可以脱颖而出。经验丰富的教练能指导我们进行训练，但如果某个领域没有很成熟的提升路径，那么我们也可以唤醒我们的"内心教练"来监督我们自行练习。在你追求智能型职业生涯的过程中，你的硬技能、软技能、公司特定技能和使用权力的技能，都能让你的工作方式和学习方式展现出与众不同的一面。你可以通过组合型工作来提升你的技能，并发展智能型职业生涯所必需的知识和技能，进而从中受益。

---

[1] HOPSON B, LEDGER E. And what do you do? 10 steps to creating a portfolio career [M]. London: A & C Black, 2009: 104.

第五章　与谁一起工作？

> 寻找那些挑战和鼓舞你的人，
> 多花时间和他们在一起，
> 这将改变你的人生。
>
> ——艾米·波勒

85岁高龄的露易丝·韦斯伯格（Lois Weisberg）戴着标志性的镶钻眼镜，满头白发，身材纤细，身高5英尺左右（1.52米左右）。一眼望去，你应该不会想到她是"芝加哥最重要或最有权势的人"。但是事实上，韦斯伯格凭着她坚持不懈的创造力、广泛的兴趣以及善于识人的出色的能力，获得了超乎寻常的影响力。韦斯伯格的一生就是践行智能型职业生涯的典型案例[①]［请读者注意：无论你是否在马尔科姆·格拉德威尔（Malcolm Gladwell）的作品中看到过这个故事，都请耐心往下看，请你相信，这绝对是本章中的最佳故事］。

韦斯伯格于1925年在芝加哥北部出生，通过建构丰富的人脉资源网络，她拥有了一份令人羡慕的工作。她的人脉网十分广泛，所熟悉的人包括医生、律师、政治家、艺术家、铁路爱好者、跳蚤市场狂热者、歌手、作家、公园爱好者和演员等。20世纪50年代初，韦斯伯格创办了一个小型剧团，并在当地一家餐馆结识了一位隐居的亿万富翁。在这位富翁的资助下，她举办了一个庆祝萧伯纳100岁诞辰的晚宴。这次晚宴非常成功，其中，最令人印象深刻的当属她邀请到场的那些知名人士，比如剧作家威廉·萨洛扬（William Saroyan）和6次提名总统候选人的诺曼·托马斯（Norman Thomas）等，诸多名人汇聚一堂，品读

---

① GLADWELL M. Six degrees of lois weisberg[J]. New Yorker, 1999(11): 54.
　这个故事的删节版详见：GLADWELL M. The tipping point[M]. New York: Little Brown, 2000: 49-53.
　其他材料来自：Lois weisberg talks about life after the cultural center[EB/OL]. (2012-01-28) [2016-05-10]. http:// www. chicagobusiness. com/ article/ 20120128/ ISSUE01/ 301289970/ weisberg-moves-on-wraps-up-her-past.

萧伯纳的传世作品。这次晚宴后,韦斯伯格创办了一份专门报道萧伯纳的报纸,后来发展成"地下周刊"——The Paper。这份周刊帮助韦斯伯格打开了更广泛的社交网络大门,她成功邀请到众多著名的电影导演、编辑、音乐家和喜剧演员加入周刊的编辑委员会。

第一次婚姻破裂后,韦斯伯格陷入了经济危机。于是,她在一家创伤康复中心找了一份公关工作。之后,她又跳槽到一家公益律师事务所工作,开始关注当地民生问题。期间,当韦斯伯格了解到芝加哥公园年久失修后,她便和一群志同道合的朋友联合成立了一个名为"公园之友"(Friends of The Parks)的游说团体。这个团体由各种各样的志愿者组成,包括自然爱好者、历史学家、公民活动家和家庭主妇。此外,韦斯伯格听说当地有条铁路线可能会停运,于是又成立了另一个游说组织——南岸娱乐(South Shore Recreation),成功挽救了这条铁路。在此期间,她接触到了更多人,进一步扩大了自己的社交圈。就是这样,通过发挥自己的特长,韦斯伯格在过往的职业生涯中不断建立新的关系,不断丰富她的人脉资源。

当韦斯伯格成为芝加哥律师协会的执行董事时,她的职业生涯发生了转折。后来,她因具有出色的社交能力,成为国会议员西德尼·耶特(Sidney Yate)竞选连任团队成员的理想人选,并进入芝加哥第一位非裔市长哈罗德·华盛顿(Harold Washington)的团队工作。尽管韦斯伯格很喜欢自己的政治生涯,但她也很快做好了迎接下一个挑战的准备。于是,在20世纪80年代中期,韦斯伯格辞掉工作后,立刻联系到在芝加哥跳蚤市场谋生的流动小贩和古董商,开启了自己的二手珠宝生意之旅。

1989年,怀着对艺术的强烈热情,韦斯伯格成为了一名芝加哥文化事务专员,直到2011年她才离职。在任职期间,韦斯伯格成立了不少跟艺术相关的组织(比如芝加哥文化中心和公园之友等),此外,她还积极举办芝加哥美食节、芝加哥布鲁斯节和芝加哥福音节等活动。1990年,韦斯伯格创立了著名的37画廊项目,芝加哥的青年才俊得以在专业艺术家的指导下创作艺术作品。最初基金会的资助对象是来自贫困家庭的年轻人,但韦斯伯格认为,穷孩子如果只"和其他穷孩子在一起",那就无法进步。于是,她又自掏腰包将资助范围扩大到中等收入家庭的孩子,让来自不同背景的年轻人互相学习。这个项目一直持续到今天,也取得了巨大的成功。

2011年，韦斯伯格在削减成本问题上与市长发生争执，随后，她辞去了文化事务专员的职务。当被问及对未来的计划时，韦斯伯格说道，尽管她的孩子们希望她把生活节奏慢下来，但她自己却不这样想。"我正在写一本书，"她补充说，"虽然自我走进这个大城市的政界以来，发生了很多事情，但在来到这里之前，我的生活同样很丰富。"①

在韦斯伯格"宏伟的人生"中，她与各行各业的人一起工作。那么你呢？你和哪些人一起工作？在你现有的办公场所或其他工作场所内，在家人和朋友之间，你的人脉圈子是什么样的呢？这些人际关系如何帮助你，或者你又是如何去帮助别人的呢？你与什么圈子或团队有联系，你能从他们那里得到什么或你又能给他们带来什么呢？你考虑过通过志愿者组织或在线社交网络寻找合作伙伴吗？最后一个问题，你可以在哪些方面与他人建立信任？这对你的智能型职业生涯有什么价值？与前几章一样，让我们用一系列可供选择的答案来谈谈本章标题中的问题。

强关系与弱关系

社会学家马克·格兰诺维特（Mark Granovetter）提出了"弱关系的力量"理论，而韦斯伯格的经历则是验证这个理论的典型案例。根据该理论，关系的力量是基于个人之间所花费的时间、对他人的情感强度、彼此相互信任和互惠程度所形成的集合。在职业生涯中，你可能会与家人、朋友或同事保持紧密联系，而对那些在情感上不太亲近的人，你们之间的联系就会减弱。格兰诺维特在他的研究中发现弱关系在求职中尤其有价值，因为这些弱关系能够带领你走进"不熟悉的圈子"里，这些圈子里有大量你并不了解的信息，但加入后你便可以轻松获取。②

在促进专业化和社会化的群体产生更强的凝聚力方面，弱关系和强关系也发挥着重要的作用。如果你和A群体的关系强韧有力，而和B群体的关系却若有若无，那么你就可以发挥格兰诺维特所说的"桥梁"（bridging）作用，利用你在

---

① KOGAN R. City's culture guru leaving amid rift with daley[EB/OL]. (2011-01-19) [2015-06-05]. http:// articles. chicagotribune. com/ 2011-01-19/ entertainment/ct-live-0120-weisberg-quits-20110119_1_maggie-daley-lois-weisberg-cultural-affairs.
② GRANOVETTER M. The strength of weak ties[J]. American Journal of Sociology, 1973, 78(6): 1371.

A群体的强关系去影响B群体，促进思想、影响力和信息的流动。桥梁作用解释了为什么韦斯伯格的37画廊项目能够把专业艺术家与芝加哥青年联系起来，也解释了领英（LinkedIn）或脸书（Facebook）等社交网站为什么广受欢迎。在这些社交平台上，有些人声称他们拥有成千上万的"朋友"。在强关系和弱关系之间保持适当平衡也很有必要，因为你不仅可以从亲密关系中获益，还能与更广阔的世界保持联系。我们可以把强关系和弱关系的整体组合看成你的社会资本，而你的优势取决于你在这种关系结构中的位置[1]。

芝加哥大学的著名学者罗纳德·伯特（Ronald Burt）强调了第三种可能，这是一种既不存在强关系，也不存在弱关系的情况，这一点可以拓展我们对于社会资本的理解。在这种情况下，如果梳理现有的所有关系，你会很容易看到一个"结构洞"，你可以利用结构洞架起一座桥梁去发现别人意识不到或者还没有发现的东西。

举个例子，假设罗伯特（Robert）和杰西卡（Jessica）在一个工业展览会上偶遇了。他们分别来自营销和生产这两个不同的职业群体，如果能够建立联系的话，那么就可以让彼此成为了解对方世界的窗口。建立联系之初，他们中的一个人可以邀请另一个人参与到自己现有的项目团队中，从而弥补整个团队的短板。随着时间的推移，他们彼此之间会逐渐建立起高度信任，并且两人都很钦佩对方的工作，坚信彼此是完美拍档，那么距离他们合作完成下个项目也就不远了。[2]图5.1是罗伯特和杰西卡搭建的新桥梁。

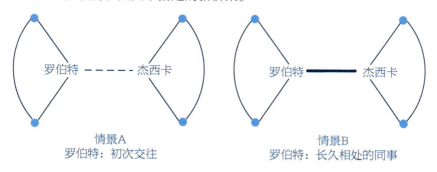

图5.1　罗伯特和杰西卡搭建的新桥梁

---

[1] BURT R S. Brokerage and closure: an introduction to social capital[M]. Oxford: Oxford University Press, 2005: 4.

[2] BURT R S. Brokerage and closure: an introduction to social capital[M]. Oxford: Oxford University Press, 2005: 96.

到了下一阶段，罗伯特和杰西卡都意识到，他们之间的高度信任可以帮助他们组建一个固定的项目团队。这时，他们对彼此的人脉关系也更加信任，这让他们在选择替代方法和"制定提案来吸引支持者"上具有优势。[1]通过在一起工作，他们更有可能促成交易并满足更多利益相关者的诉求。上述情况通常出现在广告项目中，例如，提供文案的撰稿人和提供视觉艺术的艺术总监往往是实现"创意"的两个关键因素。由于曾经共处一个团队获得过成功，所以即使后期工作发生了变化，队员们也往往更乐于继续在一起合作。正是这样，他们相互依赖，共同为后续项目招募可能需要的摄影师、平面设计师、电视和网络广告专家以及其他专家。[2]

社 交 网 络

近年来，网络已经成为维系强关系和弱关系的重要纽带。以前，社交网络主要通过物理性接触来实现，例如通过信件、电报、电话、传真机，以及近些年比较流行的电子邮件。现如今，网络尤其是移动网络已经改变了一切，这让大多数人认为社交网络就是数字网络，如脸书、推特和领英以及世界各地的同类网络平台。参与当代社交网络，可以为你的个人生活和职业生涯带来很多好处，正如职业顾问帕姆·拉西特（Pam Lassiter）在她的《新工作保障》（*The New Job Security*）一书中所描述的：

> 它们可以极大地改善你的信息来源和职业生涯管理的结果。如果你不善于利用社交网络，而你的竞争对手正在使用它们（我保证他们正在使用），那么你就会处于劣势。还有一个很有趣的现象是，你可以通过社交网络找到多年未见的朋友、高中时的同学，甚至前雇主和邻居，你还可以结交志同道合的新朋友。利用社交网络，你会发现很多能帮大家实现互帮互助的新路子，这些都是你以前从未意识到的。[3]

---

[1] BURT R S. Network strategy[J]. Advances in Strategic Management 2008(25): 315-360.
[2] GRAHBER G. The project ecology of advertising: tasks, talents and teams[J]. Regional Studies, 2002, 36(3): 245-262.
[3] LASSITER P. The new job security: the 5 best strategies for taking control of your career[M]. Berkeley: Ten Speed Press, 2010: 123-124.

虽然社交网站的优势被大加鼓吹，专家学者也普遍认同其在连接"结构洞"方面的积极作用，但是你在使用它们时还是需要保持谨慎。拉西特建议你重点关注以下四个领域：

1. 让别人发现：这一条主要关注的问题是公司能在网络上发现什么。即使你是一个被动的求职者（有人对你感兴趣，但你并不知道），你的公开的信息也很可能在你并不知情的情况下被审查。因此，你需要去随时更新你的信息，这样一来，人们才可以找到你，并更全面地了解你。

2. 建立或者破坏声誉：网络可以保护你的声誉，这样你就可以通过你的个人工作来打造你的"品牌"。所以，请你一定要重视建立和保护这种声誉。最重要的是要小心"数字垃圾"，即那些你不希望被别人发现的潜在的网络痕迹。

3. 混乱的社交网络：什么时候与他人在脸书或领英上建立"联系"是合适的呢？当你正在考虑是否要与某人建立联系时，拉西特提出了两个筛选标准供你参考：你对这个人有足够的了解吗？你愿意给他们写推荐信吗？

4. 重视别人分享的东西：围绕社交网络衍生出了一些新的礼仪，其中，最重要的一点是一定要感谢别人给过你的一些小帮助，例如向他人提供介绍或者转发关于你的那条信息。这种包含感谢内容的评价反过来可以帮助你与遥远的合作者建立信任。[①]

总之，只要你能合理掌握社交网络的使用方式，那么它就会变得非常有用，不仅可以帮助你找到其他人，还能以一种全新的方式让别人找到你。不仅如此，社交网络还能给你提供更多建立和维护关系的方法，我们下面就要讨论这些。

师 徒 关 系

一般来说，和他人建立联系是我们学习的起点。菜鸟员工获得资深员工的指导，可以被看作是学习经验的过程。正常情况下，资深员工愿意教，菜鸟员工愿意学，双方自然而然就会走到一起。在这个过程中，徒弟不需要向师傅支付任何学费，只需要以认真学习来回馈师傅，努力成为一个好徒弟，那么师傅既获得了教学机会又能收获徒弟的尊重。在你的智能型职业生涯中，你需要扮演师傅和徒

---

① LASSITER P. The new job security: the 5 best strategies for taking control of your career[M]. Berkeley: Ten Speed Press, 2010: 126-129.

弟的双重角色，既要展示你过去的经验，又要反映你对未知事物的学习兴趣。

举个例子，来自马来西亚的永炳根（Yong Bing Ngen）16岁就辍学，开始打他的第一份工，在一家名叫"Zi Char"的小餐厅（专门煮和油炸食物）干擦桌子、洗碗的工作。其间，他被身边老师傅们精湛的刀功所深深折服，并下定决心要成为一名厨师。永炳根是鸭农的儿子，出生草根，他怀着谦卑之心，向古晋希尔顿酒店的师傅梁敏顺（Leong Mun Soon）拜师学艺，钻研烹饪艺术。在学艺的过程中，永炳根收获了人生的重要工作信条："一个厨师在烹饪出美食之前，需要与团队中的每个人都建立良好的关系。"梁敏顺传授永炳根如何与酒店其他员工（如管家、采购员和工程师）搞好关系的技巧，向他们学习清洁、库房管理和设备维护等厨房工作经验。①

就业指导专家凯西·克拉姆（Kathy Kram）强调，导师一般会做两件事来帮助学生：职业指导和社会心理辅导。②职业指导可以帮助你学习与当前或未来工作相关的新技能，或者帮助你向预期的新工作过渡；而社会心理辅导则可以从情感上给你更多的支持，帮助你增强自信心和自尊心，来应对其他困难和挑战。导师往往年纪较大，但也有例外。回到前面提到的例子，2003年，当永炳根在新加坡著名的莱佛士酒店（Raffles Hotel）工作时，他曾因要烹饪一份从未做过的菜而苦恼。"但我手下的厨师都很耐心地向我进行解释，他们教会我很多东西，我也试着和他们分享我的中餐烹饪技巧。"如何打造导师与徒弟之间的最佳关系？关键在于你们各自能为对方提供什么。

发展性社交网络

以前，人们常说找个导师能"教你解决问题的诀窍"，但在知识经济时代，一段师徒关系甚至一系列多段师徒关系，都未必能满足你所有的需求。从克拉姆和她的同事莫妮卡·希金斯（Monica Higgins）提出的问题里，我们可以找到共鸣："一个老师怎么可能有足够的知识来帮助你跟上日新月异的技术变化，并

---

① LIJIE H. Fired by passion[J]. The Straits Times, 2009(5).
② KRAM K E. Mentoring at work: developmental relationships in organizational life[M]. Glenview: Scott Foresman, 1985.
HIGGINS M L, KRAM K E. Reconceptualizing mentoring at work: a developmental network perspective[J]. Academy of Management Review, 2002, 26(2): 264-288.

应对全球化、劳动力文化多元化和团队决策的挑战呢？为了跟上时代，那些做导师的甚至可能比他们的徒弟更需要帮助。"因此，与其考虑找一个或几个导师来指导，不如系统性地建立你自己的"发展性社交网络"。那么，你想从这个网络中获取什么？你又能够给予网络中的其他人什么呢？我们认为，建立自己的发展性社交网络包括以下五个关键步骤[①]：

1. **了解你自己**：在寻求帮助之前要做好准备。了解自己的目标、优势和劣势，并思考自己收到的反馈信息。请仔细想一下，你想去哪里？可以怎么去？你希望填补哪些技能和知识上的空白？在公司内部和外部，谁可以帮到你？谁对你足够了解，并愿意帮助你？在接近这些人时，你是否感到舒适？你希望从哪里开始一段新旅程（例如去找到一位支持你的伴侣或一位长期相处的朋友）？

2. **审视你的背景**：了解自己只是故事的前半章，另一半则需要审视你所处的环境。在晋升、学习、进入一个新领域以及平衡工作与家庭等方面，你想达到什么目标？你对就业系统、信息来源、行业背景或家庭支持有足够的了解吗？你在什么地方需要新的帮助，你又该如何着手去做呢？你能对帮助你的人提供什么回报？

3. **招募开发人员**：此时，请招募你的网络成员。在公司政策谈判、调研新市场或开发新技术等方面，你可能需要他人的帮助。此时，同学校友、家族亲友或专业协会成员等外部人士就可以给你提供帮助。你还需要明确一点，你所在的人际网络是否具有多样性，你能不能接受价值观上不同的看法。在你培养履行承诺意识、怀有感恩之心，以及做一个开放的学习者的同时，多想想你能为别人做什么。

4. **定期重新评估**：人际网络是动态的，因此你的需求也会不断更新。这并不意味着你可以喜新厌旧，我们只是提醒你需要时刻关注自己的行为，在不忘老朋友的同时，积极结交新朋友，一起永做好朋友，并根据不同情况来选择性地向朋友寻求建议。你还需要持续了解社交网络中哪些成员可以帮助你实现目标，你要怎么做才能和他们充分接触和交流。另外，尤其不要忘记一点：你可以回馈他们什么。

5. **成就他人**：一段高质量的人际关系一定是互惠互利的，因此，你的发展性

---

① KRAM K E, HIGGINS M C. A new approach to mentoring[EB/OL]. [2015-06-05]. http:// www.wsj.com/ articles/ SB122160063875344843.

社交网络一定要能反映这一点。当你的发展性社交网络在相对初级的阶段时，你应该努力让自己成为一个可靠的工作者、一个能干的演讲者、一个主动的合作者、一个开放的倾听者以及一个热情的学习者；当发展到相对高级的阶段时，你可以锻炼自己成为一个领导者、一个他人眼中的榜样甚至是一个智囊。无论在哪种情况下，你都要不断增强自己履行承诺的意识，只有这样，你的发展型社交网络才能走得更远，你和你的人脉资源才能保持互惠互利的良好状态。

最后，请记住一点：你的人脉资源也在发展他们自己的圈子。他们也在学习新技能、建立新的联系并且不时更换工作。因此，你需要跟上他们的步伐，通过观察他们的个人发展情况，来想想怎样进一步发展自我，这一点非常重要。

跟随你的校友

随着年龄的增长，早年的同窗情谊会产生强大的力量。大卫·汤姆森（David Thomson）七岁的时候成为上加拿大学院（Upper Canada College）的一名学生。有一次，他和一位同学一起骑自行车的时候，这名同学转过身来对他说："我妈妈说，她很高兴我们俩能成为朋友，因为在以后的生活中，你能帮我很多。"当时汤姆森并不理解这位同学的意思，但自从汤姆森开始掌管加拿大最大家族的财富，并被任命为汤森路透（Thomson Reuters）董事长后，他才开始领悟这位同学当时话中的含义，原来这位同学的母亲早就考虑了"校友情谊"的潜在作用。此外，上学不仅仅是在课堂上认识人，还有很多事情需要考虑，正如上加拿大学院的校友会主任所说："很多人送孩子上学的目的不仅是为了学知识，同时也是为了帮孩子们在毕业后建立人脉网络。"[1]

像上加拿大学院这样的院校大多拥有正式且历史悠久的校友会。此外，个人也可以自发推动校友社区的建立。韦斯伯格的37号画廊项目就是一个很好的例子，这个项目提供了大量的机会，帮助那些背景较弱的年轻人与中产阶级家庭的年轻人建立联系，从而让来自两个不同群体的年轻人可以建立和维持良好的关系，相互学习，并分享他们的经验和在艺术方面的兴趣。无论建立校友社区的驱

---

[1] MILLAR E. Reading, writing, networking: an old boys' network? current educators see long-lasting personal links as a natural outcome of a rich educational experience[N]. The Globe and Mail, 2009-09-17(E3).

动力是来自制度层面还是个人层面，我们都建议你，尽量与曾经认识和交往过的人保持联系，因为这将为你在未来建立更丰富、更强大的社会关系提供很好的契机。

校友社区可以包括同一所高中或高等教育机构的毕业生、军队战友、公司或政府部门工作的同事、为政治运动一起捐款的伙伴、同一球队的运动员以及一同参加周末进修活动的人，等等。与职业相关的其他社区也包括因共同的宗教信仰、意识形态或政治归属而结识的伙伴。无论是哪一种情况，成员之间会彼此认同，并且当时机成熟时，可能会为彼此提供职业支持。[1]眼下，随着网络的出现，校友社区的成员们拥有更多的机会保持更紧密的联系，进而发展出更深层次的情谊。

做一名志愿者

在本章的开头，我们看到韦斯伯格的职业生涯中有一段当志愿者的经历。她加入"公园之友"游说团体时，经常与其他志愿者一起工作。我们也看到了这些经历是如何引导她不断发现新的工作兴趣，并获得新工作机会的（有偿的或无偿的）。尽管人们更容易关注有偿的工作，但已经有越来越多的人尝试过或者正在尝试着做一些无偿的志愿工作。英国的一份研究报告指出，有将近一半的成年人参加过正式的志愿工作，大约三分之二的人参加过"非正式的"或非结构化的志愿工作。[2]这背后的原因是什么呢？已故的"拓展训练"（Outward Bound）组织前主席约翰·雷诺兹（John Raynolds）认为，志愿服务是发掘有偿工作机会和提升职业网络的绝佳途径。[3]

克莱尔（Clare）是英国牛津大学的毕业生，她的案例能为志愿者的工作价值提供独到的见解。毕业后，克莱尔选择继续深造，并最终获得伦敦大学亚非学

---

[1] PARKER P, ARTHUR M B. Careers, organizing and community[M]//PEIPERL M A, ARTHUR M B, GOFFEE R, et al. Career frontiers: new conceptions of working lives. Oxford: Oxford University Press, 2000: 99-121.
[2] TAYLOR R F. Extending conceptual boundaries: work, voluntary work and employment [J]. Work Employment and Society 2004, 18(1): 29-41.
[3] RAYNOLDS J. The halo effect: how volunteering can lead to a more fulfilling life and a better career[M]. New York: Golden Books, 1998.

院的发展学硕士学位。但克莱尔很快就意识到，她的资历根本不足以帮她实现在人权领域工作的梦想。此外，她和同龄人都清楚一条潜规则：必须先积累一些志愿者经验才能得到一份有薪水的工作。于是，克莱尔加入伦敦市中心的北端社区（North End Community）和难民项目（Refugee Project），在那里她找到了一份稳定的志愿者工作。这个工作要求很高，几乎每天都要出勤，克莱尔甚至为此放弃了她原本的带薪工作，转而将更多时间放在这份志愿工作上。在她看来，这份努力是值得的，她不仅积累了实践经验，还获得了更多的机会来结识人权领域的专业人士，从而帮助她找到一份更好的全职工作。①

除了增加就业机会外，志愿服务还能帮助我们改善健康状况、提高自我认识和丰富生活阅历。②不仅如此，做志愿服务的最大收获就是尝试新事物，这种尝试跟非正式的师徒关系不同，它可以让我们在热爱的领域里结识资深人士并向他们学习。如今，志愿服务已经借助网络的东风开始向全球蔓延，例如人们可以通过"众包"（crowd source）方式向鸟类学家提供鸟类观察数据，而收集这些数据是鸟类学家以前不敢想象的。③

参 照 人 群

来自西班牙巴塞罗那的玛丽亚（Maria）正在探讨她的职业未来。"在我的记忆中，"她说，"我的脑海总是萦绕着家庭成员世世代代所做的牙医工作，我的祖父是个牙医，有两个叔叔是牙医，我父亲也是牙医。"当被问及她的职业生涯规划时，玛丽亚说："我也会成为一名牙医。"

哈里森（Harrison）在获得工商管理硕士（MBA）学位后，面临着两个职业选择：一个是两年制的"快车道"（fast track）——轮值领导职位，另一个是投资银行公司的职位。他需要在这两个看起来都很不错的工作中选一个。在听取了MBA同行和家人的意见后，他总结道："我的直觉告诉我这个领导的职位就是

---

① TAYLOR R F. Extending conceptual boundaries: work, voluntary work and employment [J]. Work Employment and Society 2004,18(1): 35.
② RAYNOLDS J. The halo effect: how volunteering can lead to a more fulfilling life and a better career[M]. New York: Golden Books, 1998.
③ HOWE J. Crowdsourcing: why the power of the crowd is driving the future of business [M]. New York: Three Rivers Press, 2008.

我想要的，但是我的理性却又提醒我，如果拒绝投资银行提供的这个好机会，那我的脑子肯定坏了。"所以，哈里森最终接受了投资银行的工作邀请。①

以上两个例子都是参照人群在职业生涯规划中发挥了作用的，而参照人群一般是我们尊重并想取悦的人，以及能对我们所追求的职业机会产生影响的人。家庭成员就是一个重要的参考对象，而那些你在教室、业余爱好场所或办公室结识的同龄人也可能是参考对象。那些不认识你但你关注他的人，例如摇滚明星、战斗英雄、活动家、政治家和首席执行官等也可以成为你的参照群体。总之，你的参照群体是那些你希望他们能对你的智能型职业生涯有帮助的人。令人惊讶的是，即使是在同一个组织中有着相似就业经历的人，他们的参照群体也可能完全不同。②

特定的参照群体普遍具有较强的职业属性，这些人可能是你的公司同事，也可能是让你有认同感的人（比如，你在参加教育和培训时认识的人，或者那些在如何通过工作来回馈社会方面与你有共鸣的人）。工程师、律师、护士、教师和其他许多形形色色领域的工作者，很可能会与本职业圈子里的其他人员有联系，而这个圈子却并不限于同一个雇主或者组织。按照他们的话来说，他们就是"世界主义者"（cosmopolitans），而不是"当地人"（locals）。③最新的证据表明，人们对某个职业的认同感变得越来越高，而不是对某个特定的雇主。这对于规划你的智能型职业生涯是非常有意义的，而且也不会减少你对雇主的关注。④

许多专业人士会通过网络与其他专业人士或职业团体交流知识。例如，先进的服务清单平台（listserv）为护士、教育工作者、管理人员、医生和其他重症

---

① GROTE G, HALL D T. Reference groups: a missing link in career studies[J]. Journal of Vocational Behavior, 2013, 83(3): 265-279.
② LAWRENCE B S. Organizational reference groups: a missing perspective on social context[J]. Organization Science, 2006,17(1): 80-100.
③ MERTON R K. Social theory and social structure[M]. New York: Free Press, 1957.
GOULDNER A W. Cosmopolitans and locals: toward an analysis of latent social roles: Ⅰ [J]. Administrative Science Quarterly, 1957(2): 281-306.
GOULDNER A W. Cosmopolitans and locals: toward an analysis of latent social roles: Ⅱ [J]. Administrative Science Quarterly, 1958(2): 444-480.
④ VAN MAANEN J, BARLEY S R. Occupational communities: culture and control in organizations[M]//STAW B, CUMMINGS L. Research in Organizational Behavior. Greenwich: JAI Press, 1984.

护理专业人员提供了一个在线论坛，通过分享知识和经验展开协作。这个网站对于那些身处偏远地区或者缺乏交流机会的人来说特别有用。正如一位护士所描述的那样："事实上，我是全镇医院里唯一的重症护理专家……清单平台能让我与来自全国各地的其他护士定期在线交流。通过平台，我可以提出问题……验证我的实践结果，并迅速获得我所需要的知识。"[1]同样，由于学校、教育委员会和各州的教师之间相隔万里，因此，大家可以借助网络平台，分享教学设计和课程等方面的知识和信息。[2]

职业社区也可以通过创建更加多样化的社交网络来丰富你的人脉圈。这可能会让你和雇主的关系变得复杂，但实际上这对双方都有好处，因为你可以更好地理解职业社区是如何为你的智能型职业生涯增加价值的。反之，你也能更好地理解你的职业能为雇主带来什么价值。

团 队 合 作

发展关系和建立社会资本的特殊契机就藏在团队合作中。哈佛商学院的艾米·埃德蒙森（Amy Edmondson）教授回忆说，我们曾经认为，团队通常拥有相对稳定的成员关系，大家身处同一地点，像运动队或乐队一样，为了追求共同的目标而在一起训练和表演。但埃德蒙森却进一步发问，如果你在一家应急服务机构工作，每个人的上班班次都是不固定的，那将会发生什么呢？如果你被派去一个临时成立的项目团队，去解决一个复杂的问题，又会发生什么？当个人责任和共同责任发生矛盾时，你要怎么协调？在这些情况下，你要怎么做才能提高工作效率？[3]

埃德蒙森认为，答案的关键在于团队合作，特别是对于那些缺乏稳定团队结构且成员经常发生变动的团队，一定要强调协调和合作。在这种临时团队中，你

---

[1] HARA N, HEW K F. Knowledge sharing in an on-line community of healthcare professionals[J]. Information Technology and People，2007，20(3)：235-261.

[2] DUNCAN-HOWELL J. Teachers making connections：online communities as a source of professional learning[J]. British Journal of Educational Technology，2010，41(2)：324-340.

[3] EDMONSON A C. Teaming：how organizations learn，innovate and compete in the knowledge economy[M]. New York：Wiley，2012.

需要用新的方法来加快推动团队内部共享关键知识。对此，埃德蒙森提出了团队成功的"四大支柱"：

1. 发言：通过提出相关问题，寻求反馈和分析错误来促进真诚、直接的交流。

2. 合作：无论是团队的直接成员还是团队外的成员，先假定他们是抱着合作的心态来推动项目进展的。

3. 试验：采取试探性的、一步一个脚印的方法，逐步厘清团队面临的不确定性。

4. 反思：持续关注团队面临的具体问题和事项流程，并通过举行定期会议的形式来解决它们。

摩托罗拉 RAZR 系列手机一度能在市场上取得成功（虽然现在不复当日了），离不开埃德蒙森提出的"四大支柱"。RAZR 手机将创新性的"翻盖"设计和先进技术相结合，实现了在超薄手机上的突破。他们团队每天都开会，尽管他们错过了第一个拟定的产品上市日期，但仍然坚持不懈，最终帮助摩托罗拉在四年内销售了 1.1 亿台 RAZR 手机。当然，在第四年结束前，这个团队就已经解散了。不过我们相信，摩托罗拉的团队成员会继续前进，把这"四大支柱"应用到接下来的其他团队中。总之，如果团队成员拥有智能型职业生涯，那么我们相信，他们彼此之间仍然会保持紧密联系。

你还不认识的人

本章的最后一个主题可以从动态团队的概念展开。在本章前半部分，我们介绍了网络结构中的空隙——结构洞。现在，我们将介绍网络里的"中介"（brokerage）和"闭合"（closure）等相关理念。如果你是某一团队的成员，网络中介的作用就是帮你和另一团队中你还不认识的人取得联系，从而与那个团队建立一种外部的关系。相比之下，闭合指的是留在自己的团队内部，从而加深与团队其他成员的关系。从传统就业观来看，大家往往认为"闭合"已经足够了，你应该把精力集中在处理与团队内同事的关系上。但最新证据表明，在知识经济时代（例如在全面质量管理、精神卫生保健、学生项目管理、高级管理人员管理、剧本创作和半导体研究团队管理等领域），有效的网络中介活动对一个团队能否取得成功至关重要。①

因此，你可以打破闭合的网络来使自己和整个世界连接在一起。图5.2向我们展示了可能与你有联系的四种类型，分别表示低网络中介和高网络中介以及低闭合状态和高闭合状态的可选组合。上面描述的绩效较高的小组位于方框A中，相反，绩效较低的小组位于方框C中。现在，如果你将要加入某个小组，例如工作小组、专业小组、教会小组、学生小组、兴趣小组或任意类型的小组，请思考这个小组是否能同时维持高网络中介和高闭合状态（如图中方框A所示）？抑或是处于相反的低网络中介和低闭合状态（如图中方框C所示）？

图5.2　不同的中介和闭合组合的组织绩效

让我们再来评估一下这个小组：它是否为了自身利益而产生过多的网络中介（方框D）？还是为了自身利益而产生过多的网络闭合（方框B）？请查看所有四种情况，并关注图5.2所示的内部和外部连接之间的差异。现在，请你再扪心自问：该怎么做才能更好地为小组服务呢？

不难发现，你的性格或生活环境可能会让你在当下的职业生涯管理中，对于到底选择网络中介还是网络闭合产生倾向性的影响。但图5.2则提出了一个更大的问题：它不仅问你倾向于选哪一种，还问你鼓励别人选哪一种。你在所处团队活动中能为网络中介和闭合状态做更多的事情吗？如果你的回答是肯定的，那么无论是作为个人还是作为知识经济中的团队参与者，你都有很大的潜力来贡献出更多的绩效。

总之，与你共事或与你工作相关的人能反映出社会资本的两种形式：弱关系

---

① BURT R S. Brokerage and closure: an introduction to social capital[M]. Oxford: Oxford University Press, 2005: 44-46.

（包括相对较低的情感依恋）和强关系（包括相对较高的情感依恋）。此外，结构洞（普遍存在的社会结构中的节点）为你扩展社会资本提供了机遇。通过建立差异鲜明的师徒关系和维持人脉网络的社会关系，你可以推进自己的学习计划。寻找志愿工作机会、寻找参照人群（包括职业社区）和促进有效的团队合作等，都是建立社会资本的重要方式。在具体工作中，我们鼓励你使用网络中介（走出你的团队）和网络闭合（留在你所在的团队内部），这对提升团队整体效率将起到有效的补充作用。最后，关注那些和你一起工作的人也是你自身发展的重要组成部分。

第六章 什么时候做出改变？

> 过去发生的事情，
> 有点像我们的劳拉大婶，
> 她不会意识到，
> 虽然她很受欢迎，
> 虽然我们很崇拜她，
> 但现在是时候让我们离开她了。
>
> ——皮特·海恩

30多年前，让·吕克·布雷斯（Jean-Luc Brès）在法国巴黎的波利多尔（Polydor）唱片公司（现在是环球音乐集团的一部分）的广告部门谋得了一个基层职位。打那时起，他见证了音乐发售从黑胶唱片转向磁带、CD、视频光盘、网络下载和云存储的全过程。与此同时，他还在这家唱片公司担任过广告代表、广告经理、营销人员、市场总监等职务。最近，他刚坐上"开发经理"的位置。[①]他将自己目前的工作描述为"围绕音乐开发新的业务形式"，这意味着他的工作不再仅仅是发售音乐，还与销售文化衫、推广音乐会和安排授权等相关活动捆绑在一起。最近，布雷斯正在做一个与手机供应商合作的项目，为手机供应商的客户提供个性化的音乐服务。这既为公司开辟了新的音乐市场，又与演艺界建立了新的联系。同时，布雷斯还参与到另一个项目中来——与零售银行合作开发一种"音乐卡"，从而向新一代持卡人销售信用卡。

布雷斯喜欢把想法变成现实，当然，他也会笑着坦诚自己喜欢赚钱。从他的身上我们能看到创新者所具有的特质，比如，乐于分享自己的想法，并能说服别人接受新项目。布雷斯认为，向老板汇报工作时应该开门见山，直抒自己的想法和态度，一定不要拘泥于细节，只有这样，你的方案才会脱颖而出，老板们才会

---

① 我们非常感谢Loic Cadin提供了这个故事，也非常感谢Jean-Luc Brès允许我们使用他自己的和他公司的名字。

认为你就是这份工作或者项目的最佳人选。接下来，你需要利用你的人脉关系、营销策略和产品知识来推进项目，并最终获得成功。不过在这一过程中，你不能只是简单地把你的知识传授给其他员工，你得发挥自己的创造力才能应对诡谲的市场环境。因此，布雷斯坚持认为，创造力属于个人，而不是公司。

正如布雷斯所言，创新在当代社会的重要地位是不言而喻的。但创新不能仅仅停留在想出一个新点子上，创新的重点和难点是把新点子从"想法"变成"现实"。因此，在这一过程中，你必须要考虑所有可能会产生重要影响的因素。布雷斯喜欢改变，也喜欢在公司里推动变革。布雷斯说，他和他的公司正一刻不停地奋力奔跑在发现问题、解决问题的道路上，并通过"攻坚"一系列问题来实现不断成长。他以骑自行车为例说道："如果你停止骑行，你就会摔倒；但如果你能找到一个新的方向并保持骑行，不论结果好坏，至少你还在继续前进。"

布雷斯在选择项目时主要考虑三点：是否挣钱、是否有趣以及是否能找到合作伙伴。首先，挣钱能够让他享受舒适的生活方式。其次，如果这份工作还能满足他学习新知识的欲望，让他了解到唱片和发行方面的新变化，那么他就能将这些变化和公司运作融合在一起（这一点与他本身具有的创新特质息息相关）。最后，找到最佳拍档意味着与报纸出版商、媒体机构、通信公司、零售银行和表演艺术家等开展合作。布雷斯与表演艺术家的关系有"人文性质，而不是出于经济目的"。他重视与优秀团队的合作，"虽然你每个月只拿一次钱，但你每天都得和人打交道"。

虽然布雷斯在同一家公司工作了30年，但他还是建议大家不要抱着"从一而终"的想法。他说也有很多公司像宝洁一样，积极采取组织职业生涯管理的模式来支持和实现员工的职业生涯发展，但是，他反问道："在宝洁，有多少人会在同一个部门工作超过20年？也许这个（组织职业生涯管理）制度对某些人起作用，但对更多人是起不到作用的。你需要给自己设定一个目标，每三年换一份新工作，保持职业的流动性。比如，你可以利用在宝洁公司三年的工作经验到另一家公司求得更好的职位。"

随着行业的变化，布雷斯也一直在改变自己的工作。在我们对布雷斯采访的过程中，他已经换了一份工作，他现在是环球唱片法国分公司的首席执行官，代表签约艺术家与合作企业开展相关品牌业务。那么你呢？你什么时候对你的职业做出改变？让我们再次通过一系列可能的回答来探讨我们开场提出的问题，这一次的问答将涵盖关于雇佣合同、学习、失业、开始一个项目、完成一个项目、投入时间、管理风险、挣脱束缚或诊断你当前状况等诸多方面。

当你的雇佣合同发生改变时

几乎所有的工作，无论是长期的还是短期的，都需要签订雇佣合同，在雇员和雇主对某些法律条款达成一致意见的前提下保护双方利益。但是，请你仔细思考一下，当你在合同上签名时，你是否意识到自己的签名行为到底意味着什么呢？合同上的这些条款是固定不变的，还是可以修改的？

卡内基·梅隆大学管理学教授丹尼斯·卢梭（Denise Rousseau）曾说过，在传统社会中，雇佣合同在很大程度上以工人义务为基础，比如，在封建时代，农民有义务效忠于领主。相比之下，今天的劳动合同却是基于个人自由选择的：

> 契约是自由社会的产物，选择权是契约存在价值的基础。自由赋予承诺新的意义，也赋予契约特殊的意义。从动机上讲，有选择权会让人产生巨大的使命感去兑现他们的承诺……越来越多的国家想要人们弄清楚签订和坚守一份合同到底意味着什么。[1]

卢梭还说道，随着时代的发展，科技进步日新月异，经济全球化越发普及，国家和组织的发展也正面临着巨大的压力与挑战。雇佣合同应该换一种思路，以更好地应对不断变化的技术和不断发展的市场。在这种情况下，雇员原先形成的心理平衡被打破了，以忠诚、遵从和努力作为条件换来的工作稳定感也消失了。所以，对大多数人而言，"心理契约"（个人对自己的就业条件持有的一套信念）也会发生一些改变。

卢梭认为，雇佣合同的双方都能从更灵活的安排中受益，例如，员工可以为自己讨价还价的"特殊交易"。[2]这些都是从非正式的模式中慢慢演变而来的，比

---

[1] ROUSSEAU D M. Psychological contracts in organizations: understanding written and unwritten agreements[M]. Thousand Oaks: Sage 1995: xiii.

[2] ROUSSEAU D M. I-deals: idiosyncratic deals employees bargain for themselves[M]. Armonk: M. E. Sharpe, 2005.

如在上一节说到的布雷斯和环球音乐的案例中,员工和雇主都享有足够的灵活性来安排自己的工作,以满足彼此的需求。布雷斯拒绝接受在某个岗位一直工作的观念,并且坚信创造力源于个人,所以他每三年就会更换一个新职位。从他的履历可以明显看出,他的每一阶段的工作都完成得很出色,可以做到很好地为雇主服务。

卢梭的著作和布雷斯的例子都在向我们强调背景的重要性,其中包括国家背景、经济背景、行业背景、公司背景以及人们工作中更直接的就业背景。虽然布雷斯在瞬息万变的音乐产业中生存了下来,但是那些遵循传统心理契约的员工就没那么幸运了。所以,雇佣合同双方都需要适应不断变化的世界。

当你学习时

如果一直不学习将会怎样?显然,你的工作方法和工作能力将停滞不前,你会继续做同样的事情,使用同样的技能和知识,从别人那里得到跟以前差不多的建议。你会帮助同样的病人,用同样的方法结账,或者用同样的套路来解决你曾经遇到过的问题。你最初的工作热情已经慢慢消退,工作成为一种例行公事,有时甚至会感到厌倦和疏离。在工作之余,你仍可以找到养家糊口的意义,或者为有价值的事业服务,但是你却错过了在工作中不断学习的机会。

相反,你可以把"知道"(也就是利用你现有的知识和技能来完成工作)和"学习"(也就是不断提升你的知识和技能)结合在一起,那么结果将会是另一番景象,你不仅能在今天的工作中创造价值,同时还能拓展知识面来应对未知的未来。更重要的是,你现在所处的信息时代发展迅速,在你的周围每天都有新的发现,所以你的工作方式也正在被重新评估。因此,一个非常重要的问题就摆在了你的面前:你能承受不学习的后果吗?

让我们重新回到布雷斯的故事上来。在30多年的时间里,布雷斯通过不断学习把不同的知识融合在一起。当然,无论他现在正在为哪个公司效力,他都还需要再跟工作打10年的交道才能退休。布雷斯说,他并没有制订非常具体和明确的职业计划,而是以开放的心态来接受任何可能的机会。也许在未来,他能找到一份有更大自主权的工作,或者接受一个跟创意广告相关的挑战性任务,抑或有机会成立一个新部门。如果这些都能成真,那么布雷斯一定会思考:这些机会到底能带给他什么（比如开放学习的机会），从而决定是否接下这个任务并为之奋斗下去。

正如伦敦大学研究员汤姆·舒勒（Tom Schuller）和他的同事所说，学习"给人开阔眼界、获得能动性和生活目标的感觉"①。在这方面，布雷斯是幸运的，因为新的机会让他的工作变得更有趣。但如果情况朝着相反的方向发展，那该怎么办呢？如果他从事的工作不能让他随意支配时间该怎么办？如果他压力太大或者不合群该怎么办？如果他失业了该怎么办？如果这些事情发生在你身上又该怎么办？

当你失业时

全球统计数据向我们直观地展示，我们在找工作时会遇到的很多问题：不仅年轻人在刚毕业时很难找到工作②，就连失去工作的老员工也很难再就业。显然，这里存在一个结构性问题。③如果你在读这本书的时候还没有找到合适的工作，那么希望你可以振作起来，因为很多人跟你一样面临着失业的困境，所以你并不孤单。统计数据还直观、清晰地告诉我们，以前大家可以通过招聘会、报刊、广告等方式获取招聘信息，然后投递简历和参加面试，等待录用结果；但现在，你应该抛弃这种传统的找工作方法，转而展现出更强的主动性。

我们以泰坦·吉尔罗伊（Titan Gilroy）为例。在经历了遭受父亲虐待、长期遭受校园欺凌后，吉尔罗伊在拉斯维加斯开始了自己的拳击生涯。教练笃定他可以成为一名不错的职业拳击手，但事与愿违，吉尔罗伊因为在夜总会和人打架，被送进监狱待了3年。出狱后，吉尔罗伊又重返拳击台。可惜，好景不长，他又和邻居狠狠打了一架。当吉尔罗伊戴上手铐时（但未被指控）突然意识到，

---

① SCHULLER T, HAMMOND C, PRESTON J. The benefits of adult learning: quantitative insights[M]//SCHULLER T. The benefits of learning: the impact of education on health, family life and social capital. Oxford: Routledge Farmer, 2004: 190.
② EDWARDS K A, HERTEL-FERNANDEZ A. The kids aren't alright: a labor market analysis of young workers[M]. Washington: Economic Policy Institute, 2010.
③ BISOM-RAPP S, FRAZER A, SARGEANT M. Decent work, older workers and vulnerability in the economic recession: a comparative study of australia, the united kingdom, and the united states[J]. Employee Rights and Employment Policy Journal, 2011, 15(1): 43-121.

原来他就这么轻易地失去了自由,失去了刚刚才和他团聚的妻子和儿子。

就在吉尔罗伊放弃拳击事业的第二天,他搬回了家乡加利福尼亚州,在一家小型机械厂找到了一份入门性质的工作。工作期间,吉尔罗伊上了计算机数控的夜校课程,并很快被提升为程序员和车间领班。后来,一位商业伙伴帮助吉尔罗伊把房子抵押出去,获得了11万美元的启动资金;同时,还有一位公司老板为他提供了30万美元的全额贷款,用来购买四台数控机床。就这样,他有了一家属于自己的工作坊。吉尔罗伊的努力被这两位投资者看在眼里,他们坚信对吉尔罗伊的资助会有回报的。没错,这间工作坊在运营的第一年就获得了超过100万美元的营收,并且挺过了之后的经济大萧条。现在,吉尔罗伊雇佣了大约20名稳定的员工。吉尔罗伊说,这是一个关于"坚忍不拔、勇往直前、永不放弃的主题"[①]。

查特尔·奎尔(Chantell Quill)是克里族的原住民,她一边努力抚养两个女儿,一边刻苦学习,拿下加拿大高中文凭。后来,奎尔申请了蒙特利尔银行的奖学金,这笔奖学金在给她提供经济支持之外,还给了她暑期实习的机会。实习期间,办公室的同事都对奎尔很友好,欢迎她第二个夏天再回来工作。不仅如此,同事们还鼓励她继续完成本科学习,争取毕业后成为一名信贷员。和吉尔罗伊一样,奎尔从不放弃,并通过朋友获得支持。[②]

有些人最终会因为个人情况的改变而失去工作,比如人身伤害或疾病,失去近亲或者受到某种形式的歧视。但不管是什么原因,你都需要找到一个可以让你继续前进的方法。如果你认为眼下的失业给你提供了一个很好的机会去反思和探索新的职业可能性,那么,失业就变得不再可怕,因为"塞翁失马,焉知非福"。[③]当然,在这一过程中,你还要做好充分的准备,寻求别人的帮助,保证自己有充足的动力,以及证明自己有实现目标的能力。

---

① NISHI D. A tale of a young boxer's redemption[EB/OL]. (2008-05-19)[2015-06-05]. http:// www.bizjournals.com/sacramento/ stories/ 2008/ 05/19/ story13.html.
YOUNG G. Company's downsizing impacts businesses at airport industrial park[EB/OL]. (2010-03-23)[2015-06-05]. http:// auburnjournal.com/ detail/ 145467.html.
② RYVAL M. I found myself. that's what motivated me[N]. The Globe and Mail, 2008-01-26(E2).
③ ZIKIC J, KLEHE U C. Job loss as a blessing in disguise: the role of career exploration and career planning in predicting reemployment quality[J]. Journal of Vocational Behavior, 2006,69(3): 391-409.

当你开始一个新项目时

如果按照布雷斯的建议，即"创新是非常重要的"，那么你应该怎么做才能成为创新型人才呢？科普作家史蒂文·约翰逊（Steven Johnson）借用生物学家斯图尔特·考夫曼（Stuart Kauffman）提出的"相邻可能性"（adjacent possible）理论[1]，来帮助我们理解并充分利用我们所能利用的机会。以视频分享网站油管（YouTube）为例，作为一个依托图片和视频共享软件以及高速互联网来获取用户的网站，油管自2005年推出以来，很快就大获成功。当创始人发现油管的潜在用户数量呈迅速增长的状态时，他们意识到自己的梦想已经成真。[2]用约翰逊的话来说，相邻可能性是"在当前发展版图的边缘之外的一个区域，在这个区域内对现有想法进行各种可能的新组合，就可以映射出未来的某个伟大创意"[3]。油管创始人就是这样巧妙地把握住时机，从而让他们的创意风靡全球的。

现在，受约翰逊的邀请，请你想象自己在一间有四扇门的房间里，你从其中一扇门进来后，就能看见另外三扇门。假如你已经很熟悉眼前的房间了，那么你就可以从三扇门中任选其一穿过，来到另外一个房间观察。然后当你熟悉这个新房间之后，你又可以选择打开其他不同的门。当然，你每次选择进入某一房间，都会影响你接下来对其他房间的选择。这个情境被约翰逊用来写关于创新的文章，但也有可能是关于布雷斯职业生涯的东西。如果一个房间代表一个耗时不到三年的项目，那么他已经进出了十个或更多的房间。每当他完成一个项目时，他便看到了通往更多机会的新大门，这是他"为什么工作"的原因；在新的房间里，他既会运用自己以往的专业知识，又会寻求新的学习机会，这是他"如何工

---

[1] "相邻可能性"理论用来描述化学结构从简单到复杂的自然形成过程，即一杯含有各种化学成分的溶液搅拌混合后，会形成很多新的化学物质，但并不是每一种新物质都有同样的形成可能性，所发现的新物质可以通过对溶液中已有的化学结构进行合成而得到，也就是说，新化学物质处于当前化学结构所限定的相邻可能区间。

[2] JOHNSON S. Where good ideas come from[M]. New York: Riverside Books, 2010: 25-42. YouTube的3位创始人分别是Steve Chen、Chad Hurley和Jawed Karim。

[3] JOHNSON S. Where good ideas come from[M]. New York: Riverside Books, 2010: 31.

作"的方法；他还会利用现有的关系去拓展新的关系，这是他对"与谁一起工作"的解答。图6.1向我们展示了这种个人经历的"良性循环"模式，即随着项目的开展，为什么工作、如何工作和与谁一起工作这三个方面会相互影响。①

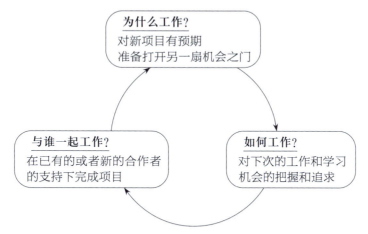

图6.1　为什么工作、如何工作以及与谁一起工作三者之间的联系

项目无处不在，包括公共部门的雇主在内的所有雇主，都需要通过创新来推动项目滚动发展。在包括汽车、生物技术、消费品、金融服务、医疗保健、信息技术、制药等在内的许多行业里，都有很多和布雷斯开发新产品相类似的案例。它们都有一种基于项目管理的明确方法来组织和开展管理活动，例如会计（审计）、建筑（道路和建筑物）、制片（电影）、法律（案件）、软件（程序）等。即使这些项目由大型成熟公司来主导，但基本的就业安排也依赖于新项目的持续滚动发展。那么，属于你的项目在哪里呢？

---

① ARTHUR M B, CLAMAN P H, DEFILLIPPI R J. Intelligent enterprise, intelligent careers[J]. Academy of Management Executive, 1995, 9(4): 7-22.
INKSON K, ARTHUR M B. How to be a successful career capitalist[J]. Organizational Dynamics, 2000, 30(1): 48-61.
PARKER P, KHAPOVA S N, ARTHUR M B. The intelligent career framework as a basis for interdisciplinary inquiry[J]. Journal of Vocational Behavior 2009, 75(3): 291-302.

当你完成一个项目时

在这一部分，我们以电影制作为例子，来看看怎么完成一个项目。通常，在一部新电影开拍前，都会专门成立一家新的制片公司，保障制片人、导演、编剧、赞助商和主演的权益。其他正式演员、摄影师、布景师、服装师、特效师、替身、灯光师、私人助理、会计，以及（尤其是）龙套演员，他们在剧组里地位不高，但却在整个拍摄过程中起着重要作用，所以他们通常能接触到很多人，这样一来，他们就有了更多的学习机会。比如，你在前一个摄制组里展现出来的积极工作态度和工作能力，以及良好的人际关系，都能帮你成功接到其他新项目的邀约，因为每个项目都有改变组员而需要新的组员的可能。①

对每个参与电影摄制的人来说，他们都希望实现两个主要目标：第一，将角色扮演好，尽己所能帮助项目实现成功；第二，学习新东西，既服务于当前的项目（让工作变得有趣），也为未来的项目做更好的准备。就第一个目标而言，电影业有成熟的奖项来表彰人们做出的突出贡献。一部电影可能无法赢得评论界的喝彩，但仍能为演员、编剧、摄影师等赢得"奥斯卡"或类似的奖项，不同的奖项代表获奖人在不同专业领域内的声誉。同时，在电影制作的过程中，一种相对优越的工作环境将有助于第二个目标的实现。因为在拍摄过程中如果有固定的"休息时间"，那么人们就可以利用这段时间来更好地了解彼此、开阔视野、交流经验。当演员、工作人员和导演之间能够实现互补时，片场随处都会有学习的机会。

不是每个电影制作人的休息时间都是一样的，也不是每个人都享有同样的优势。但和其他项目的从业者相比，从事电影制作的人却能拥有更多更好的学习机会。项目管理的主流思想是有效利用项目成员，并在预算内按时完成项目，因而对项目经理的绩效考核也通常以此为标准。但这样一来，项目参与者基本无法获得新的学习机会。因此，我们建议你在项目完成后及时反思，可这对智能型职业生涯的执行者来说，这个建议之前给予得太少，也来得太迟了。

这个问题的解决之道是请你以自己的方式为自己寻找新的体验。你可以设定两个平行的目标：一是为项目作贡献，二是一边完成项目一边学习。这两个目标是相辅相成的，因为当你对完成一个项目有明确的义务时，你就有更多向他人学

---

① ARTHUR M B, DEFILLIPPI R J, LINDSAY V J. On being a knowledge worker [J]. Organizational Dynamics，2008,37(4)：365-377.

习的机会。借用卢梭在本章前面的话,一个项目的结束意味着你重回自由,有机会接受更多新事物。你会获得新的动力、更熟练的技能,并且掌握如何在现有人脉资源的基础上去开拓新的人脉资源。

什么时候该改变?

我们对不同项目所承担的义务也不尽相同。如果你是《哈利·波特》系列电影的制片人或主演,或者《环形怪物》的导演或特效师,那么相比于只拍一部普通电影,你将付出更多的时间。在位于瑞士的欧洲核子研究中心,有一批从事粒子加速器工作的科学家们,他们所承担的工作义务需要花费更长的时间,因为他们致力于研究的基础物理问题可能需要花费几十年时间才能解决。而在其他领域,音乐和数学方面的神童、运动员和舞蹈演员都是相对较早达到职业巅峰状态的。相比之下,如果某种职业需要长期的工作培训和丰富的经验积累(例如医生、律师和学者),那么我们通常需要花更长的时间才能达到职业成熟。所以,你需要弄清楚时间对你来说意味着什么。

以前,我们总认为人的一生要经历以下几个重要阶段:童年、青春期、青年期(当我们开启职业生涯时)、中年(当我们在职业生涯中取得进步后),等等。因此,如果你一直遵循这个旧的公式,那么你将在"晚年"退休,领取一份还不错的养老金,享受舒适的养老生活。但现在,随着社会节奏的快速变化以及对人们适应能力的新认识,这些观念已经开始发生转变。卡尔·荣格(Carl Jung)早在很多年前就提出了区分人生"早晨"和"下午"两个阶段的理论:我们在"早晨"展望未来,在"下午"日臻成熟,这一理论至今仍然很有吸引力。然而,比较戏剧性的一幕是,许多女性却在应用荣格的理论时来了个大转变,她们将人生的"早晨"奉献在抚养孩子上。当然,也有越来越多的夫妇正在共同分担照顾家庭的责任。与此同时,一些从传统行业中退休的人依然有精力去开启他们职业生涯的新篇章或者培养新的爱好。由此可以看出,在今天,由于智能型职业生涯是根据个人偏好量身定制的,所以我们很难再用传统的时间规划来进行管理了。

格拉德威尔强调,学习一样事物所花费的时间取决于以下两点:你在一开始就已经具备的技能和你为了实现学习目标所需要进一步锻炼和提升的技能。以20世纪两位著名画家为例,巴勃罗·毕加索(Pablo Picasso)有着与众不同的绘画技巧,但由于他对自己将要完成的每一幅画都做了太过清晰和具体的规划和安排，所以，他没法在绘画中去尝试新的东西。相比之下，保罗·塞尚（Paul Cezanne）则是"大器晚成者"，他专注于各种自我探索，并且积极思考这些不同的尝试会对他的工作产生怎样的影响。因此，在公众眼中，尽管塞尚早期的画作在市场上没有得到太多认可，但他在晚年慢慢对自己的未来有了更清晰的认识，这时，他创造的绘画作品也开始赢得大家的赞赏。① 通过对这两位画家进行比较，不难看出，你可以拥有自己专属的职业生涯时间表，甚至可以与同一领域的其他人进行比较。

当你进行风险管理时

职业顾问帕姆·拉斯特（Pam Lassiter）在《新工作保障》一书中强调，为了有效管理风险，你需要"紧跟趋势"，因为它们与你的个人工作情况有关。同时，正如拉斯特所言，这种跟踪需要个人持续地关注：

> 如何做好职业生涯管理？在其中的管理要素的发展趋势如何影响你的这个问题上，你需要有自己的结论。与个人主动进行调整不同，公司可不会主动调整工作方式来满足你的个人工作和职业生涯发展需求。所以，你不能被动地等着公司来采取行动。从保护自己这一视角出发，你必须对自己所从事的领域有深入性、持续性的了解。②

表6.1罗列了拉斯特提出的一系列问题。我们可以从这些问题中看到，如果你想做好某件事，就需要不断充实自我，更新业务知识和工作技能，保持优势竞争力，跟上全球的和你所在地的行业发展趋势，还要不断学习业界专家提出的新思想。值得庆幸的是，和过去相比，保持消息灵通在现代社会变得更容易了，像谷歌这样的搜索引擎能帮你更快、更便捷地找到各种各样的信息。但同样，其他

---

① GLADWELL M. Late bloomers: why do we equate genius with precocity? [J] New Yorker, 2008(10): 38.
更多关于毕加索与塞尚的信息参见: GALENSON D W. Old masters and young geniuses: the two life cycles of artistic creativity[M]. Princeton: Princeton University Press, 2007.
② LASSITER. The new job security[M]. Berkeley: Ten Speed Press, 2010: 93-94.

人也能找到这些信息，所以如果你不主动进行搜索，你就会与这些信息擦肩而过。

表6.1　跟踪并了解主要趋势

知识领域	去哪里找	要问的问题
技能	在下一份你想要的工作中	涉及的关键技能是什么？你如何(以及从谁那里)学到这些技能？
竞争	在追求同一份工作的候选人中	他们能为这份工作提供什么？限制他们获得这份工作的因素又有哪些？你如何才能从他们当中脱颖而出？
全球环境	在全球商业环境中	环境在以什么方式发生改变？你如何就你所看到的改变来做准备？
当地环境	在你所在的领域中	当地的公司、商业趋势或者最近的职业发展情况如何？这些信息对你来说意味着什么？
思想领袖	在你所在领域的"大思想家"中	他们贡献了什么？你如何才能参与到他们的对话中？

此外，即使你已经追踪到了最前沿的信息，如何去运用这些信息也是你需要去思考的问题。对此，《华尔街日报》的作者安德里亚·莱维特（Andrea Levit）给出了以下五点建议[①]：

1. **要目光长远**：仅仅考虑你现在的处境或者下一步行动方案其实都没有多大意义，你应该做长远打算。比如，你希望在五年内达成什么样的目标？你需要采取什么样的行动来确保你能达成这个目标？你将面临什么样的机遇和挑战？具体而言，如果风险管理进展顺利，你会得到哪些"好处"？

2. **要居安思危**：现实中，这样或那样的失误总是不可避免的，所以，请在一开始就做好可能会失败的思想准备。比如，这件事可能出现的最坏情况是什么？它会对你的职业生涯产生什么影响？这种情况是可以避免的吗？你已经准备了备用计划吗？

3. **要探索不止**：你需要继续做风险评估，这能帮助你及时发现情况是否正在变得更糟，并找到可以帮助你的线索。同时，你还要做调查，向有经验的人寻求建议。

---

① IBARRA H, PETRIGLIERI J L. Identity work and play[J]. Journal of Organizational Change Management，2010，23(1)：10-25.

4. 要相信自己：自我怀疑和消极的态度只会让你错失更多的机会，所以风险管理的一个重要方面，就是要对你已经做出的选择保持强大的自信心。

5. 要汲取经验：在面对失望时，你需要总结一下：在过往经验中，哪些是对的，哪些是错的。这样在下次做笔记时，你就可以记录不同的内容。你还需要更多更好更广地了解情况的多样性和复杂性，但不要被一些看起来不太好的情况吓倒。

以上这份清单把你的想法和行动联系在了一起，这些想法可以让你更接近将来想要做的工作，而不必放弃你现在正在做的工作。尝试一系列实验可以把一个看似令人畏惧的风险，分割成几个更易于管理的阶段。每个阶段都可以作为一个垫脚石，帮助你向前迈进，而不必斩断与过往的种种联系。至少在你明确下一步目标可以实现前，不会让你主动和过去挥手说再见。[①]

当你离开"洞穴"时

有时候，你可能需要用一种更激进的方法来应对风险。在柏拉图的著作《理想国》中，有一个非常著名的故事"洞穴隐喻"，讲的是现象与事实的关系。

在这个故事中，柏拉图描述了这样一个洞穴：只有一条横贯洞穴的小道连接着外面的世界，只有很弱的光线能照进洞穴。囚徒们从小就住在洞穴中，头颈和腿脚都被绑着，不能转头也不能走动，只能朝前看着洞穴的墙壁。在他们背后的上方，燃烧着一个火炬，在火炬和囚徒中间沿小道筑有一堵墙，恰似木偶戏的屏风。囚犯们看到墙后走动的人在洞穴墙壁上的投影，但他们不知道这是影子。他们还听到了从洞穴墙壁上传来的模糊的声音，不知道那是回声。这时，有一个囚徒被解除了桎梏，他站起来环顾四周并走出了洞穴，发现了事情的真相，原来他在洞穴内所见到的全是假象，外边还有一片光明的世界。后来，这个囚徒又返回到洞穴里，但一方面因为他见识了真相，已经完全没有办法融入到以前那些同伴中去了，新认知使他不再愿意回到蒙昧的队伍中；另一方面，他也没有办法让同伴相信他的新认知，因为他们不仅不相信他说的每一句话，反而觉得他跑出去后

---

① SHEPPARD D. Plato's Republic[M]. Edinburgh University Press，2014：132-133.
　 WIKIPEDIA. Allegory of the cave[EB/OL]. [2015-06-15]. http://en.wikipedia.org/wiki/ Allegory_ of_ the_ Cave.

眼睛就被太阳烤坏了，居然不能像先前那样辨识"影像"了。那么，这个曾经走出过洞穴、感受过自由的囚徒应该怎么做？

柏拉图所说的"洞穴隐喻"故事发人深省，其实每个人都有自己的洞穴，你的洞穴可能是你的家庭和社会背景，并且你从中对这个世界和你在其中的位置做出特定的假设。你成长的洞穴，即社会经济、地理、种族、宗教等，可以帮助你定义自己（比如：你如何看待自己、接受了什么样的教育、在成长的内外环境中扮演了什么样的角色等）。但随着时间的推移，当你遇到来自不同背景、三观与自己相左的其他人时，你会面临一系列选择：要么坚持自己熟悉的东西，要么冒险"走进光明"，尝试理解你并不熟悉的东西。

离开熟悉的环境可能是痛苦的，旅途也可能是孤独的。在柏拉图的故事中，当囚犯第一次冒险离开洞穴时，他的眼睛因为突然暴露在强光下而受伤。但是，随着他在洞穴外面待的时间越久，他的眼睛就会变得越来越适应。在当今全球经济中，科技使得我们即使坐在日内瓦，也可以通过Skype与孟买的一位同事保持联系。但如果我们一直待在自己固有的成长环境中，那么就会像柏拉图笔下的囚徒一样，被锁在一个洞穴里。而在那里，阴影被误认为是现实。把智能型职业生涯想象成你走出洞穴后想要追求的东西，其中包括在与不同文化和思维模式的交流中获得成功，特别是当有人关心你并向你提供帮助时，这将对你是非常有益的。当你取得了足够的进步，那么你就能反过来帮助别人，这同样对他人是大有裨益的。通常情况下，你会从更有经验的人那里得到帮助，然后回馈给其他缺乏经验的人。所以，你在帮助这个世界运转的同时，也会获得更多让自己学习的机会。①

在过去的150年里，社会在电影制作、广播、电信、万维网和智能手机方面取得了重大进步，极大地增强了我们与其他群体、文化和民族的交流能力。但是，这个世界仍然存在危险隐患，因为有些领导人希望在可预见的未来里，控制民众的思想，让他们尽量待在各自的"洞穴"里。通过与他人接触并以更加包容和开放的心态来理解外部世界，为尽可能消除世界上的危险和隐患做出贡献，你能做到吗？

---

① 一种方法是使用Intelligent Career Card Sort（ICCS），通过它您可以与职业顾问、教练或指导者一起使用图6.2中的框架来反思您自己的职业生涯。这可以单独完成，也可以在研讨会小组中完成。更多信息请访问：http:// www.intelligentcareer.net。

当为什么工作、如何工作以及
与谁一起工作产生改变时

在本章开头，我们讨论了布雷斯在评估新机遇时所用的三个标准，即是否挣钱、是否有趣以及是否能找到合作伙伴。在后面的章节中，我们描述了他为什么工作、如何工作及与谁一起工作，以及他在完成所承担的项目时形成良性循环的方式。其中，资金及其带来的生活方式，回答了他"为什么工作"的问题，并且与他"如何工作"的问题联系在了一起。同时，布雷斯为寻求新的商业机会和新的学习机会所做的努力回答了他"如何工作"的问题，并和他"与谁一起工作"的问题产生了关联。最后，布雷斯培养和老板、客户以及同事之间关系则回答了他"与谁一起工作"的问题，并与他"为什么工作"的问题联系到了一起。这种良性循环清晰地展示在图6.1中。

可是，如果我们仅仅把布雷斯或任何其他智能型职业生涯拥有者的生活和工作解读成成功或者失败的案例，并试图从中找到可以学习的良性循环路径的话，那么我们可能会忽视很多其他的可能性。具体而言，以布雷斯为例，在与同事和客户互动时，除了他本身的沟通技巧外，他积极或消极的态度也会影响他的工作动机。反之，与他一起工作的人也可以决定是否向他提供能够影响他工作方式的新鲜资讯。同样的，见证自己的想法在工作过程中得以实现，也可以加强他的工作动机。图6.2所示的全链条，从一个更宽阔的视域向我们清晰地展示了为什么工作、如何工作以及与谁一起工作。

根据以上讨论的内容，并结合图6.2，请你更全面地审视你的自身情况。如果你对"为什么要工作"这个问题的回答表现出一种积极的态度，那么这很可能会对你如何工作以及与你共事的人产生积极的影响。但如果你带着消极的态度（也许是因为一次糟糕的经历），那么你的工作动机则会对你的工作方式和工作伙伴产生负面影响。如果你对"如何工作"这个问题的回答是积极的，那么你"为什么工作"的动力不仅会变强，你和工作伙伴的关系也会变得更紧密。如果你和工作伙伴之间的关系是积极的，那么他们不仅可以强化你"为什么工作"的动机，还能帮助你提升在工作中追求创新的主动性。但是，如果你对自己的工作方式不满意，或者对工作伙伴不满意，那么上面提到的这些影响就很可能走向消极的方向。

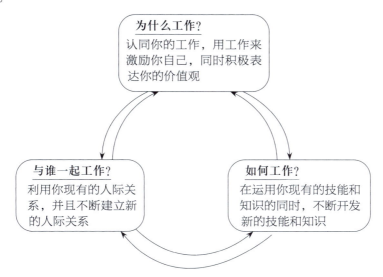

图6.2 为什么工作、如何工作以及与谁一起工作三者之间的联系

因此,我们建议你把图6.2作为一种诊断工具,来思考以下几个问题:对你来说,这三种认知方式之间的联系在你身上是怎么体现的?你是否能做到在肯定积极关系的同时,也能主动质疑那些令人不满意的关系?例如,你愿意工作的原因仅仅是为了把面包放在桌子上?如果是这样的话,这对你如何工作以及与谁一起工作又将有什么影响?或者,如果你的老板是一个拒绝创新的人,他对你的工作没有起积极的推动作用,那么这会对你为什么工作以及与谁一起工作产生什么影响?再或者,你能否从与你一起工作的人那里获取一些还不错的建议,这对你为什么工作和如何工作又会有什么影响?如果你仔细观察这个图,你能发现为什么工作、如何工作以及与谁一起工作它们之间的联系吗?你能做些什么来改变你所看到的呢?[1]

总之,自由选择雇佣关系是民主社会的基础。你可以通过了解(运用你所知道的)和学习(扩展你所知道的)来有效地改善你的工作方式。失业往往会给你带来更深层次的变化,促使你更全面地反思自我,更广泛地寻找机会,并最终找到一份喜欢的工作。当你准备开始一个新的项目时,可以从"相邻的可能性"原理出发,去发掘自己现在有资格参与的项目,就像电影制作团队的成员从一部电影转到另一部电影时所做的那样。对每个人而言,花在改变"你是谁"和"做什

---

[1] LASSITER. The new job security[M]. Berkeley:Ten Speed Press,2010:93-94.

么"上的时间肯定是不一样的，因为有些职业对终身制提出了极高的要求，而另一些职业则为你提供了平台去探索更多工作和职业发展的机会。虽然换工作有一定的风险，但你可以放缓步调，循序渐进地探索，从而很好地管控潜在的风险。相比之下，如果不换工作或者长期待在同一个小团体里，那么你很容易错失其他可能的机会。此外，把你的处境看作一系列相互依赖的关系，包括为什么工作、如何工作以及与谁一起工作，可以为你提供一个有效的诊断工具，让你既可以看到当前的处境，也可以改变你所看到的东西。

第二部分　采取行动

第七章　感　　知
第八章　拥 抱 科 技
第九章　投 资 社 区
第十章　和雇主一起工作
第十一章　分享你的故事
第十二章　建构你的世界

在本书的第二部分，我们将提供相应的支持，来帮助你追求智能型职业生涯，把关注点从你现在的职业转移到未来你想从事的职业上来。第二部分的六章包括"感知""拥抱科技""投资社区""和雇主一起工作""分享你的故事"和"建构你的世界"。在这个部分，我们将聚焦于你自己的社交世界，你的智能型职业生涯与其他人的职业生涯的相互影响，并一起为全世界范围内的就业做出持续性的贡献。

在本书的第一部分，我们提到了关于未来工作情形的各种争论，并希望每个人都能了解这些争论所蕴含的重要意义。这里，我们邀请你把自己看作是这些争论的主体和争论结果的贡献者。你将在职场世界中找到自己的位置，同科技、社区和机构进行互动，甚至重塑它们。这其中有一个重要的、不可忽视的因素，即事物变化的速度，包括你自己对这个速度所做出的贡献。此外，智能型职业生涯并不意味着要死守某一份工作不放，你一定要让自己参与到不同工作转变的过程中去。

在一个健康的、知识驱动型的经济体中，新旧工作方式将不断交替。在这本书付印的同时，一位来自牛津大学的学生分享了他的研究结论：约47%的美国职业正面临风险。[1]同时，一项由普华永道咨询公司所做的针对公司首席执行官（CEO）的调查显示，约81%的CEO希望新员工拥有更全面的技能。[2]《经济学人》杂志曾断言，自由职业者"将重塑公司的性质和职业结构"[3]。职场世界风云变幻，请把你的注意力放到如何以自己的方式加入其中上来。

---

[1] FREY C B, OSBORNE M A. The future of employment: how susceptible are jobs to computerisation?[Z]. Oxford Martin program, Oxford University, 2013.
[2] PWC. People strategy for the digital age: a new take on talent-18th annual global ceo survey [EB/OL]. [2015-12-22]. http://www.pwc.com/gx/en/services/people-organisation/publications/ people-strategy.html.
[3] There's an app for that [EB/OL]. [2015-12-22]. http://www.economist.com/ news/briefing/21637355-freelance-workers-available-moments-notice-will-reshape-nature -companies- and.

第七章 感　　知

> 没有什么事可以重来一遍。
> 因此，令人遗憾的结果是，
> 我们即兴地来到世上，
> 来不及演练又匆忙离开。
>
> ——维斯瓦娃·辛波丝卡

芭芭拉·哈里斯（Barbara Harris）在国际煎饼屋（IHOP）工作，是一位有着30年工龄的老员工。同时，哈里斯还是一名母亲，需要养活她的三个儿子。然而在当时，哈里斯对自己未来的生活并没有太多预期。在1990年，当三个儿子陆续离开家之后，哈里斯打算再要一个女儿。一番深思熟虑后，她说，想要实现这个愿望的"唯一办法就是去领养一个孩子"[1]。于是，她和她身为医院外科技术员的丈夫史密蒂（Smitty）填写了收养表，参加了收养前的培训课程，并提交了一份有关个人背景调查的材料（这份材料显示，哈里斯是白人，而她的丈夫是非裔美国人）。接下来，这对夫妇就开始等待新生婴儿的到来。不久，一位来自加利福尼亚州的社会工作者给哈里斯夫妇打了个电话，询问他们是否考虑领养一个8个月大的女孩。哈里斯夫妇欣然同意了，并立即驱车前往寄养家庭。在那里，他们看到了一个漂亮的女婴，可这名社会工作者却告诉他们，这个婴儿天生对五氯酚（天使粉）、可卡因和海洛因上瘾。不过哈里斯夫妇并不担心这一点，他们还是满心欢喜地把婴儿领回了家。

四个月后，哈里斯夫妇又接到来自领养中心工作人员的电话："女婴的生母又生了一个男孩，你们是否愿意领养这个男孩呢？"他们还是回答愿意领养，但这个男婴却天生患有戒断症状，好几个月都不能服用配方奶粉。一年后，哈里斯

---

[1] What If There Was No Destiny? [EB/OL]. [2016-05-10]. http://www.radiolab.org/search/?q=Barbara+Harris#q=Barbara Harris.
故事的其他来源参见：www.projectprevention.org/，https://en.wikipedia.org/wiki/，均于2015年12月18日访问。

夫妇又接到一个电话，这位母亲又生了第二个女婴。又过一年，又一个男孩出生了。哈里斯夫妇把小汽车换成了厢式面包车，还搬到一个更大的房子里，开始抚养这四个孩子。

后来，哈里斯回忆起这一切后，产生了很多质疑：为什么一个母亲可以几次三番地去医院生下天生有毒瘾的孩子，然后就毫无顾虑地消失了？她试图通过法律中"危害儿童"的条款来解释这个问题，但始终没有得到很好的结论。哈里斯说："我必须得想点别的办法。"① 1994年，她给那些吸毒成瘾的母亲每人高达200美元（现在是300美元）的报酬，让她们承诺使用长效避孕措施（如使用宫内节育器、避孕植入物），如果她们已经有了孩子，那么她们还可以选择使用第三种方式——绝育。哈里斯在自家门前的草坪上提出了这一倡议，并邀请一档日间电视脱口秀节目对此进行早期宣传。很快，来自各行各业的支持者开始行动起来，一共募集到15万美元。现在，哈里斯又参与了另一个慈善机构项目——瘾君子绝育计划。

截至2013年3月，瘾君子绝育计划已经为超过4000名吸毒妇女提供了长期避孕措施，并帮助大约75名吸毒男子做了输精管结扎手术。后来，哈里斯夫妇搬到了北卡罗来纳州，并把这家慈善机构设在此地。在美国之外，一位匿名人士捐赠2万美元在英国设立了分部。不久之后，一名来自肯尼亚的学生觉得哈里斯夫妇的这项计划非常有意义，对社会的贡献也很大。于是，他在肯尼亚也启动了类似的项目，因为当地的儿童有的在出生时就患有艾滋病，并且死于艾滋病的概率也很高。随后，夏威夷、爱尔兰和南非也不断涌现类似的计划。可以看出，哈里斯通过筹划公益项目，不仅在她所处的社区发挥了积极的作用，还让这些项目的影响力扩散到全球其他地区。

哈里斯的故事提出了一系列与本章相关的问题。其中最重要的一点是，你要如何感知自己的职业状况。这里我们使用"感知"这个术语，参考了密歇根大学管理学教授和社会心理学家卡尔·韦克（Karl Weick）倡导的复合形式感知

---

① What if there was no destiny? [EB/OL]. [2016-05-10]. http://www.radiolab.org/search/ ?q=Barbara＋Harris#q=Barbara Harris.

法。①什么是复合形式感知法？简单来说，就是给个人经历赋予意义的过程②，包括"选择性、不可撤销性和可见性"，它能引导你从过去走向现在，从现在走向未来，掌握并保持你对职业生涯的主动权。③现在，你可以使用感知法来确定自己人生的潜在主题。你还可以使用类似的方法来描绘一幅图画，这幅图画就是与你当前生活息息相关的各个方面的集合。

在本章接下来的部分，我们会画一系列插图，来展示其他人是如何理解自己的处境，从而获得一系列不同结果的。我们希望你能够更好地用你的智慧，对你目前的工作和生活状况有更深入、更有成效的认识。

确定你的主题

赋予意义的第一步是确定职业生涯发展的总体主题，正如麻省理工学院管理学者约翰·范·马南（John van Maanen）所建议的那样，这需要你用更加广阔的视角来看待你的生活和工作。明确的主题能给你提供框架，帮助你了解现状，并把这种现状定位到更广泛的工作和生活当中。这个主题除了包含你的兴趣或自我优势之外，还包括加深你的自我认知。此外，你所拥有的技能或知识，以及你在他人心目中享有的支持或声誉也都在这个主题之内。从某种程度上说，你的主题不仅可以反映你的工作动机、工作方式、共事对象以及这三者的联系，还能反映出你当前的身份以及生活和工作情况，帮助你吸取过往经验，展望精彩未来。④

我们还以哈里斯的故事为例。从关于她的报道来看，在她初探领养事业时，

---

① WEICK K E. Making sense of the organization: volume 1[M]. Oxford: Blackwell, 2001.
WEICK K E. Making sense of the organization: volume 2[M]. Chichester: Wiley, 2009.
② https://en.wikipedia.org/wiki/Sensemaking，于2015年6月23日访问。
③ BARBULESCU R, TOSTI-KHARAS, IBARRA H. Finding the plot: how virtuous self-narratives legitimize career downfalls[EB/OL]. [2015-12-18]. http://works.bepress.com/roxana_barbulescu/ 5.
④ VAN MAANEN J. Experiencing organization: notes on the meaning of careers and socialization[M]//VAN MAANEN J. Organizational careers: some new perspectives. New York: Wiley, 1977: 32-36.

驱使她行动起来的人生主题包括：

1. 新的精力：当她自己的三个亲生儿子离开家之后，她发现自己有新的精力去迎接新的挑战。

2. 发展受限：总体而言，她在国际煎饼屋的工作有规律且未来的职业发展也是可预见的。在某一瞬间，她觉得一眼看到头的职业已经让她失去在工作中永不止步的动力了。

3. 优秀团队：哈里斯夫妇共同努力抚养孩子，并准备把自己的抚养心得运用到其他孩子身上。

4. 独特经历：哈里斯夫妇认为，他们是典型的混血婚姻，这能帮助他们在某些方面更好地抚养子女。

5. 稳定住所：哈里斯夫妇有稳定的住所，孩子们也和他们在一起生活。从空间上来看，共处一室对抚养孩子来说很重要。

6. 能力允许：领养事业可以获得政府的有限补偿。

我们可以想象，当哈里斯夫妇第一次下决心领养孩子时，以上这些主题发挥了积极作用，所以他们很快就愉快地接受了领养第一个孩子的提议。这次成功的领养又鼓励哈里斯夫妇接着领养了三个孩子。每当他们领养一个孩子时，这些主题似乎都能派上用场，但除此之外，可能还有一个更重要的主题——这些有亲缘关系的孩子能够借此得以团聚。与哈里斯和大多数人的主题不同，你的生活和工作反映的是你自己特有的主题。

想象你的处境

你还可以画一张"视觉时间表"，来更好地理解你的职业生涯。这个方法和确定主题差不多，也是立足当下，反思过去，从而为未来做准备。此外，我们还要全面审视自身处境，兼顾个人和环境因素，以及两者之间的关系。当面对感性的或复杂的问题时，你可能很难用语言进行表达，这时画图就可以派上用场了。同时，如果你经常和朋友或职业生涯规划师讨论你的视觉时间表，也能让你对自己有更深入的了解。①

　　下面，请你花一个小时，按照以下步骤来绘制一张属于你自己的视觉时间表（表7.1）。首先，找一张比较大的白纸和一套彩色记号笔。纸的左边是起点，写下你第一次思考成年生活和事业的时间；右边是终点，写下你对未来的看法。回顾一些重要的生活和职业中的事件，这些事件必须是那些能决定你的生活轨迹且引导你形成世界观的事件。再画出一些能表达你喜悦或悲伤的表情和图像等符号，用这些符号来表示那些与你有过互动的关键人、团体、雇主和机构。在画图的过程中，请你与图片展开交流，试着去感受你和图片之间的联系，让一张图片能够引导出另一张图片，从而让每一幅图片都变为更丰富的信息来源。如果你的"视觉时间表"变得凌乱不堪或空间不足，那么请重新绘制一张。总之，我们花这一个小时来画图，主要是希望你能捕获脑海中浮现的东西。

　　接下来，你可以自己在上面做笔记，也可以邀请你信赖的朋友或顾问来做批注。通过对你作品的点评，你可以从中收获更多，比如，你能找出目前在你生活和职业中最重要的事情。

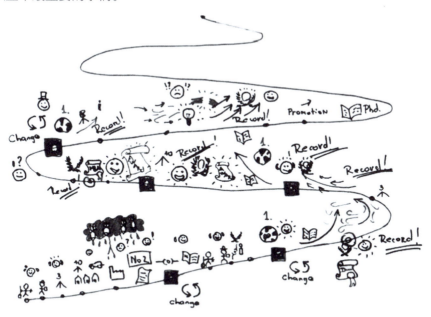

图7.1　视觉时间表的例子

---

① MAZZETTI A, BLENKINSOP J. Evaluating a visual timeline methodology for appraisal and coping research[J]. Journal of Occupational and Organizational Psychology, 2012, 85(4): 649-665.

图 7.1 的创作者是一位难民，他来自饱受战争蹂躏的塞尔维亚，目前正在适应西欧的生活。他解释说，这幅图画描绘的是一系列曲折的故事，包括他早年在教育、婚姻和组建家庭方面的经历，以及后来在两个不同的营销岗位上取得的成功（用他的话来说就是"记录"）。而每次成功都建立在原先成功经验的基础上，即先在一个欧洲国家开拓商机，然后在其他国家和地区成功复制。图画的最后一部分描绘了他对自己光明前途的美好希望，在实现职场晋升并获得博士学位后，顺利实现更大的成功。目前，他对自己的未来充满希望，他将有稳定的家庭生活，并且在从事的商业领域中蒸蒸日上。让我们在祝他好运的同时，也来看一下你的图画吧！

解开生命链

如果你觉得自己很难在生活和家庭责任中找到属于自己的智能型职业生涯，那么，你也许可以听听麦吉尔大学玛丽·迪恩·李（Mary-Dean Lee）和她同事的建议，采取另一种有意义的方法，把从过去到现在的整个生活过程描绘成一组"缠绕链"，代表个人、工作、家庭和社区（社区在这里指的是交流行为，即与其他人建立关系）的种种信息和事件都在这条缠绕链上。有了这张图片，你可以不用去关心每一个具体事件的时间顺序，而是把注意力放到"连续性"上——随着时间的推移，不同的生命链是如何聚集到一起的，或者说是如何缠绕到一起的。[1]

当你使用这种方法时，需要考虑三件事情：首先，在特定的时间点发生了什么事情？例如求职、下岗、调职、孩子出生、家人生病、亲人去世等。其次，你采取了哪些具体措施？这些可以反映出你在应对相关事件时所做的选择，比如接受或拒绝工作邀请以及抽时间享受家庭时光。你还可以主动出击，例如寻找新的机会或建立新的联系。最后，随着时间的推移，哪些渐进式的发展能够影响你与工作的链接？在提出这些问题时，你可以绘制一个类似图 7.2 的图片，这样你就能更深入地了解自己的生命链是如何缠绕在一起的，从而帮助你在未来更好地把

---

[1] LEE M D, KOSSEK E E, HALL D T, et al. Entangled strands: a process perspective on the evolution of careers in the context of personal, family, work, and community life[J]. Human Relations, 2011, 64(12): 1531-1553.

这些缠绕的节点给解开。

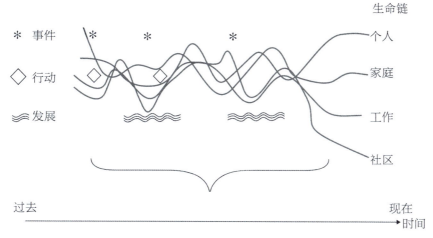

图7.2 生命链在工作生活中的相互作用

为了说明生命链是如何缠绕在一起的，李和她的同事们开展了一系列研究，并从一位执行副总裁的经历中获得了一些启示。这位副总裁担任的是极具挑战性的领导角色，上级在提高他的绩效目标的同时，也赋予了他更多的职责，却削减了相应的资源支持。后来，公司兼并项目失败，董事长随之辞职，他的上司也跳槽了，他也毫不意外地拿到了一笔100万元的遣散费。于是，这位副总裁另谋了一份工作，但新公司由于资金链断裂很快便倒闭了。不久之后，父亲去世的噩耗传来，这位副总裁不得不离开原来的居住地，去母亲所在的城市照顾母亲，并再一次为自己寻找新工作。但就在他试图重新开始新工作时，他的母亲却突然病危了。母亲去世后，他意识到自己正处于身体崩溃的状态，医生建议他休假六个月。在休假期间，新的公司给他发了一份邮件，让他赶紧领遣散费走人，因为公司决定重新梳理业务板块，并把他负责的板块外包出去。在收到邮件那天，他15岁的儿子向他大发了一通脾气，并狠心从家里搬了出去。[1]

谁都不希望自己会跟这位倒霉的副总裁一样狼狈。因此，无论你的生活状况如何，我们都希望你能够客观看待，并采取积极措施来改善你所遇到的一切处境。

---

[1] LEE M D, KOSSEK E E, HALL D T, et al. Entangled strands: a process perspective on the evolution of careers in the context of personal, family, work, and community life[J]. Human Relations, 2011, 64(12): 1545.

用自己的方式看待事物

玛姬·拉赫蒂宁（Marge Lahtinen）是一名记者，她所在的芬兰报社正在裁员，尽管报社还没有解雇她，但面对报社里僧多粥少的境况，她觉得这份工作已经无法给她带来安全感了。于是她被迫选择离职，并借机陪丈夫去海外打拼。一年后，当拉赫蒂宁从海外归来时，她发现自己就业前景黯淡，仅凭忠诚已得不到老雇主的赏识，临近不惑之年的她已经很难再找到让人满意的新工作。尽管拉赫蒂宁没有得到丈夫的支持，但她最后还是毅然决然地选择了自己创业，成为一名自由撰稿人。[1]

拉赫蒂宁依靠之前积累的人脉关系，凭借自己丰富的写作技巧和经验，很快就找到了一份很不错的短期工作，继续发挥自己的才能。在工作期间，大家发现拉赫蒂宁是一个能干又靠谱的作家，可以快速优质地完成各种各样的短期项目。没过多久，拉赫蒂宁就声名鹊起，受到了业界的关注。她说：

> 从某种程度上来说，虽然我只是一名临时工，但我在工作中的自主裁量权很大。作为一名媒体创业者，我的工作只是提供服务而已，因此我没有必要为了迎合别人而改变我自己，这正是我一直寻找的稳定性。[2]

同时，拉赫蒂宁发现，一个接一个的短期合同不仅能给她带来一份又一份工作，而且这种连续性的工作还能满足她所追求的安全感。她很清楚这种良性循环是靠她自己的努力得来的，完全不需要依赖任何一个雇主。起初，拉赫蒂宁还觉得自己是被赶鸭子上架，才走上了创业这条路。但现在，她对自己"独立合同人"的身份很满意，对未来也很乐观，她觉得自由职业者从事短期合同工作的市场空间广阔。正因如此，她现在称自己是"媒体创业者"，而不是那种仅仅靠兼职来赚零花钱的人。

---

[1] HYTTI U. Contextualizing entrepreneurship in the boundaryless career[J]. Gender in Management, 2010, 25(1): 64-81.

[2] HYTTI U. Contextualizing entrepreneurship in the boundaryless career[J]. Gender in Management, 2010, 25(1): 70.

管理职业生涯中的挫折

关注人们如何应对职业上的挫折，能有效帮助我们用更具启发性的方法来理解感性认识及其后果。研究员罗克珊娜·巴布莱斯库（Roxanna Barbulescu）和她的合作者对华尔街金融区的员工展开了深入调查，通过观察这些员工如何应对2008年股市崩盘导致的职业生涯危机，他们发现员工普遍会有三种反应——恶性循环、不懈探索和转危为机。[①]

1. 恶性循环：在恶性循环中，舆论一开始对形势的负面评价会让员工变得更加消极，而这种消极态度反过来又增强了员工的无助感、失败感和绝望感。例如，有的报道十分悲观："经济的破坏将摧毁这个国家的未来，妄图恢复和建立稳固的经济秩序的努力都是疲软的、徒劳的。因此，我们都将永久失业。"

2. 不懈探索：虽然最初的负面评价并未消退，但你对未来充满积极的希望。例如，可以采取一项包含三个组成部分的计划：（1）研究是否有可代替金融咨询行业的其他职业；（2）判断追求"增加销售目标和努力熬成合伙人"的金融咨询业是否真的有意义；（3）明确初心——"我长大后真正想从事的职业"。

3. 转危为机：随着最初的负面评价慢慢转变成正面的积极影响，你会看到一个转危为机的过程。例如，人事部的工作人员做出第一次裁员的决定时，一定是顶住了难以承受的压力，但最初的痛苦经历很快就能转变为对个人生存能力的锻炼和对公司未来发展的贡献。

通过职业生涯中的挫折可以将转危为机分为很多类型：第一种是客观型（例如，进入一个规模较小的公司但有一个更加善解人意的老板）；第二种是审慎型

---

① BARBULESCU R, TOSTI-KHARAS J, IBARRA H. Finding the plot: how virtuous self-narratives legitimize career downfalls[EB/OL]. [2015-12-18]. http://works.bepress.com/roxana_barbulescu/ 5.
ZIKIC J, KLEHE U C. Job loss as a blessing in disguise: the role of career exploration and career planning in predicting reemployment quality[J]. Journal of Vocational Behavior, 2006, 69(3): 391-409.
ZIKIC J, RICHARDSON J. Unlocking the careers of business professionals following job loss: sensemaking and career exploration of older workers[J]. Canadian Journal of Administrative Sciences/ Revue Canadienne des Sciences de l'Administration, 2007, 24(1): 58-73.

（例如，买更小的房子、过更简朴的生活以便应对未来的不确定性）；第三种是阿Q型（例如，声称自己比大多数人生活得更好，并标榜自己将成为未来的领导者），如果你遇到这种类型的人，那么请你务必小心谨慎！除了以上三种类型之外，转危为机还包括不懈学习、展现勇气。但无论是上面提及的哪一种类型，都向我们传达出一条重要的信息：如果你想用更积极的方式来回应遇到的挫折，那么你必须要于危机中育先机。①

让他人感受到存在的意义

感知往往具有社会属性，比如你可以帮助他人理解他们的处境，反之亦然。举个音乐界的案例，通过比较管弦乐和爵士乐这两种音乐形式，你可以更好地探索如何帮助他人来理解和感受意义。在管弦乐的演奏中，作曲家试图弄清楚自己想要什么，然后在音乐手稿中留下明确的音符；指挥家在作曲家和音乐家之间进行协调，使大家能够统一步调以达到预期的效果；音乐家的工作基本上是"配合演奏"，也就是按照要求进行表演。相比之下，爵士乐通常为12个节拍或16个节拍，这能让音乐家在演奏的过程中任意选择进入点和退出点。②虽然一些爵士乐指挥家只是简单地采用了管弦乐队的演奏方法，明确规定了音乐家需要做什么，但是另外一些爵士乐指挥家却不尽然，他们为音乐家自由创作留下了更多空间。③

举例来说，下面是贝司手达伦·泰勒（Darren Taylor）对作曲家和乐队指挥杜克·艾灵顿（Duke Ellington）的评价：

> （艾灵顿）只是写了很多开头，让音乐家可以充分表达自己而已。从某种程度上来说，这不失为一种明智之举，因为这样一来，每个人都能充分释放自己的演奏个性，所有的音符都完美地呈现在了一起。他采用的这种非正式的组织形式，把大家

---

① 有时候，写下你的失败可以指引你找到治愈方法，就像Nigel Marsh在他的书中写下他的失业经历一样。
② 参见：https:// en.wikipedia.org/ wiki/ Sixteen-bar_ blues。
③ HUMPHRIES M, UCBASARAN D, LOCKETT A. Sensemaking and sensegiving stories of jazz leadership[J]. Human Relations, 2011, 65(1): 41-62.

联系了起来，从而可以呈现出最完美的演出。①

同样，音乐作家比尔·埃文斯（Bill Evans）是这样评价迈尔斯·戴维斯（Miles Davis）录制其里程碑专辑《泛蓝调调》（*Kind of Blue*）的方法的：

"正如画家需要羊皮纸框架一样，即兴创作的乐队也需要一个框架。戴维斯给出的框架虽然简易，却很精妙，因为它拥有让我们完美录制专辑的所有因素。乐队在录制之前从未演奏过这些曲子，因此每首曲子的第一次演奏都可以看成是我们的'收获'。"②

这种比较对管弦乐来说可能有失公允，但它也确实能说明一些问题。那么，你给别人留下多少即兴发挥的空间？也就是说他们可以利用你提供的契机做些什么？从戏剧导演到产品开发，再到信息技术，甚至到项目管理等，在各种情况下，当你写完开头后，你能给他人提供多大的空间来灵活创作属于他们自己的作品？而一个创新者、开发者或者团队领导者，他们的感知又是怎样反过来影响你的感知的呢？

合法化你的角色

把角色合法化和前两部分内容都有关，在职业挫折管理中转危为机，并为他人创造价值，这两点结合在一起就可以解释"角色合法化"。简单地说，在合法化你的角色这件事上，你要做的事有很多，并且最终你还要让别人认可你做的这些事。然而在这个过程的背后，还潜藏着一些可能发生的事件。这里就有一个很好的案例。

皮尔斯·吉尔伯特（Piers Gilbert）是一家资产管理公司的CEO，他揭露了一家经销商的欺诈行为，因此这家经销商扬言要给吉尔伯特的公司一点颜色瞧瞧。吉尔伯特认为这个问题必须要向监管机构报告，但根据规定，向他汇报那个经销商的情况的一些人将被连累而受到纪律处分。于是他决定自己主动辞职，这样一来，监管部门就"掌握了业务的主导权"。此外，他的下级也不会受到不公

---

① HUMPHRIES M, UCBASARAN D, LOCKETT A. Sensemaking and sensegiving stories of jazz leadership[J]. Human Relations, 2011, 65(1): 47.

② HUMPHRIES M, UCBASARAN D, LOCKETT A. Sensemaking and sensegiving stories of jazz leadership[J]. Human Relations, 2011, 65(1): 49.

正的惩罚，公司也不会因此受到威胁。吉尔伯特坚持要把自己的"核心价值观"表达出来，而不是"在原则问题上表现得像变色龙"。他的辞职申请没有被批准，但这一行为反而提高了他的声誉，让他继续合理合法地担任公司领导。[①]

吉尔伯特克服重重困难，历经三个阶段，才成功地让自己的角色合法化。第一步，他把自己描述成一个处境非常艰难的人：不仅要揭露现实的欺诈行为，还将承担灾难性的后果。第二步，他表现出足够的决心来处理眼下的糟糕状况：他用辞职自证决心，表明他将公司的利益置于个人利益之上。第三步，他将自己塑造成带领公司摆脱困境的英雄：如果他成功克服当前的危机，他将赢得更多的簇拥和关注。

此外，商业领袖寻求角色合法化还有其他途径，具体可以分为以下几种：坚持到底（保持"船长"的身份，并表现出坚定意志）、技压群雄（运用自己非凡的技能，凭实力取胜）、回馈社会（忽略物质上的成功，怀着同情心来做事）。虽然无论在什么情况下，感知都是在当下发生的，但感知者却已着眼未来，并从挫折中走了出来。

直面反对者

让我们回到哈里斯的故事上来，想想其他人对她的行为会作何反应。他们会在多大程度上支持或反对她？哈里斯本人又会作何反应？[②]一部分批评者指责她暗示吸毒者不配生孩子，不断散布"危险言论"。[③]另一部分批评者则谴责她的项目带有强烈的"种族歧视"意味，并给她的工作贴上了"优生学"的标签，这让

---

① MACLEAN M, HARVEY C, CHIA R. Sensemaking, storytelling and the legitimization of elite business careers[J]. Human Relations, 2011, 65(1): 17-40.
② WEICK K E. Making sense of the organization: volume 1[M]. Oxford: Blackwell, 2001, 2: 204.
③ BERESFORD J. Should drug addicts be paid to get sterilized?[EB/OL]. [2015-06-05]. http:// news.bbc.co.uk/2/hi/uk_news/magazine/8500285.stm.

人想起阿道夫·希特勒（Adolf Hitler）政权的白人至上主义政策。①英国医学协会重新考虑了哈里斯提出的国际性倡议，取消了绝育手术的决定。爱尔兰一家戒毒中心的主任斥责哈里斯的做法"可怕至极"。②在肯尼亚的项目也饱受批评，因为有群众指责这个项目严重影响了艾滋病的治疗工作。与此同时，南非卫生部表示，如果该项目在想在南非继续运作，必须先要通过人权委员会的审核。

面对扑面而来的批评声，哈里斯的回应非常得体。她首先更改了慈善机构的名称，原来的名称——保护儿童运动（CRACK，全称Children Requiring A Caring Kommunity）比较容易引起激烈争议，改后的名称"预防项目"（Project Prevention）则带有更多中立色彩，能减少外界的非议。哈里斯还采访了每一位被保护儿童运动服务过的母亲，用她们的感激之词来激励自己继续前行。同时，她引用了能说明吸毒者种族多样性的统计数据，来进一步反驳种族歧视的指控，并直接回击道："我是家族中唯一的白人。"尽管她对自己在脱口秀节目中所传达的言论——"这些妇女简直生了一窝孩子"表示懊悔，但她也强调，她的话被媒体断章取义了。此外，哈里斯对自己想要实现的目标表现出了坚定不移的信念："我觉得我们做的每一件事都来自于你的内心。有些人过于关注女性和她们怀孕的权利，以至于忘记了孩子的权利。他们所表现出来的行为就好像这些孩子都不重要似的。"她也向批评者发出了邀请：

> 如果他们对此实在不能接受，那么他们也可以建立一个组织，就像他们对我说的那样。请注意，我的关注点主要在那些已经吸毒成瘾，却一次又一次怀孕的女性身上。③

不难发现，哈里斯的工作遇到了各种阻力，而且大部分阻力来得莫名其妙。

---

① MURRAY R. Group pays drug addicts to get sterilized or receive long- term birth control, sparks criticism[EB/OL]. [2015-06-05]. http://www.nydailynews.com/ life- style/health/group-pays-drug-addicts-sterilized-receive-long-term-birth-control-sparks-criticism-article-1.1075432.
CLARK A. IUDs to prevent hiv in kenya?[EB/OL]. [2015-06-05]. http:// www.thenation.com/article/160485/iuds-prevent-hiv-kenya.
② 参见：http:// en.wikipedia.org/ wiki/ Project_ P revention，于2013年3月16日访问。
③ BERESFORD J. Should drug addicts be paid to get sterilized?[EB/OL]. [2015-06-05]. http:// news.bbc.co.uk/2/hi/uk_news/magazine/8500285.stm.

麻省理工学院教授约翰·范·马南对此的观点是，许多争议和反抗的声音其实和我们的日常生活相距甚远。[①]这里面有许多事情让我惊讶，比如一个吸毒成瘾的妇女居然能一直生孩子；比如哈里斯的项目一经公布就立马得到了支持；再比如这种她认为对她所服务的吸毒者和他们所生活的社会都是有益的事情却也遭到了反对。哈里斯是一个非典型案例，但你的生活状况也会一样发生变化，关键在于你要如何理解发生在你自己身上的事情。在不断变化的世界里，随着经验的积累，你要处理更多意料之外的事情，但重要的是你如何看待它们。[②]

发展你的主题

回到之前讨论的职业主题上，我们会发现其实惊喜无处不在。当哈里斯自愿做一名领养者时，在她身上可以看到几个比较明显的主题：儿子长大后，她有了更多时间和精力；她觉得自己的抚养意识已经在脑海里根生蒂固了；她和丈夫是很默契的拍档，作为一对混血夫妇，他们拥有特别的养育经验；她有稳定的居住地点，还能获得一定的经济补偿。尽管在故事的结尾，她辞去了餐馆的工作，离开了她曾经赖以生存的居住地，但是哈里斯仍然保持着旺盛的精力，只是不再把过多精力放在领养孩子上了。"优秀的团队"和"与众不同的经历"仍然是她重要的人生主题，但这些主题都是针对慈善机构的，而不是领养事业。对领养事业而言，哈里斯更像是一个代言人，而她的丈夫则更像是她事业的支持者。

此外，还有一些新的主题：

1. **典型事业**：哈里斯现在致力于帮助那些有意节育的吸毒妇女找到长期避孕的方法。

2. **演讲和影响力**：哈里斯意识到她必须提高自己的公开演讲技能，以一种更为得体的方式在公开场合表达自己的事业观。

3. **应对反对者**：正如前面说到的，虽然哈里斯的工作饱受争议，但她一直在

---

① VAN MAANEN J. Experiencing organization: notes on the meaning of careers and socialization[M]//VAN MAANEN J. Organizational careers: some new perspectives. New York: Wiley, 1977: 32.
② 你可以通过回顾第3~5章的内容和相关笔记来建立自己的主题,然后你可以回顾第6章,看看你之前的笔记是如何联系在一起的,以及不同的就业和项目经历如何帮助你的主题变得灵活。第6章的内容也会引导你发展你的主题和进行后续的步骤。

努力回应这些批评。

从这些新的主题中不难看出,哈里斯成功增强了自信,以应对不断变化的情况。这一点很有趣,因为在很多领导力培训中,尤其是针对护士、警察或组织管理人员的培训,自信常常被列在培训目标里。[①]对哈里斯而言,随着工作的深入开展和新挑战的不断应对,她的自信也在逐步强化。

无论你是否认同哈里斯的事业,我们都建议你试着了解哈里斯是如何建立和扩展她自己的职业主题的,这样一来,你也可以用类似的方式来建立和扩展你自己的职业主题。比如测试职业主题的效果如何,修改原有的主题,并随着经验的积累来引入新的主题。

通过这样的训练,你就可以更好地提升自信心,而不是坐等其他培训项目来帮助你。

化 繁 为 简

本章的标题是"感知",这与你的智能型职业生涯高度相关。具体而言,在瞬息万变的世界中追求更有效的智能型职业生涯,这一过程需要你多措并举,而感知就是其中的重要部分。但要做的事情如此之多,很容易让你处于进退两难的境地。一方面,所有这些方法都可以让你更好地认识自我,采取正确的方式来对待工作和生活,并拥有发现新事物的欢喜。但另一方面,当今世界要求人们采取行动,去不断审视自己的过去,在某种程度上生活于过去之中,这有可能会限制

---

① ENTERKIN J, ROBB E, MCLAREN S. Clinical leadership for high-quality care: developing future ward leaders[J]. Journal of Nursing Management, 2003, 21(2): 206-216.
DARROCH S, MAZEROLLE L. Intelligence-led policing: a comparative analysis of organizational factors influencing innovation uptake[J]. Police Quarterly, 2012, 16(1): 3-37.
POPPER M, MAYSELESS O. The building blocks of leader development: a psychological conceptual framework[J]. Leadership and Organization Development Journal, 2007, 28(7): 664-684.

你适应未来的能力。你该如何解决这个难题呢？①

早在19世纪，著名的社会科学家、小说家威廉·詹姆斯（William James）就在鸟类的"栖息"和"飞行"之间作了一个有趣的比较。鸟儿的栖息是有意义的，因为它可以在栖息的过程中思考过去发生了什么，并计划下一步该做什么；鸟儿的飞行则说明它正在采取行动。②这个比较告诉我们，我们需要像鸟儿一样，循环交替地运用"感知"和"行动"这两种行为。从某种意义上来说，当鸟儿获得一定经验后，栖息就变得更加复杂了。但从另一个层面来看，鸟儿在栖息时，通过感知，就会对可能发现食物的地方以及天敌（比如猫）可能出没的地方，更加了然于胸。一旦鸟儿完成了这一感知行为后，就可以开始应对其他挑战，比如寻找配偶、选择地点并筑巢。总体来看，鸟儿所经历的这一系列过程，和你的智能型职业生涯是一致的。在最开始阶段，你对未来的感知会让工作和生活看起来更加复杂，但当你"栖息"时，你可以看到，先前的感知慢慢消退，新的感知又会慢慢建立起来。

从上面的例子可以看出，本章各个部分都有一致性。每个人都跟你说"现在请你试着用这种方法看待事物"，并告诉你一系列感知的方法。而所有的这一切，都是为了帮助你在简化生活方面迈上一个新台阶。哈里斯在本章开头和接近结尾时所展示的图景能很好地说明这一点：她的主题发生了很大的变化，但由于她的智能型职业生涯已经有了明确的方向，所以这些变化并不难理解。你虽然不是哈里斯，但你也可能正在经历新事物，所以你现在需要在栖木上稍作休息，重新认识你的生活，再振翅高飞，然后再次休息，以此往复。这就是你、你的事业以及你所生活的世界的本质。

总之，我们在本章介绍了"感知"，希望你能运用这种基本方法来解释你的过去，并掌控你未来的智能型职业生涯。你可以列出一个主题清单，来描述你目前的职业状况。你还可以运用包括视觉方法在内的其他手段，来重新认识你职业生涯的不同方面，比如画出你的职业状况或生活轨迹。你也可以站在自己的角度

---

① COLVILLE I, BROWN A D, PYE A. Simplexity: sensemaking, organizing and storytelling for our time[J]. Human Relations, 2011, 65(1): 5-15.
WEICK K E. Organized sensemaking: a commentary on processes of interpretive work [J]. Human Relations, 2012, 65(1): 141-153.
② JAMES W. The principles of psychology: 2 vols[M]. New York: Dover Publications, 1957: 243.

去重新解释不断变化的情况，接受并采纳反对意见，以浴火重生的方式处理职业生涯中出现的挫折。除此之外，你还可以和其他人或其他团队一起工作，帮助他们理解自身的处境，并使你的角色合法化。随着时间的推移，你需要重新审视和更新你的职业主题，并且通过定期"栖息"来深入理解你的处境，明确什么是最重要的，然后在智能型职业生涯中再次起航。

第八章 拥抱科技

> 他拾起信息的碎片，
> 他熟练地适应环境，
> 因为对于陌生人和规则制定者来说，
> 任何不断发生的变化都在这里停留。
> ——拉什《数码人》

道格·古尔德（Doug Gould）是一名50来岁的资深广告人，也是位于马萨诸塞州波士顿市"艾伦&格雷斯"（Allen & Gerritsen）广告公司的创意副总监。他的履历金光闪闪，曾经获得十多个行业奖项，还制作了两个令人难忘的超级碗广告——在美国橄榄球大赛中最昂贵的时间段播出的新鲜的、备受关注的、典型的高成本大作（译者注："超级碗"指的是美国职业橄榄球大联盟的年度冠军赛，是美国人气最高的比赛，在该比赛直播中插播的广告因制作水平高、创意新颖而闻名，已成为优秀广告的代名词）。但古尔德把自己看得很清楚，他知道自己不能仅仅满足于眼前既得的荣誉，因为行业瞬息万变！在他刚开始工作的那几年，广告行业只需要一张绘图桌、一把哈伯鲁勒（一种塑料尺，用来测量一个给定的空间能容纳多少字）、一套"拉突激光印字传输系统"（用来选择一种字体并将选定的字符揉入空间）和一套颜色鲜艳的马克笔就能开工了。然而，就在不久前，古尔德还自信地"认为自己无所不知"，但很快，他就跟《华尔街日报》专栏作家苏·谢伦巴格（Sue Shellenbarger）说："我发现最近有一种新技术，是我以前完全不知道的，我得采取行动去学习这项新技术，否则我就变成老古董啦。"[①]

一直努力适应新科技的古尔德，很快就学会了使用脸书。但是，他在使用推特时却遇到了困难，因为他搞不懂为什么发推特时，系统总是提示"请发送小于140个字符"。不过很快他就克服了这个障碍，并且学习了一系列信息技术课程。

---

① SHELLENBARGER S. Don't be the office tech dinosaur[N]. Wall Street Journal, 2013-04-17(D1-D2).

跟其他客户经理不同的是，古德尔不会把具体的工作交给"菜鸟"，而是坚持自己亲力亲为。也正因如此，古德尔可以经常在电脑上学习新的设计和动画程序，尝试使用新的社交网络应用程序，或者使用他已经学会的高级软件来生成支持网络的html代码。古德尔常说："虽然我已经坐上了经理的位置，但我相信，没有人希望自己一辈子都只是个经理。所以，怎样才能在职业生涯的晚期还能保持不错的状态呢？对我来说，最重要的是继续工作。"

古德尔说，在他20多岁时，计算机图形程序中出现的早期技术浪潮，是促使他一直前进的动力。目睹了那些"不想学习或者害怕学习"的老同事们的命运后，古德尔便下定决心，一定要避免走上他们的老路。尤其当古德尔亲眼见证了数字技术和社交媒体给他所在行业带来的巨变时，他更加坚定了要在行业里长久生存的决心。留在镜子里的鬼魂是那些"跟不上时代的人"。年轻的同事总喜欢喊古德尔"道格大叔"或"师傅"，但他不仅不生气，反而大方地调侃这种称呼很亲切。不过他也承认，这些称呼或多或少都带有一丝嘲笑"老家伙"的意味，所以古德尔一直让自己保持与时俱进的状态。比如他从规模更大的希尔假日组织（Hill Holiday Organization）辞职，来到现在的这家公司工作，抓住机会帮助这家中型机构实现快速成长。无论是在正式还是非正式的场合里，古德尔都积极地参与到这家机构的"反向指导政策"（Reverse Mentoring Policy）活动中去，用自己在积累客户关系和科技业务演讲方面的经验，来跟年轻的同事们交换新的技术知识。[1]

在工作中，你可能也会和古尔德一样，面临着相似的技术挑战。或许你已经掌握了这些技术，但无论你目前是否能力超群，你都需要和日新月异的信息技术打持久战。因此，你要怎样才能适应技术的变革？你该如何与技术合作？技术是怎样把你和其他智能型职业生涯拥有者联系在一起的呢？或者换一种问法，正如我们本章的标题所暗示的，你该怎么做才能将技术融入你的日常生活呢？让我们在后面几小节中详细探讨这些问题。

---

[1] 古尔德在2015年4月离开 Allen & Gerritsen, 现在是波士顿大学的执行创意总监。参见:https:// www.linkedin.com/ in/ douggould, 于2016年3月31日访问。

回　　顾

面对互联网的快速变化，西班牙社会学家曼努埃尔·卡斯特（Manuel Castells）或许是对变化本质最有洞见的人。他在2010年出版的《网络社会的崛起》(*The Rise of the Network Society*) 第2版的序言中强调，我们必须正视"21世纪第一个十年所特有的危机和冲突"，其中包括全球金融危机、混乱的商业和劳动力市场、令人不安的经济犯罪增长趋势，以及在宗教原教旨主义、不容忍（译者注：不具有包容性）和暴力等方面出现的"心怀不满者的数量的反弹"。[①] 此外，显而易见的是，这场大范围的巨变"酝酿于新经济之中，而新经济则代表了由技术创新、网络普及和劳动力高等教育水平提升带来的生产力大幅提升"[②]。但是这种大幅提升却引发了意想不到的后果。那么，接下来会发生什么呢？

在你的智能型职业生涯中，你生活在两个世界里：一个是网络中的虚拟世界，知识通过它流动，知识经济通过它运转。你作为参与者，肯定希望网络世界能得到有效维护，因为网络是你赖以生存的根基，能帮助你顺利把成果交付给合作者和客户。另一个是现实中的物质世界，也就是你在其中安身立命并参与社会往来的地区和国家的统称。就在不久前，人们还普遍认为虚拟世界和物质世界是相互分开的，彼此之间几乎没有影响，甚至会一直以这样分割的状态运转下去。然而在21世纪第一个十年结束时，一种新的秩序出现了，大家越来越把网络当成一种工具，来推动社会治理或变革。显然，你已经同时参与到这两个世界中了。作为一名知识工作者，你可以为此贡献些什么呢？同时，你又能为现实世界贡献些什么呢？

在本章我们将主要关注上面提到的第一个问题，从而帮助你更好地与技术建立合作关系。同时，我们也会指引你去思考技术批评者的观点，比如有些批评者认为强大的技术是有害的，所以不能仅仅依靠技术来为创新提供动力。因此我们请你"拥抱"技术，正如我们本章标题所建议的那样——在欣赏技术能力的同时，也要意识到它的不足之处。无论你生活在哪里，无论你的周围是什么样的社

---

① CASTELLS M. The rise of the network society[M]. 2nd ed. Chichester: Wiley-Blackwell, 2010: xvii.
② CASTELLS M. The rise of the network society[M]. 2nd ed. Chichester: Wiley-Blackwell, 2010: xx.

会形态，我们都希望通过技术这一纽带，来帮助你与你的物质世界保持联系。

听听反对者的声音

让我们先来听听技术反对者的声音吧。他们认为，网络是我们日常生活中的一种消极力量。尼古拉斯·卡尔（Nicholas Carr）的《浅滩》（*The Shallows*）一书就是消极力量观的典型代表，这本书于2010年出版，并入围了著名的普利策奖（Pulitzer Prize），但书中内容却与上文提到的卡斯特的作品截然不同。卡尔说，作为一名作家，他承认互联网是"天赐之物"，因为他可以通过网络登录网上银行、购物、付账、安排旅行、发送贺卡和处理社交邀请等，这的确为他节省了不少时间。但是，他还是会发出这样的感叹：

> 网络似乎在削弱我的专注力和深度思考能力。无论我是否在线，我的大脑现在都希望以网络传播信息的方式来接收信息，就像一束高速移动的粒子流那样。我曾经是一名文字海洋里的潜水员，但现在的我就像乘坐滑水艇一样，只是滑过水面表层，却无法进入海洋深处。

卡尔接着问道："如果我的阅读方式没有改变，仅仅是我的思考方式发生了变化，那我要如何应对网上阅读？"[①]

卡尔又提供了辅助材料来支撑他的观点，主要抨击网络如何改变人的思维方式，而不是帮助人获得更大的利益。这里有一个令人困惑的论点，最新研究发现的大脑可塑性很可能使你成为网络诱惑的受害者。你完全可能只是在一眨眼之间，就把在几个世纪以来已经被证明有用的心智抛在脑后。随着科技的发展，一些坏习惯取代了好习惯。有一种特别重要的能力处于被遗忘的危险之中，那就是你"深度阅读"的能力，即持续全神贯注来啃一本内容晦涩的书的能力。[②]还有一个需要关注的问题是我们的记忆：如果现在将部分记忆授权给网络来存储，那

[①] CARR N. The shallows：what the internet is doing to our brains[M]. New York：W. W. Norton & Company，2010：6-7.
[②] CARR N. The shallows：what the internet is doing to our brains[M]. New York：W. W. Norton & Company，2010：74.

么日后你的大脑在调用记忆的能力上会发生什么改变?[1]

另一种网络有害论的观点认为,网络使你丧失对语境的感知。这一点尤其体现在你使用搜索引擎时,它们会对你输入的短语的语义进行放大。所以,当你在网络上进行搜索时,你会"只见树木,不见森林"。造成这一现象的原因主要在于网络破坏了你的注意力。事实上,这就是搜索引擎开发者想要达到的目的——吸引你的注意力,提升你对它的黏度。你会暴露在一片"嘈杂的刺激"中,慢慢偏离你搜索的初衷。[2]

不过,也有人对这类指控作了回应,并举出一些反例表明,网络有益于你的思维和社交生活。[3]总之,无论持有网络有益论和网络有害论的双方怎么展开辩论,从本质上看,这就是人们所熟悉的成熟技术与新技术之间的冲突。其实这种类似的情况以前也发生过,例如随着印刷机、工厂和汽车等新技术的出现,尽管人们的抵触情绪如影随形,但新技术仍然改变了人类的生活。网络时代已经到来,你既是见证者,也是贡献者。

适应摩尔定律

摩尔定律(Moore's Law)由英特尔(Intel)创始人之一戈登·摩尔(Gordon Moore)提出,其主要内容为:芯片上可以容纳的晶体管数目大约每两年就会翻一番。而芯片是家庭和办公室电脑以及连接电脑的服务器的核心,因此我们可以预测这些设备的性能也将每两年翻一番。自1965年提出以来,摩尔定律所揭示的这种趋势已经持续了半个多世纪。图8.1描绘了这一定律在一些关键年份的演进情况。摩尔的一位前同事(也在英特尔工作)甚至提出,如果采用更多更快的晶体管进行组合,那么处理器的性能可能每隔一年半就会翻一番。大多数人预测,摩尔定律在可预见的未来里还将继续适用,从而进一步降低计算成本并扩大应用范围。那么,在你的智能型职业生涯中,你必须要看到计算机技术领

---

[1] CARR N. The shallows: what the internet is doing to our brains[M]. New York: W. W. Norton & Company, 2010: 191.

[2] CARR N. The shallows: what the internet is doing to our brains[M]. New York: W. W. Norton & Company, 2010: 91.

[3] LEHRER J. Our cluttered minds[EB/OL]. (2010-06-06)[2015-12-18]. http://www.nytimes.com/2010/06/06/books/review/Lehrer-t.html? r=0.

域的不断变化，并在工作中适应这种变化。①

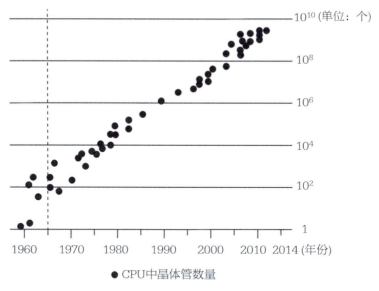

图 8.1　支持摩尔定律的 50 年证据

事实上，适应摩尔定律会变得越来越有挑战性，这主要是由两个原因引起的：一是基础技术的发展及其应用情况。在硅片表面刻蚀几何形状的光刻技术，不仅持续降低了芯片的成本，提高了它们的可靠性，而且还带来了硬盘存储成本降低、计算机网络容量增大、摄影像素密度提高、在线图书馆存储成本减少等方面的成果，这些都在表明我们正生活在一个"信息时代"。②这些成果带来的影响如此之大，以至于计算机先锋科学家杰伦·拉尼尔（Jaron Lanier）都不禁开始思考，他六岁的女儿到底是真正学会了开车，还只是简单地学会了使用有自动驾驶功能的汽车。但无论时间远近，学车这件事终究会消失，就像 100 年前学习驾驶马车一样。

二是摩尔定律已成为了某种行业标准。在所有的研发、战略规划、市场营销和工程部门中，摩尔定律已成为追求新业务的主要参考点。就芯片开发速度来说，如果你的预期值较低，那你的观点就不会被大家重视；如果你的预期值较高，那么你就必须努力工作来证明你的观点。事实证明，摩尔定律已经存在了 50

---

① WIKIPEDIA. Moore's law[EB/OL]. [2015-06-03]. http://en.wikipedia.org/wiki/Moore's law.
② LANIER J. Who owns the future?[M]. New York：Simon & Schuster, 2013：367.

多年，已经很难被推翻了。此外，这个规律还适用于计算机芯片占据突出地位的行业，例如数码相机和智能手表行业，以及上述智能汽车行业。

在摩尔定律诞生50周年之际，计算机历史博物馆的大卫·劳斯（David Laws）将摩尔定律所形成的曲线图描述为"人类历史上最重要的曲线图"，而摩尔本人也曾预测这一定律至少还能适用10年。然而，《经济学人》杂志却警告说，尽管晶体管可以再进一步缩小，但这样做的成本可能会导致这一定律难以为继。[1]也许《经济学人》的预测可能会成真，但你现在最好主动拥抱科技进步，而不是抵制它的到来。

顺应技术潮流

信息技术教授兼作家吴添福（Tim Wu）提出了一个有意思的思维实验：假设你面前站着一位在百年前受过教育的时间旅行者，你把她介绍给一个藏在窗帘后面的朋友，然后让她提出一些她喜欢的问题来评估你朋友的智力。她每提出一个问题，你的朋友都可以立即回答，比如快速背诵出莎士比亚的某个段落，进行富有挑战性的运算，说一口流利地道的外语，非常详细地描述地球上的绝大多数地方，并对相对复杂的问题给出"完美"答案。这时，时间旅行者可能会得出这样一个合理的结论：我们的物种已经进化到了前所未有的"超智能"新水平！

紧接着，我们拉开窗帘，这位100年前的时光旅行者会惊奇地发现，原来你的朋友和她自己一样，只不过是一个普通人。唯一不同之处在于，你的朋友手里拿着一部智能手机。不过，你的朋友还有一个优势，那就是能从事大量的研究工作，而这些研究工作又能助推网络的出现。美国国防部资助的一个重大研究项目旨在寻求"一种新的、系统的方法来提高人类个体的智力效率"。位于硅谷的施乐帕洛阿尔托研究中心（Xerox Parc Research Center）采纳了这一想法，开发了一种结合了屏幕、键盘和鼠标的"图形用户界面"。苹果电脑采用了这种界面，

---

[1] LAWS S D. Moore's Law@50: the most important graph in human history[EB/OL]. http://www.computerhistory.org/atchm/mooreslaw50-the-most-important-graph-i n h uman-history/.
REYNOLDS S. Gordon moore: moore's law will last another 10 years[EB/OL]. [2015-05-13]. http : //vrworld.com/2015/05/13/gordon-moore-moores-law-will-last-another-10-years/.

很快就发展成了今天被人们熟知的网络和智能手机。对时间旅行者来说,超智能只是一个错觉。①

我们还能从这个思维实验中得出什么结论呢?技术开发人员已经在朝着不同的方向前进,包括建立在线图书馆,开发数学工具、语言翻译程序,提供全球地图服务,编写百科全书以及其他对知识的吸收和利用形式。另外还有一些较为明显的发展方向,包括在线音乐、视频、游戏、通信系统、控制系统(在航空危机中,空客飞机自己可能会接管控制权,因为它可以比任何飞行员更快地进行关键计算)、聊天室、虚拟现实,等等。技术开发人员不仅开辟了新的道路,而且还为其他人的进一步发展扫清了障碍,即将推出的无人驾驶汽车就是其中之一。我们可以发现这种发展势头不是仅凭技术或摩尔定律就能实现的,而是需要各种开发团队的重新组合,才能呈现出最终产品。②

当你思考技术与开发人员应该如何结合时,你需要了解技术的需求,就像《连线》杂志的前编辑凯文·凯利(Kevin Kelly)想到的那样。③简单地说,技术要的是它的开发者能用它做些什么。密切关注那些开发人员,你可以很好地了解事情的发展方向。

与机器人为友

凯利以"机器人"为例做出这样的预测:随着本世纪的飞速发展,机器人将变得非常普遍。他以巴克斯特(Baxter)——一个被设计成与人类一起工作的原型机器人为例,来尝试说明他的论点。与以前的机器人不同,巴克斯特能够"看见",它的眼睛能够探测到附近是否有人存在,这样他就可以在你身边工作却不会挡你的路。训练巴克斯特也很容易:你拿起它的手臂,展示你想要它做什么,它就可以重复这个动作。举例来说,从卡车上卸下一堆木材并重新堆放,你只要用巴克斯特的手臂做一次演示,它就能很快学会,不需要花大价钱去编程,它就

---

① WU T. If a time traveler saw a smartphone[EB/OL]. (2014-01-10) [2015-06-03]. http://www.newyorker.com/online/blogs/elements/2014/01/if-a-time-traveller-saw-a-smartphone.html.
② BRYNJOLFSSON E, MCAFEE A. The second machine age[M]. New York: Norton, 2014.
③ KELLEY K. What technology wants[M]. New York: Viking, 2010.

能完成这个简单的动作。此外,巴克斯特的价格也较为便宜,差不多就是一辆中型汽车的价格。巴克斯特和他的后续产品似乎将改写传统制造业的运作方式和工作地点,其实这不仅仅是凯利的观点,《经济学人》很快推出了特刊,进一步肯定了凯利的这些预测。①

与此同时,机器人正在以更加活跃的姿态进军服务业。比如亚马逊网已经计划用机器人来投递包裹了。随着人们对机器人的能力越来越信赖,它们的应用频率将会成倍增长。你如何才能赶上这些新发展并从中获益?凯利的文章提出了一个简单的四象限框架(图8.2)。从象限一开始看,你现在工作的哪些部分将来可以由技术(比如说,像巴克斯特这样的机器人)来完成?再来看看象限二,你的工作在多大程度上依赖巴克斯特这样的机器人?现在请把目光移到象限三,你能在工作中做出哪些新的贡献,而这些贡献是技术所不能代替的?最后我们来观察象限四,现在有些事情超出了你的想象,但没关系,只要你的想象力还能继续发挥作用就行!

	象限一	象限二
当前的工作	当前可以由工人完成的工作,在未来可能会被新技术取代	用技术来完成的工作,是工人无法完成的
	象限三	象限四
未来的工作	在新技术出现之前,有些工作是只有工人才能做的	有些工作受到了新技术的启发,但这些新技术是我们无法预见的

图8.2 工作、工作者和技术之间随时间不断变化的关系

重拾话语权

很久以前,笔、墨、纸是日常生活中的奢侈品,所以口耳相传成为人们在日

---

① KELLY K. Better than human:why robots will-and must-take over our jobs[EB/OL]. (2012-12-14) [2015-12-18]. http://www.wired.com/2012/12/ff-robots-will-take-our-jobs/.
The economist special report:rise of the robots[EB/OL]. [2015-12-18]. http:// www. economist. com/news/lea. ders/21599762-prepare-robot-invasion-it-will- change- way-people-think-about-technology-rise.

常生活中用来传递信息的重要方式。这一传统被古希腊人在他们"苏格拉底方法"式的社会话语中理想化，并在15世纪初的欧洲宗教改革中得到重申。当时，艺术家们对人们日常工作进行描绘的做法，对普遍存在的正统观念提出了挑战——统治阶级通过对书面文字的垄断来进行统治。[1]随之而来的是印刷术、工业化、大众识字能力（既能读也能写）的普及，以及官僚体制的出现，但由于官僚体制和大众阅读能力之间存在相互依赖的关系，所以在20世纪的大部分时间里，社会对人们写作的要求相对较低，能填写表格通常就足够了，而"文盲"一词通常被认为是指缺乏阅读能力而不是写作能力。

打字机的出现慢慢改变了这一情形，它将打印文字的能力普及到更广泛的人群中。个人电脑改变了更多的东西，它为每个用户提供了生成和修改印刷材料的机会。网络再次改变了这一点，将人们的触角伸向更广泛的读者群体，而社交网络软件又一次改变了这一切。我们不断地发电子邮件、发短信、发推特、发博客、发帖子，写作在我们生活中的分量已经不可同日而语。2013年，科普作家克莱夫·汤普森（Clive Thompson）总结说，仅在Facebook上，每天就能产生160亿个单词；在中国，仅新浪微博每天就有1亿次更新；纵观全球，每天有120亿个文字通过短信发送。汤普森对每天在网络上生成的文字内容总量进行了预测，他说，这些内容相当于每天出版3600万册图书，而美国国会图书馆的藏书总量也不过只有3500万册。[2]

对你和其他智能型职业生涯拥有者来说，阅读和写作又再次结合在了一起。当然，汤普森还强调，普通作家的水平也已经比以前高了很多。使用打字机只是一个开始，但"剪切和粘贴"方法所受到的篇幅限制随着个人电脑的到来而结束。个人电脑的出现还意味着，你可以尝试不同的想法、查阅资料、检查语法，以一种前所未有的方式来加工你的材料。汤普森说，真正发生改变的是人们开始为读者写作。写作的本质就是阐明你的想法，哪怕只有一个读者，他也会鼓励你坚定地写下你的想法，他的反馈是你取得更大进步的助推器。我们已经发展到需要运用某种话语体系的阶段，而这种话语体系被古希腊人所高度推崇，在宗教改革之初其实就已经重获过新生，但这次是同时使用口语和书面语。[3]

[1] BUTTERFIELD A. Art and innovation in ghiberti's gates of paradise[M]//RADKE G M. The Gates of Paradise. New Haven：Yale University Press，2007：17-41.
[2] THOMPSON C. Smarter than you think[M]. New York：Penguin，2013：47.
[3] THOMPSON C. Smarter than you think[M]. New York：Penguin，2013：116-123.

超越读写能力

读写能力指的是你的"词汇知识",也就是你对一个或多个字母以及由字母组成的所有词汇知识的了解。[①]但除了了解字母外,还有更多的事情在等着你。让我们先从微软办公程序或其他同类的常用电脑程序包开始谈起,这些程序包括文字处理、电子表格制作和幻灯片演示程序。这些程序的出现要求你和你的合作者展示新的能力,如计算能力和读写能力,以及用可视化的方式展示主要参数及相关图像的表达能力。智能型职业生涯拥有者普遍希望自己能熟悉并掌握这三种类型的程序。此外,随着这些程序不断升级更新,其他人对你能力的期望也会发生改变。一个简单的例子是跟踪共享文档中相关内容的变化。一个更实质性的例子是数据可视化方面所展现出的进步性,它在比较数据方面的表现力远远超出了传统的PPT,如图8.3所示。

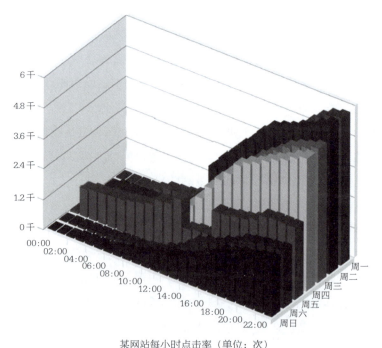

某网站每小时点击率(单位:次)

图8.3 数据可视化示例

---

① Online etymology dictionary[EB/OL]. [2014-03-29]. http:// www.etymonline.com/index.php?allowed_in_frame=0&search=literate&searchmode=none.

除了传统办公软件的迭代外，数字技术也改变了摄影和电影应用的方式。这些发展首先在你的社交生活中，而不是在你的职业生活中变得越发突出。当然，它们也正在迅速融入你的职业生活中。社交软件 Instagram 最初开发的"滤镜"功能，是为了方便用户在网络上分享图片和短视频之前，能先对这些图片和视频进行优化和加工。但这项技术很快这就被运用于商业用途，例如展示产品、流程或场所，或为选定的客户提供参观服务。[①]

生活在新的流动性中

技术也为"劳动力流动"赋予了新的内涵，流动不再指雇主的变化，而是指你连接到网络的地点具有流动性。我们举两个来自非洲大陆的案例来具体说明。

第一个案例是著名的"Ushahidi"（在斯瓦希里语中意为"证人"）网站，它的设计初衷是用来报道2007年肯尼亚选举中的暴力事件。颇具争议的选举结束后，肯尼亚境内出现暴动，该网站应运而生，用来跟踪政府暴力事件。由四个好朋友组成的一个小团体意识到，可以将手机与谷歌地图结合起来，定位暴力发生的地点，呈现出一张由暴力事件"热点"构成的地图。这不仅可以记录暴力事件，而且可以迅速向受害者提供帮助。这个网站很快就吸引了感兴趣的投资者注资，并且在全球范围内的危机应对与协调方面发挥着越来越重要的作用。比如，Ushahidi 通过成功定位救援地点，将急救人员引导到亟须帮助的地方，有力地支持了2010年海地地震救援工作。Ushahidi 很快成为知名的记录危机事件的地图平台，被广泛用于向受灾地区（如：澳大利亚、智利、日本、新西兰和俄罗斯）提供救援信息。[②]

Ushahidi 是众包的一个典型案例，你可以邀请以前不认识的志愿者帮你提供新的服务或改进现有的服务。我们还可以列举出很多有关众包的知名商业案例：黄金集团（Goldcorp）是一家矿业公司，通过在线发布所有地质数据并就某些具体问题寻求大众帮助，从而发现了800万盎司新黄金；宝洁公司在意识到自己的研发部门已经无法满足大多数客户需求时，通过"开放式创新"完成了大部分研

---

① AU V. 10 Creative ways to use instagram for business[EB/OL]. [2015-06-05]. http://www.so-cialmediaexaminer.com/ instagram/.
② WIKIPEDIA. Ushahidi[EB/OL]. [2015-06-05]. http:// en. wikipedia. org/ wiki/ Ushahidi.

发活动；葛兰素史克公司（GlaxoSmithKline）于2012年在网上公布了所有临床试验数据，并欢迎其他公司和科学家共同参与新药研制。[①]非营利或公共部门也有很多关于众包的例子[②]，比如招募志愿者帮助探索太阳系来发现新的恒星，或者帮助破译古代纸莎草纸碎片上的信息等。[③]

另一个有关新的流动性的案例，来自于最近对信息技术专家就业模式的研究。有一项针对他们的全球调查发现了一个新的群体，即所谓的GenMobile工作者，他们习惯于在家工作，工作时间不固定，而且更喜欢灵活的工作安排，而不是更高的薪酬。因此，这些工作者要求他们的雇主提供可靠的高速"WiFi"连接，以及相应的软件系统和必要的基础信任，以适应他们对灵活工作时间和地点的偏好。简而言之，他们要求雇主围绕工作者随身携带的移动设备来重新安排工作。

南非的上班族似乎和其他人一样喜欢新的移动性：72%的人表示他们的移动设备可以帮助他们更好地管理生活，64%的人更愿意一周在家工作两到三天，53%的人认为上午9点之前或下午6点之后工作效率更高，42%的人觉得"WiFi"比其他连接（比如速度较慢的"4G""3G"或"有线"连接）要好。南非的路况比较糟糕，这也强化了工作者们不愿意去公司办公室工作的意愿。[④]

在众多案例中，我们不难发现，为了获取技术支持而必须去办公室工作的逻

---

① 黄金集团的故事来源于：TAPSCOTT D, WILLIAMS A D. Wikinomics[M]. New York: Portfolio, 2007: 7-10.
宝洁公司和葛兰素史克公司的故事来源于他们的公司网站：http://www.pgconnectdevelop.com/home/pg open_innovation.html, http://www.gsk.com/research/sharing-our-research/open-innovation.html, 于2015年6月5日访问。
② LEE S M, HWANG T, CHOI D. Open innovation in the public sector of leading countries[J]. Management Decision, 2012, 50(1): 147-162.
③ LEMONICK M. Crowdsourcing the stars[EB/OL]. (2013-05-01)[2015-06-05]. http://www.newyorker.com/online/blogs/elements/2013/05/crowdsourcing-the-stars.html.
FARRELL B. Help rewrite history[EB/OL]. [2015-06-05]. http://www.radiolab.org/story/297250-help-transcribe-ancient-papyri/.
④ NETWORKS A. Are you ready for genmobile?[EB/OL]. [2015-06-05]. http://www.arubanetworks.com/pdf/solutions/GenMobile_Report.pdf
MUNGADZE S. Tech-savvy employees changing the workplace [EB/OL]. (2014-01-31)[2015-06-05]. http://www.bdlive.co.za/business/2014/01/31/tech-savvy-employees-changing-the-workplace.

辑被大大颠覆了。取而代之的是，你走到哪里，就把技术带到哪里，而办公室则必须要学会适应你的变化和要求。

提 倡 开 放

加拿大作家唐纳德·塔普斯科特（Donald Tapscott）和安东尼·威廉姆斯（Anthony Williams）一直对技术变革及其带来的后果持乐观态度。他们在2007年出版的《维基经济学》（Wikinomics）一书中认为，网络为人们积极参与全球经济提供了更多可能性。[1]2010年，他们又出版了《宏观维基经济学》（Macrowikinomics）一书，书中提到人们可以运用互联网工具，让世界变得更加"繁荣、公正和可持续"。[2]2013年，他们又在新书《激进开放》（Radical Openness)中，把技术定义为激励人们向更加透明化方向迈进的"不可阻挡的步伐"，并通过它实现"人人都能参与的全球经济"。[3]尽管塔普斯科特和威廉姆斯的论点针对商业世界，但他们坚持认为，作为一个智能型职业生涯的拥有者，你既是变革的驱动者，同时也是受益人。你觉得他们说得对吗？网络是否带领你走向人人都能参与的、全新的、可持续的经济秩序？

美国政府对国家安全泄密的零容忍是否意味着高透明度社会倡导者将会面临更艰难的时期？塔普斯科特和威廉姆斯在《激进开放》中强调，他们的观点既适用于企业，也适用于政府。因为透明度作为一项基本原则，不带任何伪装和欺骗，能提高信息的可见性和可获取性。原先在21世纪初被广泛认可的信息控制的方式已经被淘汰[3]，通用汽车（General Motors）就是前车之鉴。该公司刻意对公众隐瞒点火开关缺陷长达11年，最终在2014年2月东窗事发，向公众道歉并召回了260万辆汽车。这一事件也促使管理者以更透明的方式经营他们的

---

[1] TAPSCOTT D，WILLIAMS A D. Wikinomics：how mass collaboration changes everything[M]. New York：Portfolio Penguin，2010：3.
[2] TAPSCOTT D，WILLIAMS A D. Macrowikinomics：rebooting business and the world[M]. New York：Portfolio Penguin，2013：7.
[3] TAPSCOTT D，WILLIAMS A D. Radical openness：four unexpected principles for success[M]. Kindle，2013.

组织。①

这种对开放的激进观点不仅与本章开头所提到的古尔德的两个世界（虚拟世界和物质世界）理论有关，还与你作为一个智能型职业生涯拥有者和社会成员所扮演的角色有关。如果你在类似通用汽车这样刚受到惩罚的组织里工作，那就请加入到发动变革的承诺中去吧！只有这样，才能确保你的公司不会重蹈通用公司的覆辙！同样，如果你在宝洁或葛兰素史克这样致力于开放创新的公司里工作，那也请你加入到变革的队伍中来吧！如果你在非营利或公共部门工作，我们也想请你这样做。无论你在哪里工作，你只有投身于变革当中，才能和其他人一起努力，来帮助公司文化朝着更透明的方向发展。或者，如果你不喜欢公司里的一些现象，那么你要怎么做才能改变现状，以便在公司文化中拥有更大的话语权呢？作为社会的一员和一个民主进程的贡献者，在工作之外你又会怎么做？

这些想法与其他关于数字公民教育的想法有关，数字公民教育能反映出我们如何使用信息技术（我们的技能）以及为什么要使用它（我们的价值观）。在中小学和大学教育课程中，数字公民越来越受重视，已经成为教育系统的重要组成部分。②你可能已经受过或也可能错过了这种教育，但不管怎样，你在眼下或者未来都将面临挑战，你得通过你的职业生涯为虚拟世界做贡献。倡导开放是一种拥抱技术的方式，你要坚持让它为你服务，同时也为他人服务。

总之，新技术，特别是万维网，改变了我们工作的世界。20 世纪末开始的技术创新、网络和高等教育的变化在 21 世纪的第一个十年表现尤为明显。曾经被视为独立的物质世界和虚拟世界现在显然是相互依存的。你需要清楚地认识到，当你把技术融入到你的智能型职业生涯时，本质上发生了什么改变。在可预见的未来，摩尔定律对技术变革速度的预测无疑是正确的。配备智能手机或平板电脑

---

① VLASIC B, WALDMARCH M L. G. M. Expands ignition switch recall to later models[EB/OL].（2014-03-29）[2015-06-05]. http://www.nytimes.com/2014/03/29/business/lawmaker-urges-owners-to-stop-driving-their-cobalts.html.

② BAKER F W. Media literacy in the k-12 classroom[C]. Washington：International Society for Technology in Education，2012.
   CROCKETT L, JUKES I, CHURCHES A. Literacy is not enough：21st century fluencies for the digital age[M]. Thousand Oaks，CA：Corwin/ Sage，2011.

的当代工作者似乎比过去同龄的工作者们更聪明、更富生产力。随着机器人被越来越广泛地应用到工作场所，我们鼓励你在交流中变得更加"百事通"。网络的出现意味着新的流动性是指通过网络技术访问而非物理空间的移动，也同样意味着组织和政府比以往任何时候都更加透明。技术向你发出了一则不停变化的邀请，你需要立足自身去拥抱它。

第九章 投资社区

> 加一把椅子进来
> 品尝一口美食
> 你就成了我们中的一员
> 生活就是如此美味无穷。
>
> ——露丝·雷切尔

20世纪90年代初,莎拉·霍洛维茨(Sarah Horowitz)在纽约的一家律师事务所谋得了一份工作,但她被告知,享受不到作为一名普通员工理应获得的基本福利,例如医疗保险、养老金或带薪休假。尽管事实证明这种"不公平"待遇只是暂时的,但这则消息还是让人感到非常不满。霍洛维茨在大学期间主修劳资关系,父亲是一名劳工律师,祖父是一名工会活动家。她意识到越来越多的劳动者跟她处在相同的困境中,于是在1995年,她创立了非营利组织——"今日工作"(Working Today)。霍洛维茨说,当时创建"今日工作"的初衷是为了代表独立工人表达诉求,并在就业市场和政治中发展集体力量。

"今日工作"吸引了捐款者和独立工作者的关注,截至1997年,它已经成为了一个由35000名自由职业者组成的网络团体。后来,《纽约时报》记者史蒂文·格林豪斯(Steven Greenhouse)报道称,这些成员中包括"律师、程序员、平面艺术家、会计师、顾问、保姆、作家、编辑、网站设计师及Etsy(手工商品网站)上的卖家"。[①]霍洛维茨和她的顾问开始为那些自由职业者(他们大多都是智能型职业生涯拥有者)制定"施政议程",重点关注他们在医疗保健、税收和失业保护方面遭受的不平等待遇。为进一步落实纽约自由职业者希望建立可携式福利的想法,自由职业者工会于2003年正式成立。在接下来的几年里,借助该工会的力量,他们开始进行政治游说,让国家认识到自由职业者面临的特殊

---

① GREENHOUSE S. Going it alone, together[EB/OL]. (2013-03-24)[2015-12-19]. http://www.nytimes.com/2013/03/24/business/freelancers-union-tackles-concerns-of-independent-workers.html?_r=0.

问题，制订了健康保险和养老金计划。2009年该工会会员人数已达10万人之多，截至2016年，会员人数已经超过了30万人。①

霍洛维茨仔细倾听成员们的意见，她意识到医疗保险存在很大隐患。在美国，自由职业者通常享受不到这种福利，自己购买医疗保险很昂贵。自由职业者工会迅速采取行动填补这一缺口，从富有同情心的基金会那里拿到了1700万美元的启动资金和低息贷款，制定了特定的合作医疗保险政策，并在纽约布鲁克林开设了专门的诊所。美国联邦政府对此深有感触，向工会发放了3.4亿美元的低息贷款，用于在纽约、新泽西和俄勒冈州建立更多的医疗合作社，覆盖人群不仅包括自由职业者，也包括其他没有保险的工人。

霍洛维茨通过自己的游说工作，使自由职业者联盟成员得到了其他好处。霍洛维茨与纽约州东北部和华盛顿特区的政界人士密切合作，从而扭转了自由职业者面临的不平等局面。例如，她帮助纽约市取消了对自由职业者征收的惩罚性"非公司营业税"，让联邦政府意识到4200万工人所面临的特殊挑战。霍洛维茨认为，自由职业者联盟的建立与发展，和健康与养老金福利系统的崩溃是相伴而生的，是对已建立的就业保障体系的一种回应，而且这一现象不仅仅发生在美国。她还写了一本包罗万象的自由职业者圣经，帮助人们成长为独立工作者并取得事业上成功。②她在介绍联盟的时候说道，希望每个人都能拥有"有意义的独立性"，通过"摆脱他们的不安全感，让他们有能力承担风险，因为背后有人支持他们"。③

自由职业者联盟的故事对你的智能型职业生涯提出了一系列的问题。在你的工作中，你有机会与其他职业的从业人员建立联系并相互支持吗？在什么情况下，你能和其他人围绕你们的工作形成一种社区意识？社区如何支持你获得工作身份并帮助你发展新的技能？你适合在哪些职业领域工作？你的工作地点如何影响你的工作？所谓的虚拟社区能在多大程度上取代或补充传统意义上以实际空间为基础的社区？你或其他人可以做些什么来启动新的社区项目？你怎样在你的整个工作生活中利用社区关系？

① 参见：https://en.wikipedia.org/wiki/Freelancers_Union，于2015年12月19日访问。
② HOROWITZ S. The freelancer's bible[M]. New York：Workman Publishing，2012.
③ GREENHOUSE S. Going it alone, together[EB/OL]. (2013-03-24)[2015-12-19]. http：//www.nytimes.com/2013/03/24/business/freelancers-union-tackles-concerns-of-independent-workers.html?_r=0.

不再独自打保龄球

在霍洛维茨迈出成立自由职业者联盟的第一步时,哈佛大学社会学家罗伯特·普特南(Robert Putnam)发表了他极具影响力的论文《独自打保龄球》(*Bowling Alone*)。在这篇文章中,普特南认为,美国保龄球联盟参与者的行为是美国生活中"社会资本"更广泛衰退的征兆。人们仍然在打保龄球,但却不愿参加联赛期间的"社交互动",甚至就连"偶尔喝啤酒和吃披萨时的文明对话"也不太愿意参加了。①普特南认为,就像保龄球联盟一样,所有证据都直指这样一个现实——"美国公民社会的活力在过去几十年里显著下降"。此外,一项最新的世界价值观调查表明,这一现象在美国之外的国家和地区也普遍存在。②

普特南认为,传统形式的公民组织的活力是否已被"充满活力的新组织"所消解,这才是现象背后所揭示的更重要的问题。当时,普特南坚定地认为事实并非如此。在极端情况下,大型机构,比如连锁店,也会宣称自己是"社区"成员,尽管成员之间的社会联系程度很低。另一种极端情况是,所谓的支持团体迅速扩大,40%的美国公民都参与其中。然而,他对这些团体未来是否有更大的发展可能性不屑一顾:

> 具有约束力的社会契约只规定了最基本的义务。比如,如果有时间就来吧;想说就说吧;尊重每个人的意见;我们从不批评;如果你不满意,请安静地离开。我们可以想象,(这些小团体)真的能取代与我们终身相伴的家庭、社区和更广泛的社区联系吗?事实并非如此。③

其他类似的事情还在继续上演:越来越多的妇女投身职场,她们参与公民生活的程度正在下降;单亲家庭的数量越来越多;工作岗位之间的调动越来越频

---

① PUTNAM R D. Bowling alone: america's declining social capital[J]. Journal of Democracy, 1995, 6(1): 65-78, 70.
② PUTNAM R D. Bowling alone: america's declining social capital[J]. Journal of Democracy, 1995, 6(1): 73.
③ PUTNAM R D. Bowling alone: america's declining social capital[J]. Journal of Democracy, 1995, 6(1): 72.

繁,从而导致居所的稳定性不断下降。普特南预见性地提出了"休闲的技术变革"的概念——指的是电视、录像机(你还记得吗?)和虚拟现实头盔在取代更多社会导向活动方面的影响。[1]虽然我们很难预测在未来20年里,技术将会给我们带来什么,但普特南提出的问题在今天看来仍然很有意义。技术是否让个人利益和集体利益之间产生了分歧?你的个人利益和集体利益又有怎样的关系呢?

对于上述问题,以李·雷尼(Lee Rainie)和巴里·韦尔曼(Barry Wellman)为代表的来自美国和加拿大的学者团队给出了两个答案,分别受到了"末日论者"和"狂热者"的青睐。[2]前者对我们所失去的感到遗憾,后者则对我们所取得的表示赞赏,认为技术给社区建设提供了更多机会,也催生了广泛的社交网络模式,这在以前是无法想象的。这种社交网络可以补充传统社交团体的实际互动,也可以为更分散的群体(如专业社团及其内部的专业化)提供更大的交互平台。正如我们稍后将要讨论的,技术也催生了"虚拟社区",其中的社交互动发生在虚拟空间而不是实际空间中。[3]大多数智能型职业生涯拥有者不参加保龄球联盟,但他们是否更多地参与社区活动却是一个复杂的问题。

加 速 前 进

请把"什么是社区"这个问题放一边,我们可以先来讨论一下人们是如何聚到一起的。在你的生活中,无论是社交圈还是职业圈,总会有这样的时刻:你对某件事有自己的立场,并要求别人支持你的立场。在某些情况下,你占了上风,你的观点被采纳或讨论。在其他情况下,别人的观点占了上风,或者人们各行其是,再或者你被引导到了一个已经敲定的倡议中。在所有这些情况下,你都是该过程的一部分,这个过程可能会发展出一个以成员共同利益为中心的非正式团体。在某些情况下,这个群体可以展现出持久力,永久地成为这片土地的一部

---

[1] PUTNAM R D. Bowling alone:America's declining social capital[J]. Journal of Democracy, 1995, 6(1):75.

[2] RAINIE L, WELLMAN B. Networked:the new social operating system[M]. Cambridge:MIT Press, 2012:121.

[3] CHAMBERS D. New social ties:contemporary connections in a fragmented society [M]. Basingstoke:Palgrave Macmillan, 2006.

分。①让我们回到霍洛维茨和自由职业者联盟的故事，考虑这一过程是如何发生的，以及它与你的处境有何关系。

假设你是一个住在纽约的自由职业者，而霍洛维茨正在开展她的开创性工作。借用我们开头引用的餐桌的比喻，你对这项工作感兴趣，所以你被邀请"加一把椅子"和"品尝"正在发生的事情。如果你恰好喜欢品尝到的东西，那么接下来邀请你"加入我们"就变得更有意义了。你之所以会成为自由职业者联盟的一员，是因为你的个人利益和联盟的集体利益有一致性。所以在工会邀请的吸引下，你加入了，其他人也加入了。此外，还有一个关键点，就是将你们的共同利益转化为行动议程。也许那时，生活可以变得很"美味"。

如果你加入了自由职业者联盟，你会成为社区的一员吗？答案至少在一定程度上取决于你自己。学者兼顾问菲利普·米维斯（Philip Mirvis）将"社区意识"描述为"与他人亲近的情感体验，通过互惠或同理心与他人建立联系，甚至在你的生活中至少有一部分时间与他们一起度过"。②简单来说，如果你和其他人走得很近并且行动一致，那么你就是社区的一部分。这是否意味着你们住在同一个街区，或者是面对面？不一定。这是否意味着你也可以成为其他社区的一员？当然可以。关于社区之间的连接，最吸引人的一点就是你可以根据自己的兴趣和需要来创造新的联系，或者维持并巩固现有的联系。下面，让我们进一步探讨社区联系在哪里以及如何发展。

表明你的身份

劳动经济学家迈克尔·皮奥雷（Michael Piore）和肖恩·萨福德（Sean Safford）在普特南《独自打保龄球》发表10年后，给出了不一样的解释：人们并没有放弃集体利益，而是找到了表达这些利益的新机制。这种转变已经从与社会阶级、行业和职业有关的集体身份表达（通常通过工会或专业协会）转向与性别、种族、民族、年龄、残疾和性取向有关的个体身份表达。此外，在多元化的

---

① SEABROOKE L, TSINGOU E. Professional emergence on transnational issues: linked ecologies on demographic change[J]. Journal of Professions and Organization, 2014, 2(1): 1-18.
② MIRVIS P H. Soul work' in organizations[J]. Organization Science, 1997, 8(2): 192-206.

保护伞下，这些团体以一种松散的状态来组织和运转，例如电信巨头美国电话电报公司有50多个"多元化倡议"，包括代表亚洲人、非裔美国人、犹太人、残疾人、基督徒、退役军人、妇女、"40岁以上"工人和其他少数民族的团体。[1]根据在前一节中介绍的定义，这些群体都可以被称为"社区"。

无论在地方层面还是在国家层面，类似的社区都广泛存在，并且无论级别如何都会参与政治活动。现在，在工会和专业协会中也可以找到类似的社区，他们为各自的倡议和行动找各种理由。总之，社区的发起和发展已变得更加个性化，并且从单一的"大帐篷"转变为丰富多样的"小帐篷"，这样就能更准确地传递社区成员的身份。这种模式伴随着知识驱动型经济的兴起，变得很有意义。在这种经济环境下，如果你正在为自己的事业寻找出路，为什么不在同道中人里寻求支持呢？如果你觉得自己对每一个社区都感兴趣的话，为什么不能加入更多的"小帐篷"呢？或许你可以成为教徒、校友、专业人士和业余爱好团体中的一员。

这里有一个关于小帐篷的案例。你作为一个新人，在所从事的领域中找到了第一份工作，并努力使你的经历变得有意义。以教学为例，新聘任的教师刚踏入课堂时，面临着从理论到实践的转变。因此他们常常会在物理或虚拟空间里组建新的社区，在社区里大家可以回顾早期的教学经历。在物理空间里，处在同一地理区域的教师们可以创建"同伴指导社区"，以寻求相互支持和相互学习。在虚拟空间里，通过形成网络社会，成员们可以撰写博客和"开发"讨论区，来寻求相互支持和相互学习。[2]从形成社区的初衷来看，新手社区的生命周期可能很有限，但它们的影响力可以通过成员们长期保持友谊而持续下去。

---

[1] PIORE M J, SAFFORD S. Changing regimes of workplace governance, shifting axes of social mobilization, and the challenge to industrial relations theory[J]. Industrial Relations, 2006, 45(3): 299-325.

[2] BOTTOMS S A, PEGG J, ADAMS A, et al. Mentoring from the outside: the role of a peer mentoring community in the development of early career education faculty[J]. Mentoring and Tutoring: Partnership in Learning, 2013, 21(2): 195-218.

GOOD D, CAVANAGH K. Dispersed sensemaking: online career community as a tool for proactive socialization[J]. Academy of Management Proceedings, 2013(1): 17523.

发展职业关系

管理学学者约翰·范·马南和斯蒂芬·巴利（Stephen Barley）认为，通过职业社区建立起的共同利益和相互尊重是员工之间进行互动的关键。工作的话题是否能从工作时间延伸到休闲时间，是检验职业社区是否成功的一个简单标准。我们可以用更正式的方式来定义职业社区：

一群认为自己从事同一种工作的人；成员间彼此认同自己的工作（或多或少是积极的）；他们彼此分享一套与工作相关的价值观、规范和观点，但又不仅限于此；他们的社会关系融入了工作和休闲等领域。[1]

在建筑师、工程师、护士和其他许多智能型职业生涯拥有者群体的共同基础上，我们给出这个定义。作为这本书的读者，你现在已经是或者有潜力成为这个社区中的一员了。

这个想法来自于对"实践社区"的研究，这些社区从社区成员所做的工作中，以及从他们所提供的产品或服务中衍生出了一种共同的意义感。更具体地说，教师、护士、工程师或其他人员之间的实践社区反映了三个维度的相互作用。如表9.1.所示[2]，这三个维度反映了成员们共同拥有的合作意识、在实践中的共同技能以及互动时的参与感。

表9.1 社区依恋的三个维度

序号	维度	维度描述
1	联合企业	主要关心的是成员之间如何相互负责,如何适应他们工作的潮起潮落,以及如何对客户或客户的工作做出共同的回应
2	共享本领	包括成员在工作场所分享的概念、工具和技能,所采取的相关行动,以及通过现状维持本领和通过新的经验发展本领的方式
3	相互参与	反映了成员一起做事的方式,维持作为社区工作基础的社会关系,并发展必要的一致性作为成员工作质量的基础

[1] VAN MAANEN J, BARLEY S R. Occupational communities: culture and control in organizations[M]//STAWBM, CUMMINGS L L. Research in organizational behavior: Volume 6. Greenwood: JAI Press, 1984: 295.

[2] WENGER E. Communities of practice: learning, meaning and identity[M]. Cambridge: Cambridge University Press, 1998: 73-85.

这三个维度与你为什么、如何以及与谁一起追求你的职业生涯等问题密切相关，它提供了一种方式，让你把自己的智能型职业生涯投资与更广泛的职业社区成员价值联系起来。这种成员资格可以支持你目前的工作，并在你的就业安排发生变化时提供连续性的帮助。不仅如此，你还可以借此规划出更清晰的以社区为中心的学习计划，为你未来的职业生涯提供助力。

利用你生活的地方

职业社区的概念为我们思考产业集群提供了新的启发。以加利福尼亚州硅谷为例，尽管苹果、谷歌和甲骨文等大公司在不断壮大，但是自由职业者或者说合同工，依然遍地可见。正如学者斯蒂芬·巴利和吉迪恩·昆达（Gideon Kunda）在他们的报告中描述的那样，这些合同工喜欢远离"政治、低效、组织中的不公平"，并且在发展个人技能和寻找新工作方面取得了很大成功。[1]巴利和昆达还认为，合同工社区的建造"通常是自发的、非正式的，并不是有意识设计出来的，而是被合同工为解决当前问题的努力所驱动的"，这里还需要技术和非技术方面的支持。此外，合同工在寻求技术支持和市场信息方面，慢慢转向更加"虚拟"的沟通方式。[2]

学者们对世界其他地区的其他产业集群也展开了大量研究，从中不难发现，职业网络和职业社区与这些集群的成功高度相关。德国生物技术产业集群的就业流动率低，而英国生物产业集群的就业流动率则相对较高，通过对这两个地方进行比较后不难发现，两者的内部网络基本相似。也就是说，尽管德国雇员不会轻易更换雇主，但他们仍然与外部职业成员保持着密切联系。[3]通过对法国格勒诺布尔附近的高科技集群Minalogic展开调查发现，参与企业间项目的员工普遍具

---

[1] BARLEY S R, KUNDA G, GURUS, et al. Itinerant experts in a knowledge economy[M]. Princeton：Princeton University Press，2004：291.

[2] BARLEY S R, KUNDA G, GURUS, et al. Itinerant experts in a knowledge economy[M]. Princeton：Princeton University Press，2004：301.

[3] CASPER S, MURRAY F. Careers and clusters：analyzing the career network dynamic of biotechnology clusters[J]. Journal of Engineering and Technology Management，2005，22(1)：51-74.

有双重忠诚——既忠于给他们分配参与项目的雇主，也忠于集群中的同事们。[1]

　　城市人口占全球人口的比重已经过半，并且城镇化的脚步还在继续。城市已经变成了创新的主要引擎。正如爱德华·格莱泽（Edward Glaeser）在《城市的胜利》（*Triumph of The City*）一书中写道："佛罗伦萨的街道带来了文艺复兴，伯明翰的街道带来了工业革命。现在，伦敦、班加罗尔和东京的巨大繁荣，得益于它们产生新创意的能力。"[2]智能型职业离不开城市，城市也离不开智能型职业。然而，有个悖论摆在我们眼前，尽管全球范围内的沟通成本已经下降，但是物理距离似乎变得更有价值了。城市是"近距离的、密集的、亲近的，能让我们在一起工作和娱乐，城市发展的成功与否主要取决于我们对物理联系的需求"[3]。

　　广告"创意人"是一个人们在一起工作和娱乐的典型例子，"创意人"是指在广告活动中创造形象和故事情节的人，他们大多生活在伦敦苏豪区及其周边地区。创意人从做自己社区的边缘人开始，通过"沉浸式学习"一点一点融入。这样一来，他们能够与其他广告专业人员接触，并且有机会建立自己的声誉。学习过程将带领我们经历一系列挑战，这样我们就能更好地融入创意团队，并有可能在未来成为创意团队的领导者。[4]

建立自己的社区

　　人们通常认为，创业是孤胆英雄的杰作，因为为了开创新事业，他们敢于去别人不敢去的地方，承担别人不敢承担的风险。但杜克大学创业学教授马丁·鲁夫（Martin Ruef）提醒我们，创业其实是一种团体活动，在开展一项新业务时，

---

[1] CULIE J D, KHAPOVA S N, ARTHUR M B. Careers, clusters and employment mobility: the influences of psychological mobility and organizational support[J]. Journal of Vocational Behavior, 2012(84): 164-176.

[2] GLAESER E. Triumph of the city: how our greatest invention makes us richer, smarter, greener, healthier, and happier[M]. New York: Penguin, 2011: 1.

[3] GLAESER E. Triumph of the city: how our greatest invention makes us richer, smarter, greener, healthier, and happier[M]. New York: Penguin, 2011: 6.

[4] GRAHBER G. Switching ties, recombining teams: avoiding lock-in through project organization? [M]//FUCHS G, SHAPIRA P. Rethinking regional innovation and change. Boston: Springer, 2005: 63-84.

你得找到那些你信任的、认同你的想法并且愿意支持你的人，这些人还会邀请其他人加入到你的创业活动中。有些人会带来特定的技能或知识，另一些人则可能带资进组，这样你的团队就会越来越壮大，资源积累得越来越丰富，你离成功也越来越近。

鲁夫援引了大学游戏公司（University Games）创始人鲍勃·穆格（Bob Moog）的故事。穆格起初只是想开发一款神秘游戏，他邀请商业伙伴克里斯·雷曼（Cris Lehman）入伙。后来，穆格又联系了两位儿童心理学家帕特里夏·斯图尔特（Patricia Stewart）和埃德娜·梅普尔斯（Edna Maples），这两位儿童心理学家一直从事编写和销售神秘游戏的工作。穆格和雷曼兄弟还从一家周末探险度假公司的两位创始人那里获得了灵感。大学游戏公司团队顾问和员工队伍在不断壮大，每次有新人进来，他们都真诚地向新人们描述公司的发展愿景和目标，试图唤起新员工的认同及愿意为企业的成功做出贡献的意愿。[1]大学游戏公司随后成长为美国第五大游戏公司。

我们可以通过前面提到的实践社区的三个维度来理解鲁夫的例子：鲁夫和他的合作者能够合伙建立一个企业，这表明成员兑现了帮助企业实现成功的承诺。他们还开发了共同的技能，这些技能并非各自技能的简单叠加，而是具有互补性，这样一来，就能满足企业长远发展的需求。最后，他们在创业的过程中不断增强彼此的互动和参与感，因为创始人和合作者要一起努力为客户提供娱乐服务。图9.1展示的是如何在创业团队中挖掘资源。

当然，你虽然没有必要为了追求意义感而去成立营利性的公司，但你可以考虑建立自己的非营利性或慈善组织，或者建立一个已经在其他地方开始运营的某个机构的分会。你还可以简单地组织一群朋友，彼此分享共同的想法和爱好，见几次面，聊几次天，看看会发生什么。无论在什么样的情况下，你都可以主动出击，寻找志同道合的人，组建一个团队，看看你的主动性会带来什么惊喜。[2]也许你无法成功地创建一个企业或长期维持某项社区活动，但是你可以抓住机会表达你自己的兴趣，建立你自己的人脉网络。

[1] RUEF M. The entrepreneurial group: social identities, relations, and collective action [M]. Princeton: Princeton University Press, 2010: 3-16.
[2] SCHRAMBLING R. How startup weekend got its start[EB/OL]. [2015-12-18]. http://www.entrepreneur.com/ article/ 21810. Accessed November.

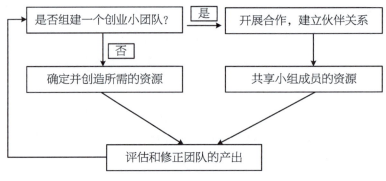

图 9.1 在创业团队中挖掘资源

加入虚拟社区

在万维网出现之前,社区主要依托物理空间发展起来,因此产业集群或城市的劳动者在他们的社区范围内享有相对的区位优势,但农村地区的人们拥有的选择却很少。网络带来了新的可能性,第一批利用这些可能性的智能型职业拥有者是 Linux 社区的成员。这个社区源于芬兰一名年轻学生莱纳斯·托瓦尔兹(Linus Torvalds)的一个简单请求,该请求是为了解决他在夏天编写新的计算机操作系统时遇到的问题。一个年轻的学生?芬兰?那年夏天?这些问题中的任何一个元素都使我们"摇头":这个请求者对全球计算机操作系统的开发几乎没有贡献。然而,一位来自澳大利亚的重要合作者很快就和他签约了,还有几位早期的合作者也加入了这支全球人才队伍。这些人才的组合增强了 Linux 社区的发展势头,所以时隔 25 年后,它仍然在蓬勃发展,甚至得到了曾经被视为其竞争对手的头部软件公司的大力支持。[1]

Linux 操作系统还向我们展示了虚拟社区的可能性,作家霍华德·莱茵戈德(Howard Rheingold)很快就成为其中一员:

> 技术让虚拟社区成为可能,以相对较低的成本给普罗大众带来了巨大的影响,包括知识影响力、社会影响力、商业影响力以及最重要的政治影响力。但技术本身并不能产生影响力,这种潜在的技术力量必须由懂行的人来明智地、谨慎地加以利

[1] WIKIPEDIA. Linux[EB/OL]. [2015-12-19]. https://en.wikipedia.org/wiki/Linux.

用。但对我们大部分非专业人士来说，如果想要发挥技术的潜力，就必须了解这种杠杆作用，并学会使用它，而且我们仍有这样做的自由。①

有些人对莱茵戈德的论调持反对意见，因为他们觉得莱茵戈德的表述太夸张了，他们坚定地认为，社区应该比莱茵戈德所观察到的更具有地方性和持久性。然而，哈佛法学院教授尤查·本科勒（Yochai Benkler）认为，虚拟社区"代表一种人类共同存在的新形式，为建构人类互动的共享体验提供了新的空间"②。欧洲社会学家玛丽–劳里·迪金利奇（Marie-Laurie Djelic）和西格丽德·夸克（Sigrid Quack）认为，跨国科技社区已经变成社会格局中越来越重要的特征了。③脸书等社交网站最初是为了帮助人们表达自己，现在则为建构虚拟社区提供了一个操作简易的系统平台。

加 入 群 体

科技作家杰夫·豪（Jeff Howe）与《连线》（Wired）杂志的编辑马克·罗宾逊（Mark Robinson）一起创造了"众包"一词，并以无线T恤公司的故事为引子来介绍他撰写的关于这个主题的书。该公司创始人向大众征集新T恤的设计方案，让用户投票选出他们最喜欢的设计，然后按照这个设计进行批量生产。尽管后来公司大幅提升了付给设计者们的报酬，但在最开始，设计者们积极投稿只是因为他们觉得自己的努力得到了认可。不过，正如豪所看到的那样，设计者不是为了钱，他们的主要动机来源于以下几个方面：

这是关于声誉的问题，或者从理论上讲，这关乎新兴的声誉经济。在这种新兴的声誉经济中，人们为各种各样的创新而努力工作到深夜，从而希望他们的社区（无论是设计师同行、科学家还是计算机黑客）对他们的贡献给予肯定和赞

---

① RHEINGOLD H. The virtual community[M]. Cambridge：MIT Press, 2000：xix.
② BENKLER Y. The wealth of networks：how social production transforms markets and freedom[M]. New Haven：Yale University Press, 2006.
③ DJELIC M L, QUACK S. Transnational communities：shaping global economic governance [M]. Cambridge：Cambridge University Press, 2010.

美，但也许只会得到一些声誉而已。①

众包对于你的智能型职业生涯意味着什么？

"众包"可以被定义为"在网络上分散地解决问题的生产模式"②。在设计师、购买者、创新者、业余爱好者、数据收集者、问题解决者和其他共享身份之间建立网络链接是常见的形式。此外，你不需要调动资金或者成立公司，就可以让众包为你所用。在一个叫做众筹的变体模式中，众筹网站可以直接把你的想法带到潜在的投资者眼前。你只需描述你的项目，选择一个截止日期，然后发布一个最低筹款目标。如果没有达到你的最低目标，那么你将无法使用这些资金；但如果达到了最低目标，那么你就可以自由地使用筹集到的资金，并且不会受到任何限制。③

当虚拟空间中的社区建设改善了物理空间中的社区生活时，众包就会发生转变。印度农村地区的公民验水员就是一个很典型的例子，他们使用一个简单的水质检测装备，然后通过手机将检测结果发送到中央数据处理设备。该机构汇总结果，并确定需要立即采取行动的地区。④另一个例子是马来西亚的公民义警，他们观察附近发生的事情，并通过网络向执法部门提供监视犯罪的结果。随后，这些主管部门对收到的意见进行优先排序，以便更好地利用可用资源来解决问题。⑤这两个例子都能说明，众包能为过去无法克服的挑战提供有效的解决方案。那么，众包能为你做什么呢？

---

① HOWE J. Crowdsourcing: why the power of the crowd is driving the future of business [M]. New York: Three Rivers Press, 2009.
SAFIRE W. On language[J]. New York Times Magazine, 2009(2).
② BRABHAM D. Crowdsourcing as a model for problem solving: an introduction and cases[J]. Convergence: The International Journal of Research into New Media Technologies, 2008, 14(1): 75-90.
③ MOLLICK E. The dynamics of crowdfunding: determinants of success and failure[J]. Journal of Business Venturing, 2014(29): 1-16.
④ GEORGIA INSTITUTE OF TECHNOLOGY. Crowdsourcing could lead to better water in rural india[N]. US Official News, 2014-09-22.
⑤ TIM Y, PAN S L, BAHRI S, et al. Social media as boundary objects: a case of digitalized civic engagement in malaysia[C]. Auckland: 25th Australasian Conference on Information Systems, 2014.

创造更多联系

在许多圈子里，人们已经习惯于用机构术语来审视这个世界。在这些术语体系中，除了机构总体目标外，你能做的事情并不多。你可以把自己定义成一个大类中的"小部分"，比如某一种类型的客户、一个公民、一个选民、一名雇员或一种"资源"，由此我们可以界定机构的属性。除了你所致力的机构目标之外，你如何看待自己？你代表什么？你作为一个人的本质特征是什么？这些问题似乎并不太值得关注。另一种方法是从你自己的身份开始，延伸到你想要联系的人。反过来，你也可以接触到其他与你有共同点的个人和团体。通过加入集体行动，在你自己和合作者的兴趣与热情的驱动下，你可以参与到谋划、建立或维持社区的活动中来。

有些人试图保留"社区"这个词来表达依恋关系，究其背后原因，正如普特南曾经说过的"（他们）可能需要终身的承诺"[1]来维系自己的依存感。有些人则试图保留"集体"这个词作为机构用途，如"集体谈判"。如果你过于听从他们的安排，那么你可能会低估你所发现的价值。如果一个群体，无论是真实的还是虚拟的，对你来说都像是一个社区，那么你为什么不直接称之为社区呢？当你这样做的时候，你可以从个人和集体的角度看待这个世界。图9.2是来自斯坦福大学教授尤雷·莱斯科维奇（Jure Leskovec）和他同事的研究成果，即一组脸书用户的潜在的共同链接。莱斯科维奇曾经对"社区"一词持怀疑态度，他认为简单地看一下人际关系网，也同样可以理解这个世界。但他后来改变了自己的观点，因为社区以及社区所代表的共同点是有意义的。此外，这张图还突显了特定社区与包括跨国社区在内的其他社区所产生的重叠。但每个人的重要性，也就是你自己的重要性永远不会丧失。[2]

社区的内部和外部都有网络的身影，它可以帮助你了解你所在的社区如何与其他社区连接，以及你如何在一个社区和另一个社区之间成功地"架起"桥梁。你可能不了解你所在社区的每一个人，但如果你们有共同点，比如毕业于同一所

---

[1] PUTNAM R D. Bowling alone: America's declining social capital[J]. Journal of Democracy, 1995, 6(1): 72.

[2] YANG J, LESKOVEC J. Overlapping communities explain core-periphery organization of networks[J]. Proceedings of the IEEE, 2014, 102(12): 1892-1902.

学校、经历过同样的活动或从事过同样的事业,那么你就可以合理地做自我介绍。此外,有最新的证据表明,在社区之间架起桥梁将大有裨益,而且最有价值的是你自己的关系圈(而不是任何朋友的关系圈)。①为自己的社区绘制一张地图,定位自我,积极投身社区活动,在物理和虚拟空间与他人建立联系。你需要这样做,你的同伴也希望你这样做。

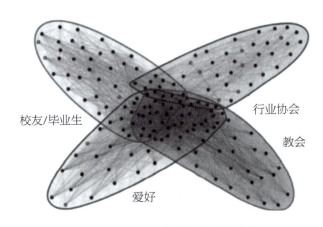

图9.2 知识经济中重叠社区示意图

总之,多变的时代要求你把投资的眼光放到不断变化和新建的社区上来,甚至是社区关系的模式上,例如在自由职业者联盟的成立和发展中所呈现出来的一系列模式。因此,你的社区关系不太可能围绕任何保龄球联盟或其他的休闲活动。相比之下,你的社会关系更有可能传递出你作为个人或职业专家的潜在身份,并寻求他人的支持。你住所周围的物理空间为社区建设提供了天然的契机,包括寻找支持创业理念的人。但是虚拟社区正逐渐成为智能型职业生涯所有者生活中的重要部分,它们既可以让你追求自己的主动性,又可以让你利用诸如众包之类的虚拟方法来支持他人的主动性。最后,追求和维护与多个社区的联系可以为你提供所需的资源和支持,以实现对自己智能型职业生涯的管理。

---

① BURT R S. Neighbor networks:competitive advantage local and personal[M]. New York:Oxford University Press, 2010.

第十章 和雇主一起工作

> 我曾经害怕人们非议,
> "她以为她是谁啊?"
> 现在我有勇气站起来说,
> "这就是我。"
>
> ——奥普拉·温弗瑞

皮埃尔·阿尔伯特(Pierre Albert)在法国获得工程学学位,服完一年兵役后,他开始为寻找第一份工作而四处奔波。阿尔伯特的学位含金量还不错,但他并不是"全A"学生,他喜欢潇洒地混迹于社交场合,也热衷于四处旅行。他正是电子类公司正在寻求的那种工程学毕业生,因为他可以成为技术型销售人员,去与客户交谈而不是在工程台上忙活。其实对阿尔伯特来说,这样的工作机会也同样是他梦寐以求的,他想四处云游,广交朋友,并了解行业的运作逻辑。所以,阿尔伯特很快就决定出国,去更广阔的天地里找寻一份适合自己的工作。[①]

阿尔伯特加盟了一家美国大型计算机芯片制造商——孤星仪器公司(Lonestar Instruments),在其位于巴黎的办事处担任销售助理一职。阿尔伯特被公司提供的入职培训深深吸引了,在培训中,员工不仅可以提升销售方面的能力,而且可以在质量管理和人际关系方面得到专业训练。阿尔伯特比较推崇公司提出的"德克萨斯文化""人们必须表现自我,而且表现方式非常重要"。他不仅要向法国汽车界推销计算机芯片,还负责制定长期规划、质量计划、定价方面的合同以及与关键客户进行互惠互利合作等任务,只有这样,他才能帮公司提高销售额。刚被分配工作任务时,阿尔伯特从未见过任何一个客户,但他很快就掌握了"客户培训你"的原则。对于公司经常引进年轻人的这种做法,客户们其实都比较喜欢,因为年轻人都渴望讨好客户。

[①] 我们非常感谢 Tineke Cappellen 和 Maddy Janssens 提供的皮埃尔·阿尔伯特(Pierre Albert)的案例,阿尔伯特(Albert)和他雇主的名字都做了处理。

阿尔伯特并没有在孤星仪器公司的入门级职位上做太久。两年半之后，他本可以留在孤星仪器公司升职加薪，但他却选择加入竞争对手泰洛拉（Telerola）公司，担任客户经理这一重要职位。在泰洛拉公司的这份工作和之前在孤星仪器公司的工作比较类似，但泰洛拉公司给出了更高的报酬和更高的职位。不仅如此，泰洛拉公司还能让阿尔伯特去接触另一家美国电信公司的相关工作领域。加入泰洛拉公司两年后，阿尔伯特受邀参加了一个MBA项目，这是一个由美国普渡大学（Purdue University）与法国鲁昂（Rouen）以及匈牙利首都布达佩斯（Budapest）的伙伴学校合作开展的多元文化项目。泰洛拉公司可以承担阿尔伯特的受训费用，但他需要签署一份合约——在拿到MBA学位后，他要在泰洛拉公司继续工作3年。阿尔伯特和"来自世界各地的同学们"一起学习，他觉得自己可以在国际舞台上"做任何他想做的事"。

完成MBA学业后，阿尔伯特晋升为经理，带领一个六人组成的团队，来协调海外市场针对关键客户的销售工作。这个职位让阿尔伯特常常跑去客户的"技术能力中心"，就新的商业机会与客户洽谈合作。两年后，阿尔伯特移居德国，领导市场营销和销售团队，负责欧洲和亚太地区的汽车业务。但一年后，泰洛拉决定将市场营销和销售业务迁回美国。在他看来，这个决定具有政治意义，因为美国汽车制造商克莱斯勒（Chrysler）、福特（Ford）和通用汽车（GM）在销量上和技术上都是行业内领跑者，公司将优先为它们服务。后来，泰洛拉公司拟让阿尔伯特担任工作地点位于法国地区的全球销售总监一职，但阿尔伯特却拒绝了，因为他觉得，眼下是个好时机，能让他把过往的成功经验推广到其他地方。最终，阿尔伯特选择留在比利时，为一家专注于计算机芯片组装和测试的新公司建立了一个国际营销组织。

阿尔伯特的职业经历为本章提出了一系列问题。在瞬息万变的世界中，劳动合同的每一方都发生了些什么？雇主和雇员彼此之间有什么样的义务？你要怎么做才能更好地为你的雇主和你自己的工作负责？通过工作，你会跨越什么边界，或者衍生出哪些附加的工作？说到雇佣合同，无论是字面意义上还是象征意义上，成为合同工对你而言意味着什么？通过你的声誉，能不能直接或者间接地找到一个经纪人？你通过工作产生的知识被谁拥有？你如何捍卫拥有这些知识的权利？让我们在接下来的章节中探讨这些问题。

他们的剧本，你的故事

阿尔伯特在孤星仪器公司的第一份工作对雇主和雇员来说都很有意义，但是落脚点却完全不一样。对于孤星仪器公司来说，阿尔伯特只是一名普通的新员工，所有新员工都有机会在入门级的销售岗位上一展身手，这些职位有一个标准的"剧本"，目的在于帮助应聘者积累早期职场经验，并为公司的发展扩充人才资源。而对阿尔伯特来说，这是他大学毕业后拥有的第一份工作，满足了他结交客户和获得行业知识的愿望，这将是他个人职业生涯"故事"的第一章。这种逻辑分析简单明确，虽然只是从短期的视角进行解读，但对双方当时的情况而言却都很有意义。

从雇主和雇员的角度来看，在入门级职位上工作两年后，就可以朝下一步迈进了。孤星仪器公司设计出一个新的剧本，鼓励像阿尔伯特这样的年轻人留在公司。然而，泰洛拉公司却给出了另一个剧本，这意味着在阿尔伯特故事的下一章，他将获得电子和电信行业的综合知识。阿尔伯特故事的第三、第四和第五章原本与泰洛拉公司设计的后续剧本非常吻合，当时他获得了攻读 MBA 的机会、国际销售管理职位以及欧洲和亚太汽车业务市场营销和销售集团的领导地位。但是，泰洛拉公司突然改写剧本，决定把工作业务转移到美国的底特律。阿尔伯特并不认同这个决定的逻辑，因此他采取行动在其他地方继续他的职业生涯。

图 10.1 展现了阿尔伯特的主要工作经验。雇主和雇员都积极参与到全球知识经济中，雇主需要执行各自的任务并制定相关的雇佣剧本，从而为每个雇员下发职务说明；雇员需要通过所从事的工作来演绎他们自己的故事，从而更好地展开他们职业生涯的下一个篇章。[1]其实，任何一方都很难将目光完全投向未来，并且每个人都需要维护自己的利益。你可以通过改变工作来继续你的故事，但是你仍然需要遵循雇主剧本来履行给你设定好的义务。到目前为止，阿尔伯特的智能型职业生涯既包括他更换雇主来上演自己的故事，也包括让雇主"放弃"他的剧本。那么，如今你的职业生涯是怎样的？在你的雇佣关系中都发生了些什么？你对未来又有什么看法？

---

[1] BARLEY S R. Careers, identities, and institutions: the legacy of the Chicago school of sociology[J]. Handbook of Career Theory, 1989(41): 65.

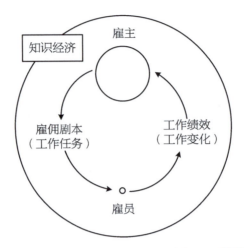

图 10.1　知识经济中的雇主剧本与员工绩效

在这里，我们学会了重要的一点——看清事物的两面性。你越能更好地了解公司和自己的利益，你在谈判中就会越强势。同样的道理也适用于寻找新的雇主，你对雇主的利益越了解，就越能更好地展示你将如何为公司创造价值。接下来，让我们看看你能为雇佣双方提供什么：为了你的雇主，你需要融入既定的文化；为了你自己，你需要"精心设计"你的工作方式。

在组织文化中生存

公司希望你执行的"剧本"与你自身上演的"故事"之间存在一定的关系，而这段关系主要依赖于组织既定的文化。沙因在《企业文化生存指南》（The Corporate Culture Survival Guide）中将其描述为"一种共享的潜规则"，这种模式"运转良好，富有成效"，并且通常被视为解决组织问题的"正确方法"。文化作为一种媒介，你的剧本通过它被演绎出来，并期望你通过它对剧本予以回应。然而，组织文化大多是隐形的，需要你去主动发现。

沙因建议从三个不同层面来发掘这种文化，即人工制品（物质形态层次）、崇尚的价值观和潜规则，从基本可见的层面逐步转移到不可见的层面，具体如下：

1. **人工制品（物质形态层次）（artifacts）**：组织文化中最外显的文化产品，能够被看见、被听见、被触摸，例如着装规范、办公室布局、术语和行话、规范程序；需要付出更多努力的行为，例如如何处理冲突、如何制定决策以及如何学习事物等。

2. 崇尚的价值观（espoused values）：一个组织通常会公布其宣称的使命和相关的价值观，或者可以在其公布的道德准则或员工准则中找到这些价值观。但是，一些根深蒂固的价值观可能并不会被明文张贴出来。

3. 潜规则（shared assumptions）：早已在人们头脑中生根的不被意识到的假设、价值、信仰、规范等，反映了创始人的影响力，以及对人性或世界观的预设。由于它们大部分出自于一种无意识的层次，所以很难被观察到。然而，正是由于它们的存在，我们才得以理解每一个具体组织事件为什么会以特定的形式发生。[1]

接下来，沙因提出了一个关于"理解组织文化"的练习，并建议将其应用于推动组织变革的团队管理中。然而，在智能型职业生涯拥有者的工具包里，解读雇主文化的技能是必不可少的一部分，如下所示[2]：

1. 选择一个业务性问题：对你来说，就是在既定文化中生存并做出贡献。

2. 识别并列出组织的物质形态层次：逐步浏览上面给出的示例，注意自己和其他人的行为模式，并询问新人在组织中的工作应该是什么样的。

3. 确定你的组织所信奉的价值观：浏览组织的网页或雇佣政策的内容，并注意收集有关"我们在这里做事的方式"的信息。

4. 比较清单上的物质形态层次和价值观：突出差异，例如宣扬"办公室大门随时敞开"的政策与老板习惯性说"太忙"而没时间交谈，这两者之间存在的差异，或者在部门间关系中，承诺与实践之间是否有矛盾。

5. 评估你发现的潜规则：这些潜规则直接来源于你刚刚做出的比较，但是仍然有一些还没有回答的问题在等着你。为什么我们真的要这样做，而不是那样做？或者还有别的什么呢？

6. 决定接下来的步骤：根据你所学到的来调整你的行为，并不断重复第2到第6步以进一步收集更多的信息。

在理想的情况下，你希望组织文化能够适应不断变化的世界和随着时间推移

---

[1] SCHEIN E H. The corporate culture survival guide[M]. San Francisco：John Wiley & Sons，2009.
[2] SCHEIN E H. The corporate culture survival guide[M]. San Francisco：John Wiley & Sons，2009：82-87.

而不断变化的员工。但在实际生活和工作中，这种情况实在是太少见了。滑铁卢大学（University of Waterloo）的经济学家拉里·史密斯（Larry Smith）写了一篇关于"工蜂"文化影响的文章，内容有巨大的说服力。史密斯认为，这种"工蜂"文化几乎无法解释新鲜的观点，却培养了"一种降低期望的流行病"。[①]你需要在组织文化的框架下工作，做出成绩、建立声誉，甚至为更广泛的"文化变革"倡议做出贡献。但是，你需要调整你的"触角"，以适应文化带来的潜在破坏性后果。

精心设计你的工作

在工作的过程中，你会对剧本做出回应，而工作本身也会为你改写剧本提供一定的空间。在工作中，你要改变自己的工作方式，而不是等待别人为你提出改变的建议。比如，你要抓住机会优化你的工作，增强你得到的满足感，发展你的技能，提升你所建立的人际关系。你可以通过三种不同的方法来锻炼工作技巧[②]：

1. 扩展或减少你需要执行的任务：在工作中，你可以自主增加或者减少任务数量、拓宽或缩小工作范围、改变在工作中的表现（比如，发展必要的技能）。举例来说，刚走出大学校园的应届毕业生艾玛·斯坦顿（Emma Stanton）主要负责话务工作，并借此同潜在客户和非营利组织的赞助商进行联系。后来，她开始帮助其他同事处理有关写作的任务，并很快成为小组中的"种子"写手，这也帮助她提升了自己的写作技能，增加了她为工作带来的价值，为她未来在该领域走上领导岗位打下了基础。

2. 改变工作中的人际关系：专注于改变你交际圈的范围和程度。例如，保拉·迪坎波（Paula Decampo）慢慢"爬到"了政策分析师的职位上，并应邀在当地一所大学就她的工作发表演讲。她做了充分准备，并且非常享受这次的经历。在这之后，迪坎波决定代表公司做更多的公开演讲。慢慢地，她成了公司的发言人，并且有可能在以后成为其他公司的发言人。

3. 改变对工作的看法：通过改变对工作任务、关系或者工作本身的理解与看

[①] SMITH L. No fears, no excuses: what you need to do to have a great career[M]. Boston: Houghton Mifflin Harcourt, 2016: x.
[②] BERG J M, DUTTON J E, WRZESNIEWSKI A. What is job crafting and why does it matter?[Z]. Ross School of Business, University of Michigan, 2008.

法，并在工作中感知到与以往不同的意义，能让你的工作产生不一样的价值。例如，加里·安德森（Gary Anderson）最开始是一位外向的摇滚乐手，后来成为了一名学校老师。他很快意识到，他可以像指挥欣赏音乐的观众一样，换上"舞台面孔"来指挥学生。此外，在使课堂更有乐趣的过程中，他使他的学生处于一个更有利的角度来学习新知识。①

在目前的工作中，你可以运用哪些工作技巧呢？对于工作，你是否拥有更广阔的视野，来让自己感觉更投入、目光更长远、应用或扩展技能、发展人际关系或建立声誉呢？重塑工作的支持者直接将重点放在个人所做的工作以及如何更改特定工作这两个方面，但你可以采取更广阔的视角，扩展并发现所描述的各种方法之间的联系，并在此过程中不断促进你的智能型职业生涯发展。

跨越边界

在工作中跨越边界其实并不难，你所做的事情能让你超越可识别的边界，从而与别人交流。举几个简单的例子，比如，当你作为销售人员或设计师时，你可以与本公司另一个部门的人或者与另一个公司的人交谈；当你参加贸易展览会时，你可以与其他公司的同行交谈。通常而言，我们会产生跨越边界的行为，主要因为我们需要处理特定的项目以解决组织问题或帮助组织间建立联系。此外，你还可以以某个项目为契机，在项目内部开展跨越边界的活动，比如以某个项目为契机，把新产品开发人员、市场营销专家、主导型客户、信息技术专家等来自不同职业背景的人聚集到一起，展开交流和讨论。

管理学者普遍认为，一个组织与另一个组织之间的沟通，是跨越边界的主要特征。在这种定义下，跨越边界所产生的结果应该是多元的，比如，与不同的组织文化互动，在不同职业之间进行沟通，或者跨越国家或语言界限进行沟通。但这些往往会让你对某个组织产生更高的依附性，不一定会对你的职业生涯有所帮助。相反，学者尼古拉斯·金妮（Nicholas Kinnie）和胡安尼·斯沃特（Juani Swart）认为这种附属关系是有问题的，他们描述了组织、客户和职业之间存在

---

① BERG J M, GRANT A M, JOHNSON V. When callings are calling: crafting work and leisure in pursuit of unanswered occupational callings[J]. Organization Science, 2010, 21(5): 973-994.

三种"承诺紧张关系"。

1. 你的组织和你的客户：当你被要求回到自己的组织参加会议或者团建活动，而不是在客户那里完成工作时，这种紧张关系就可能会产生。或者，组织要求你遵循原始合同，而不是采纳客户的意见进行一些变更时。

2. 你的组织和你的职业：你的职业和你的组织之间可能会发生的第一种紧张关系，是你对自己所知道的东西有一种主人翁意识，并且你想要完全按照自己的意愿而不是公司的意愿在某个时间、以某种形式来分享这些信息。而另一种紧张关系是关于你对专业知识的渴求和完成公司任务之间的矛盾，即你希望能够进一步丰富你的专业知识，但组织最关心的却是你必须赶紧完成手头的任务。

3. 你的职业和你的客户：富有创意的营销顾问和客户之间也可能会存在紧张关系，因为和客户的保守理念相比，营销顾问的想法更具创新性。你想要学习你认为对你职业发展极为重要的课程，但是你的客户却在合作中对你的时间有严格的要求，那么你们双方之间就可能存在紧张关系。[①]

从智能型职业生涯拥有者的个人角度来看，在应对上述三种紧张关系时，我们无法提供理想的回应方法。但是，你可以问问自己，在这三种承诺关系中哪一种最适合你？你如果选择组织，这表明你是组织使命愿景的忠实拥护者（当然，你也许会为了获得新的工作经验而做出一些必要的牺牲）；如果选择客户，这表明你倾向于更有效地开展工作；如果选择职业，这表明你更愿意去发展自己的职业生涯。当然，你完全可以向三方同时展示你的承诺，但你必须要了解其中的利弊。

最近发表的关于跨越边界的文章，扩展了我们对这个问题的讨论范围。那么，员工潜在的跨越和退回边界的行为是否会涉及新技术或旧技术呢？不同于发生在公司内部的创新，我们该如何理解跨越边界的创新这一手段呢？团队（尤其是虚拟团队）的成员可能对工作安排有不同的意见，我们又该如何处理呢？做一

---

① KINNIE N, SWART J. Committed to whom? Professional knowledge worker commitment in cross-boundary organisations[J]. Human Resource Management Journal, 2012, 22(1): 21-38.

个知识经纪人怎么样？如何为新的知识时代做出贡献？[1]所有这些问题都与你自己的边界跨越有关，包括你从中寻求的内容、你愿意投身的工作以及你想要建立的关系。

往人力资源部门的"上游"再走一步

前面的章节把你定义为知识经济的贡献者，而不仅仅是知识经济中的一名普通劳动者，这能让你有更多机会坚持自我，明确自己能做出的贡献并充分利用自己的现状。此外，你最好还能在组织人力资源（HR）部门给你预设的角色之外，扮演更多的角色。我们在这里先简单谈谈人力资源部门吧。

尽管已经尽了最大的努力，但你可能还是感觉目前你的组织里已经没有最好的学习机会了，或者更严重的是，你可能已经和组织分道扬镳，开始寻找新的工作了。最直接的方法是关注谁在招聘，然后提交求职申请。但事实真的是这样的吗？宾夕法尼亚大学人力资源学者彼得·卡佩利（Peter Cappelli）研究了招聘的过程，指出其中存在很多不足。尽管他的研究重点是美国地区的招聘，但无论你身处何处，都可以从中学习到一些经验教训。卡佩利说，在招聘过程中，一个重要的问题是要求过高，例如一家公司一方面满大街找市场营销、出版、项目管理、会计和金融专业知识的人才，另一方面却坚持"等待合适的人选"，导致工作岗位空缺。另一个问题是招聘中很难接触到员工真实的一面，眼下招聘通常依赖于软件，你的简历会被用人单位迅速审查，并以此判定你是否符合招聘者的要求，但仅仅通过浏览你的简历，用人单位无法对你个人做出一个全面、公正、客

---

[1] SOMAYA D, WILLIAMSON I O, LORINKOVA N. Gone but not lost: the different performance impacts of employee mobility between cooperators versus competitors[J]. Academy of Management Journal, 2008, 51(5): 936-953.
CORREDOIRA R A, ROSENKOPF L. Should auld acquaintance be forgot? the reverse transfer of knowledge through mobility ties[J]. Strategic Management Journal, 2010, 31(2): 159-181.
CAMPBELL B A, GANCO M, FRANCO A M, et al. Who leaves, where to, and why worry? employee mobility, entrepreneurship and effects on source firm performance[J]. Strategic Management Journal, 2012, 33(1): 65-87.

观的评价。[①]

现在的用人单位对招聘软件过度依赖。例如，某家用人公司发现了一个在广告宣传领域有工作经验的人，认为这个人就是某个职位的理想人选，但由于招聘软件中的内置性格评估显示这个人是不合格的，结果就造成该公司直接将这个理想候选人拒之门外。商业圆桌会议组织（Business Roundtable）的报告显示，将近40%的职位招聘信息的关注点是与招聘职位无关的其他背景信息（例如教育背景、以往经验等）。在特定的应用程序上使用招聘软件来筛选候选人，这个方法其实并不明智，因为候选人可能已经在竞争对手那里使用过了类似的招聘软件，只不过名字不同而已。此外，这些软件还有点类似政府监管的意味，它可以要求对潜在员人的种族、性别、国籍、公民身份以及是否吸食过毒品等内容进行各种形式的检查，但这些检查其实都超出了寻找能胜任该工作的员工的基本需求。虽然担心这些额外的要求可能会违反公司政策或法律，但人们也不愿意对软件进行额外的处理。

如果你想在目前工作的公司内部谋求一个新的岗位，并且公司可能会在外部和内部招聘中采用类似的招聘标准，那么，上述问题也同样有可能发生在你身上。你该怎么处理呢？无论是内招还是社招，我们给你的答案都一样——利用或扩展你的跨界行为，争取走到人力资源部门的"上游"。在职位发布之前，先了解你可以在哪些方面为这个职位做出贡献，努力让自己在决策者的心目中成为一名理想的候选人。如果可以的话，请先发制人，提前进入招聘流程。但如果做不到这一点，那么请牢记你的职位描述。另一种帮助你走到人力资源上游的方法，是以合同工的身份签约，这样做可以省掉许多与直接招聘有关的繁文缛节。我们将在下面详细讨论这个问题。

解码人才管理

"人才管理"（Talent Management）这个词由来已久，你很可能早就听闻或者接触过它。回看这个术语的背后，你会发现它与"战略人力资源管理"（Strategic HR Management）同义，这一点也许能为理解正在发生的事情提供

[①] CAPPELLI P. Why good people can't get jobs[M]. Philadelphia：Wharton Digital Press，2011：59-68.

更清晰的信息。据报道，"人才管理"一词是由管理咨询公司麦肯锡（McKinsey）在20世纪90年代后期提出来的[①]，它原指按照雇主规定的方向，为有才华的员工塑造其职业生涯。当员工被招聘到人才管理项目中时，往往会感到受宠若惊，但这也仅能表明你恰好在雇主寻求的期望人选范围内，因为招聘的基本规则就是这样的。

最近，有人宣称可以通过电脑化来"定制"人才管理，这样一来，"你为之工作的组织就可以变成为你量身定制的组织，你就不用去努力适应它的规则"。该组织（这次是埃森哲咨询公司而不是麦肯锡公司）领导人是这样推销这一概念的：

> 想象一下，这种定制方法和麦当劳开心套餐（HappyMeal）背后的概念是非常相似的，就好像你可以从预定的食物种类清单中选择要包含在孩子开心套餐中的食物类型（苹果还是酸奶，汉堡还是鸡块）和奖品（小丑或恐龙）一样，员工或者他们的经理也可以根据他们的需求和偏好，从一系列已经预设好的、有限的清单中做出最合适的选择。[②]

你可能想知道：用孩子吃快乐儿童套餐作类比来推广人才管理方法到底好不好？让我们回到开篇讲的阿尔伯特的故事，来继续探讨这个问题。在离开泰洛拉公司之前，阿尔伯特已经积累了宝贵的工作经验，能够很准确地预测他所负责的产品的全球销售量。他用的是一种复杂的、数据库驱动的方法，将销售预测与分析竞争对手以及地区定价相结合。先前他在芯片公司工作，后来在新加坡一家半导体公司工作，尽管每份工作都只持续了18个月左右，但过往的这些工作经历都丰富了他在销售预测方面的经验。由于经验丰富，阿尔伯特抓住了新的全球销售和市场营销的机遇，在一家比利时电脑影像公司的重要部门工作。他乐于为全球120名员工服务，并非常重视与部门总裁保持紧密的面对面联系。阿尔伯特对全球化技术驱动市场下的政治和不确定性非常敏锐，三年后，他已经做好了再次晋升的准备。阿尔伯特坚定地补充道："如果在未来两年内不能实现这一目标，

[①] MICHAELS E D, HANDFIELD-JONES H, AXELROD B. The war for talent[M]. Boston: Harvard Business School Press, 2001.
[②] CANTRELL S, SMITH D. Workforce of one: revolutionizing talent management through customization[M]. Boston: Harvard Business Press, 2010: 1, 41.

我将被淘汰。"

如果阿尔伯特一直留在孤星仪器公司或者泰洛拉公司的话，他现在会怎么样？这个问题我们不得而知，但我们可以肯定的是，在规划自己的职业生涯方面，他已是全球业务领域、尤其是在极具挑战性的全球营销领域中的一名重要贡献者。阿尔伯特没有从小孩子吃快乐套餐中获得经验，相反，他始终在变换工作，不断寻找可以用自己的方式来发挥才能的职位。阿尔伯特已经下定决心继续这样做，他对自己未来将会面临的情形也有更加清晰的认识。你觉得这个自我人才管理的例子怎么样？它对你的职业选择有什么影响？

发展关系和声誉

如果你想培养自己的才能，那么发展人脉和建立声誉是至关重要的。以玛丽·拉弗勒尔（Mary LaFleur）为例，她曾就读于马萨诸塞州波士顿的法学院，那里的金融服务业非常发达。拉弗勒尔在实习过的律师事务所里认识了乔（Joe）。在她毕业前夕，乔主动联系了她。乔现在就职于斯威普（Sweeper）投资公司，她给拉弗勒尔介绍了一份不错的工作，帮助衍生品交易者与他们的对手谈合同。拉弗勒尔接受了这份工作，不久后，她加入到对一名涉嫌"流氓交易"的雇员的调查中，并很快获得职位晋升，成为了交易部门合规审查方面的首席专家。后来，拉弗勒尔所在的公司与一家欧洲大型银行合并，拉弗勒尔顺利进入到风险管理的相关领域工作，并再次得到晋升。

就在公司合并大约18个月后，拉弗勒尔接到了投资银行韦弗公司（Weaver Steers）首席合规官鲍勃（Bob）的电话，他从拉弗勒尔的前任老板凯茜（Kathie）那里听闻了拉弗勒尔的名字，并询问拉弗勒尔是否愿意来面试一个可以直接向他（鲍勃）汇报工作的职位。拉弗勒尔接受了邀请，成为韦弗公司的副总裁兼交易实务主管，她与交易部门合作管理一个有关职业道德标准的工作组，并带领小组成员参与了美国证券交易委员会（Securities and Exchange Commission）的两次审查。几年后，拉弗勒尔接到帕姆（Pam）的电话，帕姆之前在一家名叫小熊资本（Bearcub Capital）的投资组合管理公司工作，他推荐拉弗勒尔加盟小熊资本公司。①拉弗勒尔参加了小熊资本首席合规官的面试，

---

① 个人和公司名字都做了处理。

接受了常务董事和交易业务主管的职位。过去几年，拉弗勒尔一直在小熊资本公司工作，现在，她凭借自己的能力成为了一名首席合规官，继续迎接职场中的新机遇和新挑战。①

从拉弗勒尔的职业生涯管理可以看到这样一种模式：她不急于离开当前的工作岗位，也从不主动寻找新的工作机会。从法学院毕业后，她所任职的三家公司都是被她之前建立的声誉所吸引，主动找到她的。我们可以想象一下，拉弗勒尔在未来还会继续建立和维护她的声誉，并从她的声誉中持续获益。拉弗勒尔的职业生涯表明，其他人可以帮助你传播你的声誉。当与你有关联的人从一个职位转换到另一个职位时，他们可以看到那些适合你发挥才能的新机遇。所以你也许会在某天获得一份突如其来的新工作！②

成为（或扮演）一名合同工

合同工作是有争议的，因为合同工作往往是在没有长期安全保障的情况下，以签订短期合同展开的，因此合同工作无法像长期工作那样带来其他收益。一方面，主要的短期合同行业机构（如万宝盛华公司）已经为他们所能提供的服务培育出了不断增长的市场；另一方面，他们在迫使潜在的正式雇员改为合同工。在许多人看来，这些机构已经用"好的临时工"（能够接受组织提供的待遇，并在最少的监督下完成工作）完成了"好的工作（具有相关福利和发展前景的永久性工作）"，这样一来，合同工接受组织的聘用，并在最低限度的监督下进行工作。③当然，还有另一种观点却认为，工作的基本性质早就已经发生了改变。④

---

① 玛丽和她雇主的名字都做了处理。我们非常感谢 Stephanie Flanagan 提供了这个故事。
② KOMISARJEVSKY C. The power of reputation: strengthen the asset that will make or break your career[M]. New York: AMACOM, 2012.
③ SMITH V, NEUWIRT E B. The good temp[M]. Ithaca: Cornell University Press, 2008.
   KALLEBERG E B, JOBS G, JOBS B. The rise of polarized and precarious employment systems in the united states: 1970s to 2000s[M]. New York: Russell Sage Foundation, 2011.
④ OSNOWITZ D. Freelancing expertise: contract professionals in the new economy[M]. Ithaca: ILR Press, 2010.

知识工作者数量的增长加快了社会创新的步伐，从而加速了社会变革的进程。然而，正如管理学者卡尔·韦克（Karl Weick）和丽莎·贝林格（Lisa Berlinger）在80年前提出的那样，创新既推动了新的学习的开展也改变了就业趋势，同时也要求我们做出权衡——最适合学习新事物的工作可能就是最不稳定的工作。[1]换句话说，大多数创新建立在项目的基础上，新项目需要新团队，而已经完成的项目不再需要同样的团队。生活在继续，智能型职业生涯也在继续。无论你从事的是永久性工作还是临时性工作，从本质上来讲，你都是一名"合同工"，只不过是在不同岗位之间流动，而这能刺激你不断学习并为以后的职位做好准备。

将自己视为合同工也意味着将有人扮演经纪人的角色。你可以自己找下一份工作，也可以让别人帮你找。你的经纪人可以是自己、老板、雇主、猎头公司、你关系网中的成员或者一个专门为了连接合同工和工作机会而设立的公司（即正式的职业介绍所）。人们对这些机构的看法各不相同，有人认为这些机构负责直接拆除建立已久的铁饭碗制度，也有人认为这是新就业机会市场的先驱力量。无论这些机构的过往业绩和背景如何，只要你开始使用职业介绍所，那么你肯定希望从中获得一些有价值的信息。

怎样判断自己是否获得了价值呢？学者斯蒂芬·巴利和吉迪恩·昆达用"参与两种对话"来描述"好"的职业介绍所：一种是与潜在的雇主打交道，定期和招聘经理沟通，了解他们的企业状况以及他们潜在的用人需求；另一种是与像你这样的潜在合同工合作，审视你的技能、收集参考资料并弄清你所要求的优先事项：更多的报酬、更多学习机会、不同的工作地点、与他人合作的机会或者其他因素。无论你的工作状况怎样，都需要发挥合同工和经纪人的作用，并且扮演对你有利的角色。[2]

---

[1] WEICK K E, BERLINGER L R. Career improvisation in self-designing organizations [M]//ARTHUR M B, et al. Handbook of career theory. New York: Cambridge University Press, 1989: 313-328.
[2] BARLEY S R, KUNDA G. Gurus, hired guns, and warm bodies: itinerant experts in a knowledge economy[M]. Princeton: Princeton University Press, 2006: 73-90.

保护你的财产（如知识产权）

像合同工那样行动还包括在不受干扰的情况下，自由地运用你的技能和知识。但很可惜的是，许多员工已经签署了损害自身自由的非竞争条款。维基百科把"非竞争条款"描述成一项法律条款：雇员同意不与雇主展开竞争或从事类似行业。[1]尽管各家公司的非竞争性条款各不相同，但其中都普遍隐藏一个传统的观点，即都要求雇主表达出"合理的"困难，并且在时间（通常为两年）和空间（在较早的时候大约为距离32千米）方面进行限制。不过，在大多数情况下，大型组织可以利用其"雄厚财力"来阻止抗议活动，这样一来，你的技能和知识（即你的知识产权）会受到更为严苛的限制。不过这种情况可能正在发生改变。

加利福尼亚州多年来一直反对普遍存在的非竞争协议，也就是我们通常所说的"非竞争条款"。此外，新的证据还表明，和其他州相比，对这些协议持有抵制态度的州反而大幅提高了创新效率。正如圣地亚哥大学教授奥利·洛贝尔（Orly Lobel）在她《天才想要自由》一书中所提及的：

> 其他州坚定地宣扬非竞争条款的必要性，并表示如果没有这些条款，他们所在的州就会陷入停顿。然而，不允许签订非竞争条款的加利福尼亚仍然在行动。加利福尼亚的坚持和蓬勃发展让它成为世界上某些最成功产业的发源地。同时，尽管加利福尼亚的公司没有要求员工签订非竞争条款，但它们在全球范围内的竞争激烈中依然取得了巨大成功。[2]

加利福尼亚的例子引出了一个全球性的问题，而且这个问题最终将会被传播出去。最近的几项研究也支持了这一观点，即相对宽松地执行不竞争协议将会推动地区和城市产生在创新方面不断突破。这些研究也反映出，越来越多的跨越国家和文化界限的运动已经出现，它们挑战了非竞争条款，并坚信像你这样的智能

---

[1] WIKIPEDIA. Non-Compete Clause[EB/OL]. [2015-11-18]. https:// en.wikipedia.org/wiki/ Non-compete_clause.
[2] LOBEL O. Talent wants to be free[M]. New Haven：Yale University Press，2013：67.

型职业生涯拥有者会做出正确的选择。[①]有证据表明，无论你在世界上的哪一个角落，这样的选择都将助力"创新网络"并增进其繁荣。你所在的地区可能已经有人开始为你工作了，通过快速的网络搜索就可以把他们找出来。你的知识产权及非竞争条款对该权利的影响，其实都是你自己必须要关心的事情。

综上所述，理想的就业安排已经发生了变化，因此，你要掌控自己的就业能力，并通过它来掌控你的职业生涯。剧本是雇主的，但故事是你自己的，理解这两者将对你有益。解读组织文化、精心设计你的工作可以为你的职业生涯赢得更多筹码。走出组织，与其他专业人士或客户接触，或者到人力资源部门的"上游"走一走，寻找未公布的工作机会，跨越边界也可以帮助你在职场中披荆斩棘。除非你满足于被当作儿童开心套餐的标准组成部分，否则你需要开展自己的"人才管理"。这样一来，你可以建立起声誉（工作主动来找你），并把自己看作一个按照自身条件对接工作的合同工。最后，就业安排的变化要求知识产权安排也要做出同步调整，所以，一定要当心非竞争条款！

---

① AMIR O, LOBEL O. Driving performance: a growth theory of noncompete law[J]. Stanford Technology Law Review, 2013, 16(3): 833-874.
MARXA M, SINGH J, FLEMING L. Regional disadvantage? employee non-compete agreements and brain drain[J]. Research Policy, 2015, 44(2): 394-404.

第十一章　分享你的故事

> 积极去创造并把握，
> 那些我们触手可及的好机会，
> 这是生活的伟大艺术。
>
> ——塞缪尔·约翰逊

作为纽约市一名有理想、有抱负的女演员，玛丽·拉基斯（Mary Lakis）希望在她完成繁忙的课程学习、试演和表演工作之后，还能再干点别的。于是她在联邦快递公司的本地呼叫中心，找到了一个还不错的职位。拉基斯是一名靠谱的员工，善于见缝插针地来筹备和安排工作上的事情，她井井有条的工作也帮助了她的老板更有效地管理整个公司。但突然有一天，拉基斯遭遇了一场严重的车祸，当她从这场飞来横祸中恢复过来后，她对自己想要长期从事演艺事业的目标产生了动摇。就在这时，联邦快递公司里有一个临时职位空了出来，拉基斯出色的沟通技巧成功引起了老板的注意，并推荐她顶替即将休产假的区域经理秘书。在这个工作岗位上，拉基斯一边帮助区域经理把他语速较快的谈话变得让人容易理解，一边自主学习和了解更多关于联邦快递的业务知识。[①]

拉基斯明白，目前这份秘书工作是临时的，所以她必须要在联邦快递公司内部寻找其他工作机会。就在这个关口，拉基斯发现了一个人员空缺的职位——危险材料区域协调员，尽管她没有这方面的工作经验，但就在她担任秘书的这段时间，她对这个区域和危险物品有了一定的了解。很快，危险材料区域经理和他的两个副手邀请拉基斯进行面试。拉基斯说，在面试前她下定决心要"拿下它！"

面试当天，拉基斯身着一身实验服，戴着一副假眼镜走进了面试间。她首先自我介绍说："其实贵公司需要的不只是一个协调员，而是一位科学家，"紧接着她补充道，"我可以为这个职位带来一点生物学、化学和物理学知识。"拉基斯拿

[①] 特别感谢玛丽·拉基斯抽出时间接受Arthur的采访并允许使用她的名字。

出一个培养皿，提问道："让我们从生物学开始，我们如何才能发展壮大？"她接着说，借助联邦快递已在业内获得的较高的声誉，高利润的危险品业务就能够快速成长。然后，拉基斯一边拿出一个装满蓝色能量饮料的玻璃小瓶，一边补充说："现在，让我们转向化学知识。"她向大家讲述了如何确保材料安全空运。接下来，她又拿出了一个球，一边向大家展示物理学知识，一边说："有上升就有下降，最终必须落地。"她接着提出了一系列解决货物落地、通过海关和送达客户等方面难题的方法。最后，拉基斯看了看她的道具，递过一个放大镜给面试官："难道你不想看看吗？"结果不出意外，拉基斯顺利得到了这份工作。

之后，拉基斯一直在联邦快递公司工作，不过她想在一个全新的环境中证明自己，而且不希望那些她已经认识的经理们来帮助她。于是，在申请运营经理职位的8个候选人中，她是唯一一个没向其他人打招呼的"不知名"候选人，也是唯一一个异地申请者。拉基斯申请的职位的工作地点是一座有着举办职业棒球比赛悠久传统的城市，因此她在面试时戴了一顶合体的棒球帽，把公司30天、60天以及90天的季度报告制度与棒球中的一垒、二垒和三垒进行了类比。她描述了她绕着三个垒按顺序移动时最需要注意的地方，最后她从包里拿出一个棒球，投给区域经理道："让我上场吧，教练！"结果不出意外，她被录用了。

我们举拉基斯的案例并不是说你一定得成为一名专业过硬的演员，才能在面试中取得成功。在我们谈到她的面试表现之前，我们可以看到，她的案例引出了一系列与本章相关的问题。其中有一个关键的问题是，在你的智能型职业生涯中，你的整体叙事及其中的情节是如何发展的？而另一个相关的问题是，在求职面试中，你如何从叙事中选择或者讲述一个好的故事？另外，你如何以最佳的方式展示你的能力，或者推销你的"产品"？你能为此提前做些什么功课？你又将如何为意外的事做准备呢？你的简历获得的关注毕竟有限，你要怎样做，才能充分利用这些关注？或者说怎么利用你在一次偶然邂逅中所得到的关注？还有一个重要的问题是，如果求职进展不顺利，你又该如何应对失落？最后两个问题关乎个人品牌塑造和职业韧性，强调以建设性的方式讲述故事的重要性。

讲好你的故事

从拉基斯的案例中所传递出的信息不难发现,她在面试中所讲的故事,以及她讲述这些故事的方式,都是她的生活和职业这幅大画卷中的一部分。《牛津英语词典》将"叙事"一词的日常用法定义为"一系列事件和事实等的解释,这些事件和事实等是按顺序给出的,并且彼此之间建立了联系"。这里的重点是你如何才能讲好自己的故事,这是一个过程性的描述,要立足既往、呈现当下、展望未来。[1]到目前为止,你经历过什么事件或事实,你如何看待它们之间的相互作用?具体来说,你在自己的叙事中看到了哪些前后连贯的情节?叙事情节反映了社会互动在"可见性、涉及的利害关系以及双方之间的关系"中的变化[2],但当你意识到这些情节的存在时,可能事情早已发生了。[3]

拉基斯在接受面试时,讲的每一个故事似乎都是她不断演绎的故事中的一个新情节。但当她回顾这些面试时,她可能会把这些情节看成更宏大的故事画卷中的一部分,比如她的"联邦快递岁月"。"在当时看起来相对不怎么起眼的经历(如参加工作面试),在未来可能产生更大的意义。"也许你得到了一份工作,这会给你带来一系列全新的体验;也许你被解雇了,这也能让你积累之前没有预料到的经历;也许你找到或失去了一个知心朋友;也许你的个人情况会影响你选择接受或不接受这份工作,以及你在这些工作中的表现。但不管你面对怎样的情况,你都能发现各种情节,以及情节之间的联系,这些都有助于你展开你的故事。你还可以期待在未来,你的故事会通过新的情节得到更多发展,就跟过去一样。

---

[1] IBARRA H, BARBULESCU R. Identity as narrative: prevalence, effectiveness, and consequences of narrative identity work in macro work role transitions[J]. Academy of Management Review, 2010, 35(1): 135.

[2] IBARRA H, BARBULESCU R. Identity as narrative: prevalence, effectiveness, and consequences of narrative identity work in macro work role transitions[J]. Academy of Management Review, 2010, 35(1): 139.

[3] SAVICKAS M L. The theory and practice of career construction[M]//BROWN S D, LENT R W. Career development and counseling. Hoboken: Wiley, 2010: 42-70.
CORSO J D, REHFUSS M C. The role of narrative in career construction theory[J]. Journal of Vocational Behavior, 2011(79): 334-339.

你的故事将以你自己为中心，但又不全是关于你的。相反，你的故事总是会和其他人的故事不期而遇，比如那些和你申请同一份工作、寻找同一客户、在工作上和你有依赖关系的人。其他人在讲故事时可能会组团，并邀请你加入其中，也有可能形成小团体并将你拒之门外。在全球知识经济中，每个人讲述的故事都会经常发生变化，并跨越国界产生相互影响。有些对你来说是公平的，有些却是不公平的。你不能改变过去，但你可以影响现在和未来。

无论你的个人情况如何，核心点在于你如何回答一系列重要的问题：到目前为止，你在生活方面的基本故事是什么样的，下一步你想做什么，你如何利用你的故事（即分享你的故事）来帮助你向前迈进？在本章接下来的部分，我们将介绍用不同的方法来帮助你展示你自己的故事。

了解你的角色

让我们仔细剖析拉基斯的案例。也许她的演技在她的求职路上助力不少，但如果我们先把她的演技放在一边，转而仔细思考她把戏剧知识运用到面试中的方式，那么不难发现，通过巧妙地运用，她的方法正好契合了学者顾问团队埃米尼娅·伊巴拉（Herminia Ibarra）和肯特·莱恩巴克（Kent Lineback）提出的"经典故事的关键元素"（key elements of a classic story）。这些元素可以追溯到2300多年前的亚里士多德，分析如下：

1. 主角： 主角就是你，被采访者。你现在的任务是让观众与你产生共鸣。拉基斯采用了什么方法呢？她在采访一开始的时候扮演了一些新奇的"角色"（如科学家、棒球运动员），这样就能成功地吸引观众的注意。

2. 催化剂： 在标准的三幕剧中，第一幕剧的大部分内容都围绕着制造催化剂，推动主角采取行动。在工作面试中，催化剂就是促使你申请这份工作的动力。拉基斯的方法不仅向面试官展示了她能胜任这项工作的活力，也为她创造了一个展示"如果她得到这份工作，她将如何做出贡献"的机会。

3. 考验与磨难： 在标准剧中，这是第二幕。面试官审查你的过往经历，并且有时会提出咄咄逼人的问题，这些都是对你性格的考验。拉基斯继续扮演她创造的角色，以展示她在未来工作中的可能表现。不过，她仍然需要时刻准备好即兴发挥，并对面试官可能提出的任何问题做出漂亮的回答。

4. **转折点**：在古典戏剧中，当剧情发展到这里的时候，就可以结束第二幕了。在面试中，当你接近做决定的时候就会出现转折点。你是会得到这份工作，进入候选名单，见到关键的决策者或相关领导？抑或只是做了些无用功，在得到别人一句轻描淡写的感谢后，就黯然离开？拉基斯预料到了这一点，并用放大镜或棒球发出了一个明确的信号——她已然志在必得。

5. **结局**：这是这出剧的第三幕。用伊巴拉和莱恩贝克的话说，主人公"要么辉煌成功，要么悲惨失败"。[①]你已经尽了最大努力去理解剧本，并展示出你扮演指定角色所需的能力。虽然你不一定需要和拉基斯一样直接去说"让我上场吧，教练！"但是你的最后一句话一定要强调你非常想要得到这份工作。

拉基斯的故事很有趣，因为她在面试时创造性地运用了她的戏剧知识，这个方法适用于任何面试场合。你是主角，职位空缺是催化剂，"考验和磨难"需要涵盖你以前做过的事情，并预测你将如何在空缺的职位上履职，你需要以一种既合理又有利的方式来描述这些内容。当面试结束时，你将迎来一个不可避免的转折点，在那之后，你会得到这份工作，或者被告知你并不适合这份工作。无论你选择如何讲述你的故事，都一定要包含以上所述的五种元素，因为历史经验告诉我们，这是吸引观众支持的必要条件。

推销你的产品

你还可以通过严格审视你所能提供的东西来增加面试成功的机会，比如，职业顾问帕姆·拉希特（Pam Lassiter）建议你灵活地运用菲利普·科特勒（Philip Kotler）的经典营销"4P"策略（即产品：product、渠道：place、促销：promotion和定价：price）。你的产品就是你自己，以及你所拥有的所有技能和资源；你现有的职位反映了你与潜在雇主进行沟通的渠道；你的促销与你要介绍的内容有关，例如，你的简历或社交媒体的帖子，通过这些帖子你可以向潜在的雇主展示你的才能；最后，你的定价反映了你为工作所寻求的报酬和利益。表11.1总结了这一思路，并添加了产品开发一栏，这一点尤为关键，因为它可以让我们跳出当下的桎梏，从长远发展的视角来看待工作机会。

---

① IBARRA H, LINEBACK K. What's your story?[J]. Harvard Business Review, 2005 (1): 65-71.

表 11.1　把"4P"策略应用到你身上

4P策略	产品(你自己)	产品战略	产品开发
产品：提供的商品或者服务，要对消费者有利	主要指你的技能，以及能让你与众不同的地方	用你最喜欢的方式进入市场	你希望这份工作能给你（作为产品）带来哪方面的提升？例如，技能提升和建立人际关系
渠道：在哪里以及通过哪些渠道，才能让客户接触到产品或服务	你的即时渠道能反映出你的个人网络信息和公开的工作信息	用你喜欢的方式来宣传你所提供的信息和技能	你该如何扩展你的渠道？例如，通过更大的网络平台来提升知名度或建立声誉
促销：告诉潜在客户，这些产品或服务有哪些好处	你的简历和那些能反映出你个人能力的其他相关证据，包括你在网上的留下的痕迹	你可以通过校友网络等方式推广"你自己"	你能在本轮求职过程中（尤其是从市场调查方面）学到什么
定价：对产品或服务收取的费用要有竞争力	你所寻求的薪酬待遇（同时也有对未来学习机会的重视）	做好评估自己的功课，给出一个"合理的价格"	你想赚多少钱，你准备为家庭和休闲所做出的承诺付出什么样的代价

我们以即将毕业的生物系学生卡琳·罗什（Kalyn Roche）为例，来详细解读4P策略在她身上的应用。罗什早期在紧急医疗技术员（EMT）培训上的投入让她的"产品（技能和资源）"与众不同，所以，她十分幸运在当地一家生物技术公司工作找到了工作。在那里，罗什与其他员工合作撰写研究论文，准备在地方和全国行业性会议上发表。不久，她主动请缨，要求公开演讲这些文章，这样她就能在业内人士面前推销自己。罗什获得的技能和知名度，以及她在MBA项目上的投资，让她的自我推销水到渠成，并很快就使得自己的服务有了更高的价格。得益于成功地运用这些方法，新的工作机会源源不断地朝罗什涌来。首先，一家位于美国东海岸地区的竞争对手公司，向她递了橄榄枝，请她承担一份更具挑战性的研究工作；后来，在西海岸的另一家竞争对手公司，也向她发出了邀请，请她担任项目负责人一职，对罗什而言，去西海岸工作意味着一段长达几千千米的迁徙，但她和丈夫还是欣然前往，因为相较于获得更高的报酬和更大的产

品开发潜力,长途迁徙所付出的代价是值得的。①

做 足 功 课

想要提高面试的成功率,你还可以试试另一种方法——做足功课。记者艾拉·格拉斯(Ira Glass)曾经这样评价他采访过的人:

> 我曾有过这样的经历,当我采访某人时,如果进展顺利,并且我们能展开认真热烈的讨论,那他可能会告诉我一些非常私人化的事情,此时我便会微微动心。不论是男人、女人或者孩子,不管他们是什么年龄、有什么背景,我都会如此,因为他们跟我分享了太多内容。如果换作是你,哪怕没有那么专心致志,你也一定会跟我一样感同身受的。②

虽然格拉斯不是在谈论工作面试,但她的话对我们的面试和求职仍然有借鉴意义。如果你能让面试官"微微动心",那么你离成功就不远了。但是,你需要做的不仅仅是主动回答他们的问题,还要做足功课,并找到方法展示出来。

如果你是职场菜鸟,那么在参加任何面试之前,你都需要做一些基本的功课,来确定你可能感兴趣的行业和职业、可获得的入门级职位的类别、在类似 monster 求职网这样的招聘网站上你可以找到的职位范围以及如何在浩瀚的职场中寻找数量众多但却很少被推广的中小型企业和非营利组织。此外,你还需要学习一些关于着装和自我展示的基本知识,并为可能被问到的棘手问题做准备,做这一切只为了让面试官能有"微微动心"的感觉。

几乎所有的教育机构都设有职业中心,让你着手筛选已有的资源和指南,以帮助你缩小求职范围。教育机构以外的组织,包括图书馆在内,也会提供类似的服务。不过,需要注意的是,这些职业中心倾向于使用狭义上的"职业"一词,因为他们的主要任务只是帮助你找到第一份专业工作,或者在失业后再就业。如果从智能型职业生涯的角度来看,你的职业发展将贯穿于你的整个工作生涯。所

---

① 感谢罗什接受 Arthur 的采访,姓名做了处理。
② GLASS I. Introduction[M]//LEWIS M, HITT J. The New Kings of Fiction. New York: Penguin, 2007: 11.

以，你必须好好利用职业中心，把它用在一切可以帮助你的事情上，并对你可能得到的额外特殊支持表示感谢。不过，请时刻谨记，你的职业永远都是你自己的，你在这里读到的内容只是对传统职业中心的有益补充，这两者之间可不是竞争关系。

就如何准备某个特定的面试而言，通过做功课就应该能够有效地应对任何的行业、公司、其他的竞争对手以及特定部门和相关人员。此外，因为网络的出现，大家会假定你在面试前已利用网络好好准备，所以，对你来面试时可能会有的表现产生了越来越大的期望。因此，你需要使用搜索引擎，把公司或行业名称与诸如"成功"或"危机"等限定词相结合，搜索这些关键词组，努力地发掘出更广、更新的信息。除此之外，你还可以利用你自己的人际网络或你的校友网络，尝试联系那些可能已经在公司工作，甚至就职于面试部门的人。准备面试问题不仅要从你个人的利益出发，更要展示你能为公司做些什么。例如，一位申请营销总监职位的面试者反问面试官以下这些问题：

"我读了你们的年度报告，我知道你们在研究和发展领域有一个问题。请问：你们是如何处理这个问题的？"以及"一个竞争对手开发并推出了一种新的青春痘面霜，比你的主打产品更先进。你觉得你的竞争对手开发的新产品威胁到你们了吗？你们有什么改进产品的计划？"[①]

最终，这位申请人顺利拿下了营销总监这一职位。

做好一切准备

你所做的功课还应该包括对面试类型的预期。访谈专家罗恩·弗莱（Ron Fry）描述了他早年在申请一家大型出版社编辑职位时的经历。出版社的人事部主任问他说：为什么你光顾着主修文科而不去做一些更实际的事？究竟是什么让你自信自己可以编辑一本成功的杂志？你是否可以为我的房子推荐一些有用的东西？换一个话题谈谈，你的健身计划是什么？你最喜欢的电影是哪部？你的偶像是谁？这场被弗莱形容为"配得上国际特赦组织名单上的十大国家秘密警察"所进行的审讯让他感到困惑、恐惧和不怀好意。弗莱含糊不清地回答着这些问题，

---

① MOLIDOR J B. Crazy good interviewing: how acting a little crazy can get you the job [M]. New York: Wiley, 2012: 210.

避免接触其他人的目光。[1]

弗莱后来才知道，面试官当时使用了一种知名的面试技巧——压力面试。这种方法适用于心理素质要求高、应急处理能力强或开展工作节奏快的职位招聘，其核心理念在于模拟你即将面临的压力。在这种情况下，你若开始出汗、低头、眼神飘忽、聒噪不安或挖苦嘲讽他人，那么你就已经迷失了自我。同时，面试官还会暗自窃喜，因为他觉得他的提问揭露了你的内在本性，并且证明你明显不适合这份工作。因此，在面试时，请你一定要保持自我控制，避免让这种方法影响你，否则你就可能会输掉这场面试。

还有一些其他的面试方法也被广泛使用，比如：行为面试，询问你在过去工作环境中的表现，以此来预估你在所应聘的职位中的表现；团队面试，面试官是一个团队，目的在于发现你是否能够很好地融入团队；情景面试，在这种面试中，面试官会向你提出一些关于工作情况的假设性问题，这些问题可能会反映出，当这些假设的工作情况成真时，你是否会感到恐慌或避免寻求帮助。无论面对什么样的面试，你都需要清楚地把握面试进展和节奏，向面试官们展示出他们想看到的东西。

面试官还会准备一些古怪的问题来问你，例如下面这些来自知名公司的问题：

"如果你在一个孤岛上，只能带三样东西，你会带什么？"

"假如你是蜡笔盒的新成员，你将是什么颜色的？为什么？"

"为我描述一下系安全带的过程和好处。"

"你能用简单的语言教别人如何做一个折纸'虱子捕手'吗？"

"美国每年吃多少平方英尺的比萨饼？"

"最近发生在你身上最有趣的事是什么？"

通过问这类问题，面试官希望在有关工作成就和经验教训方面的常见问题之外，对你的"思维过程、批判性思维技能和整体人格"有一个更深入的了解。就像不同类型的面试一样，他们要求你对他们或者类似的事情有所准备。如果你做到了，那么作为智能型职业生涯拥有者的你，便可以抓住这个机会。[2]

---

[1] FRY R. 101 great answers to the toughest interview questions[M]. 4th ed. Franklin Lakes: Career Press, 2000.
[2] ENTIS L. 25 wacky interview questions that work[EB/OL]. [2015-12-19]. http://www.entrepreneur.com/article/230931#.

利用你的简历和"电梯时间"

让我们把思路从面试转向其他可以分享你故事的方式上来，比如你的简历和短暂的"电梯游说"（elevator pitch）。大多数简历写作专家的主要任务是帮你讲好一个故事，而不是纠结于细枝末节。在我们之前提到的伊巴拉和莱因贝克的案例里，他们两位都强调"简历中的每件事都必须指向同一个目标，也就是你所要讲述故事的高潮"[①]。职业顾问兼作家凯伦·汉森（Karen Hansen）补充道，通过简历把你的故事讲述给决策者们听，能让他们在2秒到20秒内迅速形成对你的第一印象，比如知道你是谁，你能给空缺的职位带来什么。许多专家推荐三段式的简历格式——所获成就、工作经历和教育经历。还有人建议在简历的开篇写上求职目标。简而言之，简历里的每一部分都必须明确以下几个目的：

1. 求职目标：这使你有机会向决策者陈述你的"求职目标市场"，同时展现你未来的工作方向，而不仅仅是关注你过去的成绩。

2. 资历或成就：无论你选择把哪个头衔安在自己名字上，你的目标都是在向决策者展示你的过往成绩，以及你在求职目标市场上的定位。

3. 工作经历：这里主要讲述你以前做过的工作，但请注意，你的措辞和语言一定要展现和强化你丰富的工作经验。

4. 教育经历：按照惯例，你可以从最近的和最相关的经历开始写，展示你所接受过的正规教育是如何与你现在申请的工作联系起来的。

不过，由于时代在变，有些雇主也越来越喜欢让应聘者使用标准化表格来制作个人简历，这样他们就能更容易地查看到关键词，还有些雇主会让你直接在他们自己的网站上填写相关表格。此外，人们的期望值也会随着就业市场的变化而变化，例如学者被鼓励列出他们可能长达好几页的著作清单，平面艺术家被鼓励提交作品集。不仅如此，不同国家对是否公开照片也有不同的规定。高管职业生涯网站就曾给出过这样一条建议：简历要精练，但可以提供一到两页的附件，在其中提供有关你个人"更多更具体的过往成功案例"或相关故事，如领导力计划简介、成就总结、职业传记、参考档案等，这样的附件可以满足各种面试或社交

[①] IBARRA H, LINEBACK K. What's your story[J]. Harvard Business Review, 2005, 83(1): 70.

需求。①我们对你智能型职业生涯最好的建议就是开展战略性思考，所以请你多花点时间，一方面联系未来的雇主，另一方面展示你想要达到的职业目标。

讲述你的故事的另一个渠道是所谓的"电梯游说"。有传言称，当微软创始人比尔·盖茨（Bill Gates）还是公司首席执行官时，这个词就在其位于西雅图的总部那一片使用了。求职者被要求想象他们走进一个电梯，并恰好遇到了盖茨，于是求职者需要描述他们将如何利用同乘一部电梯的机会"游说"盖茨。这种方法跟有抱负的政客为了宣传他们的竞选而在电视上赢得"口碑"或在酒吧里极速约会是一样的。不论是哪种情况，事先做好准备总是会对你有帮助的：微笑着自我介绍，用一两句话说出你目前的工作地点，然后等待对方回应。如果你在准备面试的过程中陷入了困境，请尝试同时准备简历和"电梯游说"，因为"电梯游说"与你的简历一样，都最多只能获得别人半分钟的关注。

应 对 失 望

如果你没有得到那份工作，或者更糟的是，你在找工作上屡战屡败，那么如何应对随之而来的失望问题就摆在了你的面前。麻省理工学院的学者奥弗·沙龙（Ofer Sharone）把调查聚焦在两个比较类似的高科技区（以色列的特拉维夫和美国的硅谷）里，在对该区域内人员的失业和随后的求职经历展开大量研究后，他发现了两个区域之间存在系统性的差异。通过对来自特拉维夫的埃尔达（Eldad）和来自硅谷的贝丝（Beth）进行对比，沙龙得出了他的分析报告。埃尔达和贝丝两人几乎同时失业，面临着同样的全球经济衰退问题。②

首先，埃尔达丢掉了他在市场营销岗位的工作，失业后的他把同一份简历投向了与他技能相匹配的所有职位，但很不幸，他甚至连核查岗位要求（规格）与个人任职资格匹配度的初步筛选面试都没能通过。埃尔达抱怨说，这个初步筛选的系统"只是把你看成一个流行语的集合"，但他依然坚持广撒网式地投简历，因为他选择这种方法是零成本的，他"并不会损失什么"。我们再来看看面临同样困境的贝丝，她也在硅谷失去了技术作家的工作，开始急切地寻找着新工作，

---

① GUISEPPI M. Five top trends for executive resumes[EB/OL]. [2016-03-02]. https://www.quintcareers.com/executive-resume-trends/.
② SHARONE O. Flawed system/flawed self: job searching and unemployment experiences [M]. Chicago: University of Chicago Press, 2014.

但她精心制作了个性化的求职信和有针对性的简历，并广泛投递简历。一个月后，贝丝收到了第一份面试邀请，但她说面试过程中彼此并"没有来电"。四个月后，她仍然没有找到工作，而且快要被自我怀疑压得喘不过气来了。贝丝说，她觉得自己好像有"性格缺陷"，或者"在某些方面有缺陷"。

埃尔达和贝丝是特殊的个案吗？不！埃尔达和贝丝真实地反映了在特拉维夫和硅谷等高新技术区里，苦苦奋斗的求职者之间普遍存在的差异。特拉维夫的求职者指责社会招聘系统，并认为他们的斗争是对社会秩序的挑战。硅谷的求职者自责，把自己的挣扎看作自己出了问题。不同圈子的人在玩着不同的求职游戏，沙龙称之为"规格游戏"（specs games）与"来电游戏"（chemistry games）。每个游戏都要求具备不同的战略重点，规格游戏的重点是外部就业市场，而来电游戏的重点则是内部自我。如表11.2所示，这些游戏在简历、求职信、社交网络和面试的处理方式上提供了不同的方法。反过来说，每一款游戏都会带来不同的体验，求职者一方面可以利用游戏保护自己，但另一方面却也会让自己变得脆弱（在沙龙的硅谷案例中，有一个人自杀了）。

表11.2　规格游戏和来电游戏的区别

游戏	规格游戏	来电游戏
战略导向	市场化	自我的
个人简历	清单式	广告宣传
求职动机信	用两三句话的形式	充分地自我展示
人际网络	有缺陷的	有效的
面试	口头测试	第一次约会

在知识驱动的世界里，我们预计会有更多的人在职业生涯的某个阶段遭遇失业困境。沙龙的主要结论针对的是政策制定者，呼吁对那些在再就业路上奋斗的人，投以更多的理解和支持。你可以从中学到的一点是不要拘泥于规格游戏或来电游戏，而忽略了其他可能性。这两个游戏是相关的，但它们都无法决定你的个人叙事。你可以从中得到的教训是不要太骄傲以至于闭口不谈找工作的艰辛，或是拒绝那些对你经历的困难感同身受的人向你提供的帮助。

培 养 韧 性

从管理你自己的智能型职业生涯来说,你还需要牢记的另一个重要议题是"追求韧性",或者更具体地说,是对职业韧性的需求,即"在严峻的逆境中的积极适应"[1]。大众通常把职业韧性看成一种良好的个人特质,好比你拥有"正确的东西"或"坚强的性格"一样。我们在本章所要传达的信息是:当你开始讲述你的人生故事时,你就需要有意识地培养自己的职业韧性了。你所分享的每一个故事都可以反映出你迄今为止在坚持学习上或处理棘手问题时所表现出来的抗压能力,同时还能预测你在未来任务中的应急处理能力,从而加速你与新的雇主、客户或合作者签订合同。我们可以用园艺来打一个比方:你所培养的职业韧性可以为你职业发展的多样性源源不断地提供养分。[2]

对需要完成具有高度创新性工作的从业人员来说,培养职业韧性尤为重要。创新项目经常会"以惊人的速度"失败,这些失败会让项目参与者的生活和职业生涯受挫。你需要判断你是否能很好地完成所分配的工作,将在项目中投入多少努力,将如何适应各种各样的挫折,能在多大程度上利用过往的项目经验,对项目负责人和其他项目贡献者保持多大的忠诚度,以及最后在你寻求更多项目任务时如何解释之前项目的情况。

职业韧性适用于有创新精神的职业角色,所以对你而言也一定适合,因为你已经不由自主地融入到创新(也许你还没意识到)或者和创新相关的成功和失败案例中。当你和其他贡献者一起工作时,你可以直接通过社交互动或者在向他们学习的过程中培养你的职业韧性。通过这种方式,职业韧性还可以嵌入到你讲述个人生活故事的过程中来,从而帮助你拓展所要讲述的故事。你是智能型职业生涯拥有者,要靠自己才能实现这一目标。

---

[1] LUTHAR S S, CICCHETTI D, BECKER B. The construct of resilience: a critical evaluation and guidelines for future work[J]. Child Development, 2000, 71 (3): 543-562.
[2] MOENKEMEYER G, HOEGL M, WEISS M. Innovator resilience potential: aprocess perspective of individual resilience as influenced by innovation project termination[J]. Human Relations, 2012, 65(5): 627-655.

打造个人品牌

我们已经讨论过"你其实是一件商品",那么"你的品牌"又是什么呢?市场营销专家会告诉你,产品营销区分了你的产品和别人的产品,而品牌营销则区分了你的客户和别人的客户。维基百科将个人品牌建设定义为"在他人心目中建立固定形象或印象的持续过程"[1]。假设你想成立一家小型咨询公司,准备出售你在餐厅管理等方面的专业知识,那么在产品营销方面,你要考虑的是什么样的餐厅老板需要你的知识,而在产品品牌方面,你要考虑的则是如何让这些餐厅老板对你产生需求。你在寻找一种情感上的承诺,这样一来,你所寻找的那种工作的机会就会大大增加。

你的整个职业生涯都可以从产品营销和品牌营销中受益。但不可否认的是,在数字时代,个人品牌建设变得更具挑战性,也更有必要性。如今的社交媒体是全球性的、开放的、透明的、无等级的和互动的,并且毫不夸张地说,互联网传播图片和信息的速度像病毒扩散一样迅速。你希望在这些社交媒体上有什么样的表现呢?或者正如欧洲工商管理学院教授苏米特拉·杜塔(Soumtra Dutta)在法国枫丹白露提出的问题:"你个人社交媒体的战略是什么?"[2]

因为社交媒体提供了一个成本低廉的平台来帮助你建立自己的个人品牌,所以杜塔认为,你必须参与到这个平台里,才能更好地回答这些问题。而正是这样的一个个人品牌,能够把"你是谁"这样的信号传递出去,并且请那些来自你公司内部和外部的人对此做出回应。不过,这仅仅只是一个开始,一旦你的个人品牌建立起来了,那么你就可以很快地与你的受众打成一片,还能和那些对你所做工作感兴趣的同事、客户和追随者们同时进行互动。反过来,你又可以从这些回应中学到更多。

这里有一个有效的方法,能帮助你思考如何建设你的个人品牌。首先,一般人和专业人士都能直接接触到你的个人品牌,并且你的个人品牌在公共和私人空间也都是可见的,所以你需要在个人品牌建设中把这四个因素都考虑进来。例

---

[1] WIKIPEDIA. Personal branding[EB/OL]. [2015-12-19]. http:// en. wikipedia. org/wiki/ Personal_ branding.

[2] DUTTA S. What's your personal social media strategy?[J]. Harvard Business Review,2010(11):127-130.

如，在专业和公共领域，杜塔建议使用表11.3中列出的通用信息、典型的社交媒体工具和目标。

表 11.3　在专业和公共领域打造个人品牌

内容	通用信息	典型的社交媒体工具	目标
描述	我很有能力，作为一名专业人士正在不断成长	领英、推特，以及选定的行业或职业团体	品牌：获得同行认可。 投入：显示承诺，寻找新的机会。 学习：收集行业知识，提升技能水平

让我们回到刚才的例子上来，假设你是一名餐厅顾问，你传递的信息应该突出你所积累的行业经验，以及那些能够发挥你在人员配置和服务管理方面的专业技能。你的社交媒体包括领英、推特以及面向餐饮业的网络社区，你可以在那里参与专业版块中的对话，所以，你的目标如下：

1. **品牌**：在餐饮业建立知名度（不一定要局限在餐厅周围）。
2. **承诺**：展示你的承诺，突出自己帮助客户餐厅取得的成就，吸引新的潜在客户来寻求你的帮助。
3. **学习**：在你收到的反馈中寻找行业新趋势，抓住机会发现员工配置或服务方面出现的新问题，并向其他人学习有关监管方面的挑战。

我们可以用"谨慎"这个词来结束本章。维基百科观察到个人品牌关注的是自我包装而不是自我发展，这一点是正确的。在你所声称的事情上要保证真实性，不要把自我包装和自我欺骗混为一谈。建立你的个人品牌需要的是建立而不是夸大你的声誉，是发展而不是破坏你的叙事。

总而言之，在本章，你需要了解的是，迄今为止你的职业生涯都包含了哪些基本叙事内容，然后从该叙事内容中进行选择来帮助你不断向前。向他人讲述你的故事时，例如在面试中，你需要掌控五个关键要素：主角（你）、催化剂（你为什么在这里）、考验和磨难（你经历了什么）、转折点（决策时间的临近）和决心（最好是一个工作机会）。产品营销的方法可以帮助你更好地展示你将会给这个职位带来了什么，并决定你是否愿意接受它；提前准备可以帮助你为正式的面试和偶然的机遇做出更充分的准备，而你的简历可以反映你想讲的故事。永远不要忘记，应对失望和培养韧性是你打造智能型职业生涯的基础。最后，无论是在物理空间还是在虚拟空间，潜在雇主想要与你合作的关键是你所打造的个人品牌，而绝不仅仅是你所具有的能力。

第十二章　建构你的世界

> 让我们开始创造我们的未来吧，
> 让我们在明天就能梦想成真。
>
> ——马拉拉·尤萨夫扎伊

摩西·祖鲁（Moses Zulu）在赞比亚东部的一个小村庄长大，因为他的父母在四年级就辍学了，因此，祖鲁带着"能上到四年级就行"的期望，进入社区学校就读。在耕作的间隙，祖鲁会坐在田间学习。后来，祖鲁获得了上公立中学的奖学金，并顺利进入了当地一所荷兰教会高中。毕业后，祖鲁成为了一名教师，一直从事教学工作，直到1993年他被选中进入彻纳马健康科学学院学习，并在1996年获得环境卫生学的学位。隔年，祖鲁被选为卫生部的技术专家，在北部卢阿普拉省的农村地区审查卫生服务的提供和交付工作。祖鲁总结道，"任何想要有所作为的人"都必须用发展的眼光来看待他们的工作。[①]

很快，祖鲁参与学习关于社区整体卫生发展的课程，推动了他所在地区最大的供水和卫生项目的开展。同时，他在赞比亚人口委员会兼职，担任实地监督员，并受聘为一个非政府组织提供有关卫生的服务工作。他的故事是这样展开的：

> 我当时还在社区的一级卫生部门工作，和我一起的有两个朋友，一个是和平队志愿者琳达（Linda），另一个是社区发展官员安德森（Anderson），我们都是环境卫生技术专家。我们三个过去常常在周末见上一面，交流工作心得。在那些日子里，我看到周围有越来越多的肺结核病人，同时，我也在给艾滋病

[①] Julia Richardson采访了摩西·祖鲁（Moses Zulu），我们特别感谢他的合作。相关信息参见：http://www.firelightfoundation.org/，于2015年12月19日访问。案例中的摩西·祖鲁（Moses Zulu）与在赞比亚的马兰班亚创建了儿童之城的摩西·祖鲁（Moses Zulu）不是同一个人。

> 患者提供咨询和检测服务。当艾滋病毒检测呈阳性时，我所服务的大多数家长都为他们的孩子感到担心……因此，创建社区服务这一目标慢慢地在我脑海中形成，我想为感染艾滋病毒的家庭提供安慰，让他们不再为孩子而担心。

安德森是社区发展方面（包括妇女社团）的专家，有机会对会员进行艾滋病病毒知识的普及和教育。琳达在一家健康诊所工作，亲眼目睹了艾滋病患者的痛苦。祖鲁、安德森和琳达三人一拍即合，就一项拨款提案展开工作，旨在为受灾民众和家庭提供"教育支持、食物支持、心理支持和经济支持"。他们组建了一个非政府组织——"鲁瓦普拉基金会"（Luapula Foundation），并提交了50份拨款申请。尽管许多提案接收者都很遗憾地表示，他们无法对该组织的工作提供帮助，但是有一个例外——总部位于加利福尼亚州的火光基金会（Firelight Foundation）。虽然该基金会的工作人员也表达了他们爱莫能助的遗憾，但却提供了一些有用的反馈信息，向祖鲁传授了申请资助的技巧和经验。祖鲁带头开展了一系列再申请和反馈的循环工作，最终在2003年，他们的一个试点项目获得了5000美元的资助。

2008年，在与火光基金会结束合作伙伴关系后，祖鲁和他的合作者也积累了更强的能力和更大的信心。在火光基金会的鼓励下，他们成功申请到了230万美元的资助，来自于美国政府艾滋病救助计划下的新伙伴计划倡议。鲁瓦普拉基金会目前是鲁瓦普拉省艾滋病毒咨询和检测服务的主要提供者，祖鲁是该基金会的首席执行官。不幸的是，对他的两位朋友来说，成功是短暂的：安德森由于肾衰竭于2010年辞世，琳达也因结肠癌于2013年长眠。祖鲁在哀悼两位战友离去的同时，也带着他们的遗愿继续未竟的工作。后来，祖鲁自费在南非的西开普大学修完了公共卫生的硕士学位，并在当地的赞比亚大学提交了学习社会学博士课程的申请。目前，祖鲁已经组建了自己的家庭，四个孩子都在上学。他的妻子也回到学校进修学习，同时还经营着一家家族企业。

建构一个属于自己的世界是祖鲁故事的核心。这里说的"世界"这个概念，有其特殊性，正如《牛津英语词典》所给出的定义："一个人的正常或习惯性的兴趣、行为或思想领域。"我们关注的是你如何将自己的智能型职业生涯投射到你周围的社会环境中，以及你的职业生涯如何反过来对其他人的职业生涯做出回应。我们用祖鲁的故事来帮助大家审视一些关于建构生活、给予和索取、善于观察、保持谦逊、做正确的工作、为家庭而战和维护自己的世界方面的观点，这些都旨在重申智能型职业生涯的观点。最后，我们将通过回顾本书前面章节中的主要信息来为本书画上句号。

建构你的生活

将生活的不同部分拼成一个连贯的整体，这便构成了你对生活的观点。在20世纪末万维网出现之前，人类学家玛丽·凯瑟琳·贝特森（Mary Catherine Bateson）曾写过一篇文章，提醒我们注意一个新的现实：在一个稳定的社会中创造生活"有点像用传统的方式掷壶或盖房"，你了解这些材料，有使用这些材料的技能，你的产品用途也被大众认可和理解；相比之下，新的现实却表现出"构成生活的材料和技能不再清晰"的特征。[1]这意味着你必须抛弃已经被好几代人走过的熟悉老路，面对着"反复出现的谜题"，去开辟新的道路。[2]

祖鲁的生活可以作为一个有趣的例子来解释我们刚才说到的新的现实。与父母辈早早辍学不同，祖鲁坚持完成了高中和大学学业，创造了家族受教育水平的新高度。后来，他在自己的专业领域找到了一份工作，并苦苦思索如何用他的技术来解决人们面临的现实医疗问题。祖鲁与合作者一起，针对如何提供更广泛的社会服务这个"反复出现的谜题"，做了大量的工作。当他早期的资助申请没有得到回应时，他并不气馁，而是选择坚持下来继续寻找申请机会，直到他看到有机会创建更大的项目。与此同时，祖鲁组建了一个幸福的家庭，拥有一个支持他的妻子，并且妻子也在继续学习深造。现在看来，祖鲁和那个曾经不得不在田间地头学习的人已经有了天壤之别。

祖鲁的例子还告诉我们，构成生活的是"自传，而不是传记"[3]。祖鲁对生活的建构反映了他的选择和选择性的记忆，同理，你对生活的建构亦是如此。在后来的工作中，贝特森写到了我们与他人相互依存的现实，因此我们需要"以一

---

[1] BATESON M C. Composing a life[M]. New York: Atlantic Monthly Press, 1989: 1-2.

[2] BATESON M C. Composing a life[M]. New York: Atlantic Monthly Press, 1989: 2, 15.

[3] BATESON M C. Composing a life[M]. New York: Atlantic Monthly Press, 1989: 33.

种既能给予又能接受的方式来安排我们的生活"[1]。她还写道，一天中能让我们相互依存的时间非常有限，但是"每一小时的潜在价值都是可变的"[2]。你的智能型职业生涯可以用你自己独特的方式来回应这种提醒。

给予与索取

针对贝特森所指的"给予和索取"，你应该怎么做呢？2011年初，《财富》杂志根据人们在当下走红的专业社交网站领英上拥有的联系人数量，评选出"美国最佳沟通者"——一个拥有两个计算机科学学位且自称"内向电脑迷"的人。一般来说，像他这样拥有两个计算机科学学位的人，基本都会在美国宇航局（NASA）和微软等机构负责后台工作。但是，当这位"内向电脑迷"（shy introverted computer nerd）搬到加州硅谷工作后，他的脑胆却反而让他特别受欢迎。因为他知道自己太内向，所以他会尝试"努力和外界建立联系，从而和外界保持联系，让自己有机会和别人一起做点什么"。试图建立这些联系已经变成一种模式，《财富》杂志对此赞誉有加。这位"内向电脑迷"就是亚当·里夫金（Adam Rifkin）。[3]

里夫金到底是个什么样的人呢？宾夕法尼亚大学教授亚当·格兰特（Adam Grant）认为，里夫金是一个典型的"给予者"，对感情的投入多于回报。作为一个给予者，你可能根本不会考虑个人得失，而是"努力慷慨地花费你的时间、精力、知识、技能、想法，与能够从中受益的人建立联系"。与给予者相反，索取者总希望能在付出之后得到更多回报。而中庸之人则希望能在给予与索取之间求得一个平衡。你可能会认为，经济上的成功主要归于索取者，较少归于中庸者，基本不会归于给予者。但是，格兰特却给出了一个出乎意料的模式：给予者在成功谱系的两端都占主导地位，而索取者和中庸者更有可能被夹在中间。[4]在我们

---

[1] BATESON M C. Composing a further life[M]. New York：Knopf，2010：6.
[2] BATESON M C. Composing a life[M]. New York：Atlantic Monthly Press，1989：33，170.
[3] GRANT A. Give and take：why helping others drives our success[M]. New York：Viking Penguin，2013：40-45.
[4] GRANT A. Give and take：why helping others drives our success[M]. New York：Viking Penguin，2013：4-7.

之前提到的祖鲁的例子中，作为首席执行官的他已经走到成功的一端了。

格兰特认为，像祖鲁这样成功的给予者，完全可以像索取者和中庸者一样展现出勃勃的雄心，但是给予者们却用另一种方式来追求自己的目标——"颠覆先成功后回报的传统"。给予者通过自己的行动，可以获得拥有知识、专业技能和影响力的特权。同时，团队合作则向给予者们提供了特别的机会，让他们能够向他人展示自己所能提供的东西。在当下的人际关系中，通过这种展示建立起的关系更明确，也更便于管理。①通过对不同文化价值观展开一系列研究后，我们发现，大多数人都愿意和给予者合作并向他们提供各种支持。②此外，给予的成本也是可控的，因为你可以通过一些保护措施来避免陷入精疲力竭或任人摆布的状态。③

格兰特最后总结了一系列"产生影响的行为"，比如在你自己或别人的工作中给予更多的帮助，坚持"五分钟帮助"的原则，加入一个给予者的社区，帮助一个众包项目，或者发起一个"30天慷慨实验"。④我们有足够的理由来让你心甘情愿地成为给予者，而且这一点也是你的智能型职业生涯的自然延伸。但我们还是要谨记格兰特的忠告："如果抱着只想成功的功利目的，那么你极有可能不会成功。"⑤

善 于 观 察

建构你的生活也可以从"分散注意力的能力"中受益，这是一种能以"开放，而不是集中于某一点"的方式去观察的能力⑥，哈佛心理学教授艾伦·兰格

---

① GRANT A. Give and take: why helping others drives our success[M]. New York: Viking Penguin, 2013: 8-9.
② SCHWARTZ S H, BARDI A. Value hierarchies across cultures: taking a similarities perspective[J]. Journal of Cross-Cultural Psychology, 2001, 32(3): 268-290.
③ GRANT A. Give and take: why helping others drives our success[M]. New York: Viking Penguin, 2013.
④ GRANT A. Give and take: why helping others drives our success[M]. New York: Viking Penguin, 2013: 261-268.
⑤ GRANT A. Give and take: why helping others drives our success[M]. New York: Viking Penguin, 2013: 26.
⑥ BATESON M C. Composing a life[M]. New York: Atlantic Monthly Press, 1989: 166.

（Ellen Langer）曾设计了一个简单的实验来说明这种能力。他让自己的一位同事站在一家药店附近繁忙的人行道上，对路人说自己的膝盖受伤了，需要大家的帮助。如果有人停下脚步，这位同事就会请求他去附近的药店帮忙买一个A型绷带。兰格自己则站在药店里观察，并事先与药剂师商量好说A型绷带已经卖完了。在这次实验中，有25个人回应了这位同事的求助，但当他们听到药剂师说该牌子的绷带已经售完时，每个人都没有主动询问是否还有其他的东西可以代替，而是回来告诉"受伤者"："你运气真不好，绷带都卖完了。"兰格从这个实验和其他相关的实验中得出结论：在我们生活的大部分时间里，我们都存在观察不足的缺点。也就是说，我们一直僵硬地致力于我们所收到的信息的一种预定用途，而不对其他可能性保持开放的态度。①

可预测的无意识总是如影随形，比如，当你在场上或场下面对你偏爱的主队时，当你与朋友或家人融洽相处时，当你与一个总会让大家失望的人共事时，当你的老板不重视你的额外付出，但你却正在给他卖命时，更不用说当你处理危机时，它都会浮出水面。无论处于上述哪种情况下，你都极有可能把自己的回应限制在你熟悉的范围内，而不是在一个更广泛的视野中去做出其他回应。大量后续研究沿袭兰格的早期实验，并发现，我们的职业生涯和我们为之付出的组织中几乎见不到正念的影子。兰格和她的研究团队开发了一系列量表，诸如新手、高阶新手、一般、熟练和专家，来帮助你识别你现有的正念水平。②

当你的正念水平达到最高级时，你会惊奇地发现，你的思考不再超然，也不太会被角色束缚，相反，你会更多地依赖于直觉，并且追寻新的模式。正如"研究–实践"（scholar-practitioner）团队里的卡尔·威克（Karl Weick）和泰德·普特南（Ted Putnam）所说，通常情况下，你会从西方视角出发，专注于头脑已经学会的东西，而不是从一个偏东方的视角出发，重视思想的本质。③从东方视角来看，我们希望你专注于"活在当下"，或在你的生活中永远保持"初学者"的状态。你可以定期进行冥想练习，比如，"你只是静坐在那里，不去追

---

① LANGER E J. Mindfulness: 25th anniversary edition[M]. Boston: Da Capo Press, 2014: 1-18.
② DREYFUS H L, DREYFUS S E. Peripheral vision expertise in real world contexts [J]. Organization Studies, 2005, 26(5): 779-792.
③ WEICK K E, PUTNAM T. Eastern wisdom and western knowledge[J]. Journal of Management Inquiry, 2006, 15(3): 1-13.

求任何东西，这能让你持续感受到卓越的洞察力"。①

但无论从西方视角还是东方视角出发，都会殊途同归。正如兰格自己多年后所说，很多有关正念的研究大多是关于各种形式的冥想，重点在于克服和释放压力与负面情绪。然而更宽泛的观点认为，冥想是一种能帮助人们形成正念的工具，并且无论是通过冥想，还是直接通过关注新奇事物和质疑假设的方式，我们最主要的关注点是活在当下，注意所有那些我们还没有意识到的奇迹，其实就在我们面前。②

那么，在你面前的是什么奇迹？

保 持 谦 卑

管理学学者沙因在散步时，停下来欣赏着一簇新长出来的蘑菇。这时，一个遛狗的女人高声说："你知道有些蘑菇是有毒的吗？"沙因回答说："我知道。"但这个女人坚持说："你要知道，有些毒蘑菇会要了你的命！"沙因被激怒了。为什么这个女人不能问一个友好的问题，让他们的交谈能有一个更好的开端呢？③

谦卑式问询是"吸引别人的艺术，是去问一些你还不知道答案的问题"，试图"在对方好奇心和兴趣的基础上建立一种关系"。不过，沙因常常感到困惑，因为他发现很多谈话都是以讲述而非询问的方式展开的，这些谈话严重忽视了他一直强调的"谦卑"。当你需要依靠别人来完成一项任务时，你必须要保持谦卑。沙因还说道，对于大家为什么习惯于表现得不那么谦卑，我们可以从社会学中找到端倪：讲述会让一个人掌握主动，而询问则会在赋予他人权力的同时也会表现出脆弱性。通过询问，你可以表达出你想要得到一种社会学上的平衡关系，并投射出一种建立信任的意愿。④

有些谦卑是由社会规则所决定的，可能是既定的地位，也可能是公认的成

---

① KABAT-ZINN J. Mindfulness for beginners[M]. Boulder：Sounds True，2012.
② LANGER E J. Mindfulness：25th anniversary edition[M]. Boston：Da Capo Press，2014：xxv.
③ SCHEIN E H. Humble inquiry：the gentle art of asking instead of telling[M]. San Francisco：Berrett-Koehler，2013：1.
④ SCHEIN E H. Humble inquiry：the gentle art of asking instead of telling[M]. San Francisco：Berrett-Koehler，2013：2-9.

就。但沙因却专注于他所谓的"此时此刻的谦卑",这是一种"当我依赖你时的感受"。相应地,谦卑的询问包括提一个友好的问题,比如"你今天在做什么?"这与通过诊断性询问来引导谈话内容(例如,"你想达到什么目的?"),或者通过对抗性询问来强势灌输你的观点(例如,"我们为什么不投票?")形成了鲜明的对比。还有一些过程询问的方式,涵盖了上述三种类型,例如,一个简单的询问——"这里发生了什么?",而不是对抗性的询问——"你刚才为什么采取警惕的态度?"无论是正式的还是非正式的领导人,他们都很容易忽略谦卑询问的方式。而在以"做和说"为主导的文化中,尤其是美国文化,这种忽视更加明显。①

沙因给出了一系列建议,可以帮助你克服展开谦卑式询问的焦虑,例如,放慢脚步,评估形势,更多地反思自己的行为,让你内心未被探索的"艺术家"参与进来(就像演员在扮演一个新角色一样),变得更加留心周围的一切(强化本章前面的内容)。沙因还说道,我们中的大多数人都会因所处环境而不时地被推到领导地位,当这种情况发生时,你可以采用谦卑的询问来开展工作。②

做正确的工作

有关领导力的话题,把我们引向了美国三位著名心理学家的观点。2001年,霍华德·加德纳(Howard Gardner)、米哈伊·切克森米哈伊(Mihalyi Csik-szentmihalyi)和威廉·达蒙(William Damon)合作撰写了一篇文章,他们称之为"困难时期的正确工作"(good work in difficult times)。正确的工作是指"具有专业水平且能造福于社会的工作",困难时期则主要指"人们知道如何运用自己的专业去做正确的事情"。③记者雷·苏亚雷斯(Ray Suarez)就是一个案例,他在芝加哥电视台的第五频道(隶属于全国广播公司)有一份很好的工作。苏亚雷斯在职期间,有个家庭起诉了一家大型电子游戏制造商,声称游戏让孩子

---

① SCHEIN E H. Humble inquiry: the gentle art of asking instead of telling[M]. San Francisco: Berrett-Koehler, 2013: 21-51, 53-67.
② SCHEIN E H. Humble inquiry: the gentle art of asking instead of telling[M]. San Francisco: Berrett-Koehler, 2013: 99-110.
③ GARDNER H, CSIKSZENTMIHALYI M, DAMON W. Good work: when excellence and ethics meet[M]. New York: Basic Books, 2001: ix, 5.

患上了癫痫。但苏亚雷斯通过调查发现，可能受到电子游戏影响的儿童比例仅为人口的万分之一，因此，他认为"电子游戏是危险的"这个说法是站不住脚的，但他的制作人却是"标题党"，坚持采取耸人听闻的手法来报道这件事。就在这件事情发生的档口，苏亚雷斯接到了国家公共广播电台的工作邀请，可是，他已经准备离开新闻界了。①

但是，那些不太幸运的、想做正确的事情却找不到另外一份工作的人该怎么办呢？加德纳和他的同事说，大多数人都会面临像苏亚雷斯一样的情况，在他们的职业生涯中，他们常常面对在正确的判断和他们被要求做的事情之间产生的冲突。此外，加德纳和他的同事们还驳斥了自由市场经济学家的观点，并提出了质疑——把适合就业市场的技能和可能找到的工作结合在一起，这种强强联合真的对每个人都适用吗？②相反，他们敦促你积极融入你的职业，为这份职业的社会使命和服务使命做出贡献，并定期对你在何处以及如何融入这份职业做"镜像测试"。③

这三位心理学家给有志于此的员工写了一封信，并提出了一些建议，这些建议强化了本章前面的内容。首先，在适应时代变化的同时一定要尊重传统，这也意味着要找到你敬佩的老师、导师或者榜样人物，向他们学习，并且在需要的时候尽可能地"整理"你的想法。其次，从志同道合的人那里寻求支持，无论是工作内还是工作外的；如果你不喜欢现在的境况，你可以考虑去换一份工作。第三，请坚持你的原则，因为如果没有个人立场的话，就算你知道应该做什么、用什么方法来做，那都是没有用的。作者最后援引了广播员加里森·凯勒（Garrison Keillor）在其作家年鉴网站上的签名来做总结："做好自己，做好工作，保持沟通。"④

---

① GARDNER H, CSIK-SZENTMIHALYI M, DAMON W. Good work: when excellence and ethics meet[M]. New York: Basic Books, 2001: 7-9.
② GARDNER H, CSIK-SZENTMIHALYI M, DAMON W. Good work: when excellence and ethics meet[M]. New York: Basic Books, 2001: 14.
③ GARDNER H, CSIK-SZENTMIHALYI M, DAMON W. Good work: when excellence and ethics meet[M]. New York: Basic Books, 2001: 10-12.
④ GARDNER H, CSIK-SZENTMIHALYI M, DAMON W. Good work: when excellence and ethics meet[M]. New York: Basic Books, 2001: 249. 想要了解更多关于促进更好地进行工作的想法与工具,请访问: http://www.thegoodproject.org/。

为家庭而战

玛丽·卡瑟琳·贝特森（Mary Catherine Bateson）曾写道：

> 由于家庭越来越依赖夫妻双方的双份收入，因此我们的每一步工作计划，都必须考虑到让夫妻双方都能继续从事生产性工作，而且都还有升职的可能性。几乎任何一个决定或者改变都会给正在工作的夫妻带来一定风险，甚至会重蹈历史上的男女不平等，而且随着家庭生活和工作之间的界限越来越模糊，长时间的通勤对于一些家庭来说也变得越来越不容易实现了。[1]

你可能已经把这条信息和你过去的经历或者对未来的预测联系到了一起，或者和你目睹到的父母、朋友或亲戚的经历联系到了一起。但不管怎样，事实是你的职业生涯会随着家庭成员职业生涯的变化而发展。贝特森的观点来源于一对有孩子的双职工夫妇，这方面的证据也已经表明，妇女在进行职业选择时，比男性更注重考虑家庭因素。[2]虽然现代家庭的形式越来越广泛和多样化，包括单亲家庭、混合家庭（其中一个或双方都有前任的孩子）、跨代家庭、同性伴侣和其他类型，但贝特森的想法也同样适用于这些家庭。

那么，无论是作为父母，还是作为家庭友好型社会的成员，你要怎么样才能做得更好呢？麻省理工学院的乐天·贝林（Lotte Bailyn）几十年来一直在研究这个问题。她的主要观察结论是，在知识驱动型经济体中，和单纯依靠某一个家庭成员来实现养家糊口的情况相比，更重要的应当是挖掘所有家庭成员的智慧。不过，她的第二个观察结果是，想要上面的结论成立，那就一定要在不牺牲你为孩子们，也就是下一代智能型职业生涯的拥有者，提供照顾和关怀的前提下。

贝林的开创性工作为工作与生活平衡的研究奠定了坚实的基础。[3]正如最近

---

[1] BATESON M C. Composing a life[M]. New York：Atlantic Monthly Press，1989：88.
[2] BARBULESCU R, BIDWELL M. Do women choose different jobs from men? Mechanisms of application segregation in the market for managerial workers[J]. Organization Science，2013，24(3)：737-756.
[3] BAILYN L. Breaking the mold：redesigning work for productive and satisfying lives [M]. 2nd ed. Ithaca：ILR Press，2006.

脸书的首席财务官谢丽尔·桑德伯格（Sheryl Sandberg）所说，想要平衡好工作和生活，那就一定要让女性实现自主安排，或者让她们"向前走一步"。①除此之外，你还需要明白工作和家庭的角色其实是相互依存的，有时员工需要在家照顾生病的伴侣或孩子，如果父亲或者母亲虽然身在家中，心中却放不下工作，对家庭成员漠不关心，那么就一定会出现问题。②作为一个智能型职业生涯拥有者，在处理这种相互依赖的关系时，你已经站在了第一线，去为自己、同事或员工着想。但是，你能在多大程度上维护自己的家庭，或你周围其他员工的家庭呢？

朝九晚五的工作环境已经慢慢不复存在，而其他特殊的工作安排，例如弹性工作安排（提供灵活的工作时间）、在家办公、工作共享和以结果为导向等，也许可以帮助职场人士在满足自己和雇主期望的同时，还能满足家庭成员的期望与需要。③这些工作安排和其他与工作和职业相关的措施代表了一种"范式转变"，因为它不仅能认识到兼顾带薪工作和照顾家庭的挑战，而且还对人们在非工作角色上的更普遍、更广泛的承诺做出了回应。这包括参与教育、文化、娱乐和志愿活动，有助于发挥个人的意义，并帮助社会形成社会凝聚力。不过，有证据表明，仍然有许多人不敢向雇主寻求帮助来完成这些角色。④不要让恐惧妨碍你或他人，因为这真的很重要！

---

① SHELLENBARGER S. The breaking point: how today's women are navigating midlife crisis[M]. New York: Henry Holt, 2005.
BELL E J E, VILLAROSA L. Career GPS: strategies for women navigating the new corporate landscape[M]. New York: Amistad, 2010.
SANDBERG S, SCOVELL N. Lean in: women, work, and the will to lead[M]. New York: Knopf, 2013.
② GREENHAUS J H, POWELL G H. When work and family are allies: a theory of work-family enrichment[M]. Academy of Management Review, 2006, 31(1): 72-92.
③ BAILYN L. Redesigning work for gender equity and work-personal life integration[J]. Community, Work and Family, 2011,14(1): 97-112.
CHRISTENSEN K, SCHNEIDER B. Realigning 20th century jobs for a 21st century workforce[M]. Ithaca: ILR Press, 2011.
④ KORABIK K. The intersection of gender and work-family guilt[M]//MILLS M. Gender and the work-family experience: an intersection of two domains. New York: Springer, 2015: 141-157.

维护自己的世界

"可持续性"在当下非常流行,它通常指的是环境的可持续性,这意味着我们要从一个更高、更远的视角来解决环境与发展的问题,寻求人口、经济、环境、世界和平等各要素之间的联系与协调发展。本质上,这一思路的延伸与"可持续职业"有关,"可持续职业"指的是能够长期保持就业能力,同时保证个人幸福和满足家庭需要的职业。[①]把上述两种意义结合在一起不难发现,维持你的世界需要你既关注更广阔的环境,又盯紧你现在正在从事的职业。

我们可以回到祖鲁的故事中去寻找与环境和职业可持续性相关的例子。通过鲁瓦普拉基金会,祖鲁致力于为他所服务的家庭提供可持续的环境,为此,他还投资了三个社区——一个地区性社区,在这里有需要被护理的人;一个职业性社区,在这里有其他护理提供者;一个全球性社区,在这里有其他防治传染病的人。通过这些努力,祖鲁提高了他所在城市的整体生活质量。

在谈到祖鲁的职业可持续性时,我们不难发现,他一直在为自己的基金会寻求拨款和其他资金支持,以确保能掌控自己的就业能力。他也不断尝试与其他人合作,以获得更多经验和正式学习的机会,并成为一个讨人喜欢且经验丰富的首席执行官。祖鲁一方面为自己的工作感到自豪,另一方面也拥有健康的体魄,同时,他还能有其他时间和精力来照顾家庭。

虽然你的世界不同于祖鲁的世界,但你的世界里也存在同样的机会。建构你的个人世界可以为维持更广阔的世界做出贡献,同时也有助于维持你的事业发展。愿它能永远如此。

陷 入 沉 思

我们的阅读之旅即将结束。一开始,我们先向你介绍了一个关于智能型职业生涯的简单定义——你可以运用自己的聪明才智来追求自己的职业,并且弄明白它与个人和集体努力的相关性。我们强调了在向全球化、知识驱动型经济转变的

[①] DE VOS A, VAN DER HEIJDEN B I J M. Handbook of research on sustainable careers[M]. Cheltenham:Elgar, 2015.

过程中，你自己的职业让人越来越充满期待。我们认为，这本书可以帮助你在当今不断变化的就业市场做出明智的选择，并向你提供有关盘点和采取行动这两个部分的内容。

在第一部分，我们的第一章首先发问："智能型职业生涯包括什么？"通过布朗宁的故事，我们描绘了成功背后的潜在脆弱性，同时你也能明白，你对任何雇主的忠诚必须是有条件的。此外，我们还谈到智能型职业生涯如何帮助你适应和发展你自己的才能，并在一个知识驱动的世界中追求真实性。在第二章，我们主要关注"智能型职业生涯在何处发生？"针对这个问题，我们用穿梭在印度和美国之间的帕尼卡为例，来说明产业集群的重要性以及城市和集群间合作的重要性。通过对这个问题的进一步阐释，我们认为，在任何办公室以外的地方工作，以及向远在其他地方的客户或全球范围内的团队交付工作（包括创新工作）等，这样的工作机会在全球范围内都呈现出增长的趋势。

在第三章，我们首先发问"为什么工作？"紧接着，我们以罗宾逊为例，说明工作环境是如何阻碍个人职业感的。我们将面包（代表必需品）和蛋糕（代表自尊或个人发展）同时放到桌子上进行对比，并探讨如何应用心理学的理论来解释。我们提出的建议是：当你探索新领域、建立新联系时，你应该始终保持一种"在路上"的工作状态。在第四章，我们提出了"如何工作？"的问题，并用奈特的故事，来鼓励你把正规教育和在职经验有效地结合起来，并且发展专业技能、社会学习、软硬技能、公司特有的或可转移的技能，以及有选择地使用你的权力，这一系列行为都可以强化你的工作组合。

在第五章，我们讨论了"与谁一起工作？"并以韦斯伯格的故事为引子，对强关系和弱关系做了对比，说明了它们之间存在优势互补的关系。虽然韦斯伯格的故事主要集中在一个城市，但你的许多社交人脉（包括导师、校友、志愿者、参照人群和团队）都可以通过社交网络得到进一步发展。综上所述，对网络社交的平衡取舍是非常重要的。在第六章，我们围绕"你什么时候做出改变？"这个问题展开讨论，重点介绍了布雷斯的故事，讨论了布雷斯是怎么做到在同一家公司工作30多年的。通过这个故事，我们建议你每三年就换一份新工作，并且时刻保持流动性。同时这也说明了雇佣合同存在的新形式和不确定性，项目、时间、风险和环境力量之间存在的更大相关性。最重要的是，这让我们明白了，通过把为什么工作、如何工作和与谁一起工作联系在一起，随着时间的推移，工作上的变化是如何产生的。

从反思到行动

在本书的第二部分，我们把注意力从反思你的处境转到采取行动上来。在第七章，我们从哈里斯的故事说开来，集中讨论了"感知"这个话题。哈里斯扮演的角色有些重叠，这让她从一个煎饼店的服务员变成了一个广为人知的基金会领导人。在你的智能型职业生涯中，你可以见证个人的主题、生命链、他人的反对和个人的失败，因为你能理解周围正在发生的事情，并影响这些事情的发生和发展。在第八章，我们集中讨论了"拥抱技术"这一主题，并以广告主管古尔德为例，说明他正努力拥抱技术。技术将虚拟世界置于我们熟悉的物理世界之外，尽管批评者对技术表达出不满的意见，但是面对虚拟世界带来的摩尔定律和一系列新机会，你必须投入足够的关注。如果你和其他人都愿意，那么技术还有可能为你们的共同利益制定更透明的新标准。

在第九章，我们把目光转向了"投资社区"，在这里，我们看到了霍洛维茨和她创立的一种新的社区形式——"自由职业者联盟"。新社区可以捕捉到个人性的、职业性的或创业性的身份，而且有时必须依赖于虚拟空间。你在邻近社区中的地位也能对更广泛的社区间活动起协调作用。我们在第十章探讨了"和雇主一起工作"这一话题，通过阿尔伯特的例子，我们分析了阿尔伯特在职业发展的过程中是如何驾驭雇主的全球战略变化，从而展示其就业剧本的。了解你的公司的文化，细心"打磨"你的工作，跨越边界朝着人力资源部门的上游走去，建立并发展你的声誉，像经纪人一样保护你的知识产权，这些都是你可以做的投资，能帮你获得一份对自己有利的雇佣合同。

在第十一章，我们探讨了"分享你的故事"，以曾经满怀抱负的女演员拉基斯为例，讲述了她如何运用经典故事中关键因素方面的知识。在你讲述"整篇故事"的过程中，你有一系列机会来推销"你的产品"（以表明你的能力），并展现你的个人品牌（让人们愿意与你合作）。不过，你必须要学会应对失望，并且把失望看成故事中可预见的部分。紧接着，我们来到了"建构你的世界"这一章，在这里，我们以赞比亚的祖鲁为例，展示了你的社交世界是如何对你的生活方式做出反应的，应该怎样练习给予和索取等行为，如何强化自己在谦逊和正念方面的训练，以及如何为理想的工作和家庭挺身而出。

阅读之旅即将结束，我们想强调一个在自助咨询中经常被忽视的问题。在现实意义上，你自己和其他人的智能型职业生涯其实是相互关联的，你对工作、生活和家庭的投资与其他人的投资密切相关。你的世界包括你个人的兴趣、行动及思想领域，与其他人的世界紧密交织。在地球上的任何种族、宗教和国家内，包括物理空间和虚拟空间，我们都能看到这种交织的影子。

你很重要，你的事业很重要，你的世界也很重要。也许加里森·科伊洛（Garrison Keillor）的《做好工作，保持联系》（*Be Well, Do Good Work and Keep in Touch*）一书更能说明问题。不管怎样，我相信你会明白我的意思。我们是你的团队成员，希望有机会能收到你的来信。最后，我们祝你在未来的职业生涯中一帆风顺。

更多信息请访问：www.anintelligentcareer.com。